2021年度辽宁省博士科研启动基金计划项目"财务报告问询函对高管超额薪酬与薪酬辩护影响的研究"（2021-BS-231）

2021年度辽宁省哲学社会科学青年人才培养对象委托课题"辽宁省国企深度融入'一带一路'建设的政策推动机制"（2022lslwtkt-024）

2022年度大连外国语大学出版基金资助

# 财务报告问询函
# 对高管超额薪酬
# 与薪酬辩护影响的研究

柳志南　赵存丽 ◎ 著

中国财经出版传媒集团

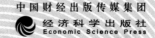

经济科学出版社
Economic Science Press

# 前　言

本书受 2021 年度辽宁省博士科研启动基金计划项目"财务报告问询函对高管超额薪酬与薪酬辩护影响的研究"（2021-BS-231）、2021 年度辽宁省哲学社会科学青年人才培养对象委托课题"辽宁省国企深度融入'一带一路'建设的政策推动机制"（2022lslwtkt-024）以及 2022 年度大连外国语大学出版基金资助，并是以上课题的重要组成内容。

在现代企业所有权与经营权分离的背景下，薪酬契约能够有效缓解所有者与高管之间的委托代理问题。高管利用其权力与影响所摄取的超额薪酬，不仅损害企业的发展，而且加大社会的贫富差距（Bebchuk and Fried，2003）。中共十六届五中全会强调"更加注重社会公平，使全体人民共享改革发展成果"。然而，自 2003 年以来，中国居民收入基尼系数一直处于国际公认的贫富差距的警戒线之上，在国有企业高管薪酬受到相关政策限制的背景下，《中国公司治理分类指数报告 No.18（2019）》显示 2018 年我国上市公司高管薪酬指数普遍较高，表明高管薪酬的增长大于经营业绩的提升。高管为避免超额薪酬引起公关困境，会进行薪酬辩护（Faulkender and Yang，2010）。在信息不对称的环境中，提升经营业绩已成为企业高管摄取超额薪酬提供辩护的重要方式。

在"放松管制，加强监管"的监管原则引导下，财务报告问询函已成为中国证券交易所一种重要的监管创新方式。证券交易所通过财务报告问询函，要求企业对财务报告存在的信息披露等问题做出解释或补充，有助于企业信息披露质量的提升。相对于西方发达国家而言，中国证券交易所不仅要求企业及时回复财务报告问询函，而且会根据企业回函的具体内容决定是否开展进一步的立案调查。为此，相关学者研究发现，中国财务报告不仅会提升企业的信息披露质量，而且有助于加强对高管的监督；但较少关注财务报告问询函对企业管理经营活动的影响，而导致企业超额薪酬与薪酬辩护的主要诱因在于企业所有者与高管之间的委托代理问题。鉴于此，财务报告问询函能否有助于企业抑制超额薪酬与薪酬辩护是一个值得研究的问题。

聚焦于财务报告问询函、超额薪酬、薪酬辩护与薪酬委员会的研究进展，为深入认清证券交易所对企业超额薪酬与薪酬辩护的影响，本研究的内容设计如下：第 1 章是绪论，阐述研究背景与问题、相关概念界定、研究意义与研究目标、研究思路与研究内容、技术路线与研究方法；第 2 章是文献综述，聚焦于超额薪酬与薪酬辩护诱因以及财务报告问询函与薪酬委员会对高管薪酬的影响，梳理与回顾已有相关研究，并进行综述；第 3 章是理论基础部分，阐释委托代理理论、管理层权力理论以及最优薪酬契约理论的基本内容；第 4 章是理论分析部分，依据上述理论基础，剖析财务报告问询函对企业委托代理问题的影响，进而探讨财务报告问询函对企业高管权力以及企业信息环境的影响，以及阐释薪酬委员会对高管薪酬的影响；第 5 章、第 6 章和第 7 章是实证检验部分，这三章的实证研究检验了财务报告问询函对其超额薪酬以及薪酬辩护的影响，以及探寻国有产权性质在财务报告问询函对超额薪酬与薪酬辩护影响的调节作用，并进一步探索薪酬委员会的相关特征能否促进财务报告问询函的上述影响；第 8 章为研究结论与政策建议部分，包括本书的主要研究结论、研究贡献与政策建议，阐释本研究的不足之处与未来研究方向。

本研究获取了如下主要结论：

结论一：财务报告问询函能够显著抑制企业高管的超额薪酬。处于经济转型阶段的中国，尽管市场经济的快速发展有助于微观企业的快速发展，但企业的委托代理问题始终是困扰企业经营效率提升的重要障碍。委托代理问题的加重不仅会阻碍高管激励的效果，而且会恶化企业的信息环境，从而会滋生高管借助自身权力与信息优势来摄取超额薪酬的行为。本书研究发现，证券交易所向企业所发放财务报告问询函能够抑制企业高管的委托代理行为，这会有助于企业缓解摄取超额薪酬的行为。在当前经济制度下，国有企业与非国有企业的高管薪酬制度存在着显著的差异。相对于非国有企业而言，财务报告问询函对国有企业高管摄取超额薪酬与薪酬辩护的抑制作用更强。

结论二：财务报告问询函显著抑制了企业高管借助经营业绩实施"结果正当性"的薪酬辩护行为。"结果正当性"的薪酬辩护不仅为企业高管摄取超额薪酬提供借口，而且能够为其不断摄取超额薪酬提供机会。尤其是对于国有企业而言，财务报告问询函对抑制企业高管借助经营业绩增长实施"结果正当性"的薪酬辩护行为的抑制作用更强。

结论三：企业薪酬委员会独立性会显著抑制财务报告问询函的上述影响，但其薪酬委员会与审计委员会的交叠却会显著加剧财务报告问询函的上述影响。相对于内部董事而言，独立董事大都具备更强的专业知识与注重个人的声誉，其提升公司治理作用的动机也越强，从而使得薪酬委员会独立性在财务报告问询函的上述影响中存在显著的负向调节效应。然而，薪酬委员会与审计委员会的交叠则有助于高管俘获董事与借助真实盈余管理行为，摄取超额薪酬以及实施"结果正当性"的薪酬辩护，进而在财务报告问询函的上述影响中存在显著的负向调节效应。

本研究的学术贡献在于：第一，财务报告问询函是一种重要的非处罚性行政监管，具有缓解企业信息不对称和加强对高管监管的作用。本研究将财务报告问询函引入高管超额薪酬理论研究，拓宽了高管超额薪酬的理论研究边界。第二，高管薪酬是企业重要的管理活动，而高管在信息不对称的环境下，借助自身权力获取超额薪酬会损害高管薪酬的激励作用。本研究从超额薪酬的研究视角考察财务报告问询函对企业的治理作用，丰富了财务报告问询函的理论研究范畴。

# 目  录

# 绪　论

## 1.1　选题背景与问题提出

### 1.1.1　选题背景

在现代企业所有权与经营权分离的背景下，薪酬契约能够有效缓解所有者与高管之间的委托代理问题（Jensen and Murphy，1990），成为高管激励的核心制度。然而，随着企业所有权与经营权的逐步分离，高管与所有者之间不断加剧的委托代理问题，成为制约企业高管激励效率的重要障碍。借助自身的权力与影响，企业高管能够摄取超过公平谈判所得的超额薪酬，摄取过多的超额薪酬不仅会损害企业稳定持续地发展，而且加大了社会的贫富差距，从而阻碍社会的和谐发展（Bebchuk and Fried，2003；谢德仁等，2012）。

尽管早在 2005 年 10 月召开的中共十六届五中全会便强调"更加注重社会公平，使全体人民共享改革发展成果"，但自 2003 年以来，中国居民收入基尼系数一直处在国际公认的 0.4 的贫富差距警戒线之上。同时，《中国公司治理分类指数报告 No.18（2019）》显示 2018 年上市公司高管存在显著过度激励的情况。在相关薪酬政策严格约束的背景下，国有企业高管薪酬总额会受到限制，上述报告显示 2018 年非国有上市公司高管薪酬指数的均值远高于国有上市公司。高管为避免超额薪酬引起的公关困境，会进行薪酬辩护（Faulkender and Yang，2010）。在信息不对称的环境中，经营业绩的提升已成为订立企业高管薪酬契约的重要内容，进而成为其摄取超额薪酬的重要辩护方式。有鉴于此，高管摄取过高的超额薪酬及其借助经营业绩提升实施的薪酬辩护行为不仅会阻碍公司的可持续发展，而且也不利于削减过大的贫富差距。

提高上市公司的质量成为促进我国微观企业健康与平稳发展的重要措施。在 2019 年 7 月 30 日召开的中共中央政治局会议提出了对未来经济的工作部署，并首次要求相关监管机构加强对上市公司的监管效率，促进上市公司质量的提升。这意味着我国证券市场的监督机构应进一步加强监管方式的创新，推进对上市公司的监督。在"放松管制，加强监管"的原则下，我国证券市场的相关监管机构不断探索监管方式的创新。相对于传统的处罚性监管，以交易所向企业发布的问询函为代表的非处罚性监管方式逐步得到实务界与理论界的关注。

自我国深圳证券交易所与上海证券交易所于 2013 年与 2014 年相继推行"信息披露直通车"以来，上市公司逐步由"先事前审核再公开披露"转变为"先公开披露再事后审核"的披露方式。在此背景下，财务报告问询函成为我国证券交易所的一种重要监管创新方式之一。当交易所发现上市公司在披露财务报告的过程中存在问题，会通过财务报告问询函的方式，向企业询问存在的相关问题，并会进一步根据企业的回函内容，决定是否立案调查或采取进一步的监管措施。在此背景下，财务报告问询函成为我国证券交易所提升上市公司信息披露质量的重要非处罚性手段之一（张俊生等，2018）。既有研究发现我国证券交易所发出的问询函能够显著抑制企业的信息不对称性，并会提升对高管机会行为的抑制作用（陈运森等，2019；李晓溪等，2019）。

薪酬委员会作为董事会的专门机构，对高管薪酬契约的制定与执行具有重要的作用，能够有效抑制高管摄取私有收益的行为，维护企业所有者的利益。因此，考察财务报告问询函的层级对企业高管超额薪酬及薪酬辩护的影响，并探讨薪酬委员会在金字塔结构层级上述影响中的作用，是推进民营企业高管薪酬理论研究的必要内容，本研究选题肇端于此。

## 1.1.2　问题提出

随着 2013 年交易所"信息披露直通车"改革措施的实施，交易所对上市公司发布财务报告问询函的频率逐渐增加。由于在我国制度背景下绝大多数的问询函是由交易所发出，财务报告问询函为我们研究中国独特背景下交易所一线监管的有效性提供了很好的切入点。伴随着我国证券监管体制的改革，以问询函为代表的非处罚性监管作为公司治理的外部补充，能否发挥应有的公司治理功能、有效约束高管攫取超额薪酬的自利行为，对其研究具有一定的理论意义与现实价值。

在"放松管制，加强监管"的原则下，财务报告问询函不仅成为我国证券市场的相关监管机构提升企业信息披露质量的重要监管创新方式，而且也要求企业对影响信息披露的管理经营活动提出补充或解释说明。例如，2017年广东天龙油墨集团股份有限公司的财务报告问询函，问询了公司高管薪酬安排的合理性；2018 年振兴生化股份有限公司的财务报告问询函，问询了公司高管薪酬激增的原因。在现代企业两权分离的背景下，作为高管激励的核心制度，薪酬契约是缓解所有者与高管之间的委托代理问题的基本方式。高管攫取超额薪酬的行为不仅会损害企业的发展与加剧社会的贫富差距，而且诱发了社会公众对薪酬是否成为高管谋取私利工具的思考。根据《中国公司治理分类指数报告 No. 18（2019）》显示，2018 年我国上市公司高管的薪酬增长水平普遍大于经营业绩的增长幅度，且高管的薪酬水平处于较高的水平。

上市公司高管薪酬过高会扭曲我国收入分配的原则，从而也会引起社会公众对薪酬契约是否成为高管谋取私利工具的关注。同时，在信息不对称的环境中，为避免超额薪酬引起的公关困境，提升经营业绩已成为企业高管攫取超额薪酬的重要辩护方式，并为其持续攫取超额薪酬提供了机会。既有研究发现抑制高管与所有者之间的委托代理问题以及信息不对称已成为缓解高管超额薪酬及其薪酬辩护的重要路径。

财务报告问询函成为我国证券交易所提升企业信息披露质量的重要监管创新方式之一，不仅能够提升上市公司的信息披露质量，而且能够抑制企业的委托代理问题，加强对高管机会主义行为的监督（陈运森等，2019；李晓溪等，2019；李哲等，2020）。财务报告问询函对所有者与高管之间的委托代理问题以及信息不对称的抑制作用，能否增强高管的薪酬激励效果？具体表现在能否抑制高管摄取超额薪酬？又是否会缓解高管借助经营业绩进行的薪酬辩护行为？

有鉴于此，本书试图深入探讨与解读上述三个问题将有助于我国证券交易所推进以财务报告问询函为代表的非处罚性监管的监管创新的理论研究。同时，本研究具有重要的实用价值：一是本书将为企业借助财务报告问询函，提升信息披露质量提供重要理论参考，尤其是借助财务报告问询函抑制高管摄取超额薪酬及其借助经营业绩的提升实施薪酬辩护的行为提供重要的微观经验证据；二是本书为我国证券交易所持续通过推行财务报告问询函提供了重要的微观经验证据，从高管超额薪酬与薪酬辩护的研究视角表明，财务报告问询函能够显著提升高管的薪酬激励效果，不仅能够抑制高管摄取超额薪酬的行为，而且会缓解高管借助经营业绩的提升实施薪酬辩护；三是应持续加强薪酬委员会对企业高管薪酬的治理作用，研究结论表明薪酬委员会的独立性会显著增强财务报告问询函对超额薪酬以及薪酬辩护的抑制作用，但薪酬委员会与审计委员会的交叠却会显著降低财务报告问询函的上述影响，这为企业增强薪酬委员会的独立性、提升薪酬委员会对高管薪酬激励中的作用，具有重要的理论参考。

## 1.2 相关概念界定

本节具体阐释本研究相关概念的定义，具体包括财务报告问询函、超额薪酬、薪酬辩护、薪酬委员会以及审计委员会。

### 1.2.1 财务报告问询函

由于财务报告问询函源自证券交易所针对企业在信息披露过程中存在的问题，要求上市公司做出解释说明的监管行为，所以理论研究领域并未对问询函提出统一的定义。结合我国证券交易所出具的财务报告问询函实践，本研究将财务报告问询函定义为：证券监管机构审核企业信息披露过程中，就存在疑问或潜在违规事项向被审核公司发函询问并要求对方通过回函进行解释说明、补充披露或错误更正的互动过程，且在这一过程中问询者和被问询对象处于平等交流的地位。由于其具有非处罚性和针对潜在违规事项做的提前预防和提醒，陈运森等（2018）、张俊生等（2018）分别将其称为非处罚性监管和预防性监管。

在具体的监管实践中，随着2013年两大证券交易所开通"信息披露直通车"业务，上市公司在信息披露系统中自行登记和上传信息披露文件，交易所也由事前形式审核逐渐转为事后监管，其中交易所会在事后审核过程中，针对上市公司的日常经营行为（如并购重组、关联交易）、媒体的关注、投资者投诉、临时公告以及定期公告（包括年度报告、季度报告等）涉及公司运营的各个方面进行问询，并要求公司在及时的回复中进行解释说明、补充披露或者错误更正。同时从2014年起，我国交易所开始将自身发放的问询函实时在其网站予以公开，并要求被问询的公司也及时进行公告。

## 1.2.2　超额薪酬

理论界认为超额薪酬的主要诱因为：其一，超额薪酬是企业高管利用其权力和影响寻租而获得的超过公平谈判所得的报酬所得（Bebchuk and Fried，2003；Core et al.，2008），表现在薪酬与企业经营业绩的不对称，表现在经营业绩的下降反而会增加高管薪酬，而高管薪酬的增长会高于经营业绩的增长（郑志刚，2006）。权力较大的企业高管能够获取更多的超额薪酬，会扭曲高管薪酬契约的本质（谢德仁等，2012）。其二，也有学者肯定超额薪酬是企业所有者对高管才能和努力的回报，为高管实施薪酬辩护提供了理论依据。这种观点认为企业高管的人力资本具有溢价效应，表明高管的超额薪酬实际上是其才能与努力程度的体现。该观点是最优薪酬契约论理论的延伸，即超额薪酬包含着超额绩效，进而为企业高管实施薪酬辩护提供了理论基础。

然而，在企业高管薪酬管理的实践中，超额薪酬成为高管的薪酬契约制定与执行的难题。《中国公司治理分类指数报告 No. 15（2016）》显示2015年上市公司的高管薪酬指数均值为312.74，显著高于2012年的130.49。上述报告表明 2015 年中国上市公司的高管激励远高于其经营业绩水平。同时，现有相关理论研究结果表明企业高管谋取超出公平谈判所得收入的超额薪酬普遍存在。因而，相关学者认为超额薪酬并非代表高管所具备的真实才能及其自身的努力程度，而是其为了满足自身私有收益的途径，会损害企业的发展（Bebchuk and Fried，2003；Core et al.，2008；罗宏等，2014）。因而，本研究中的超额薪酬是指企业高管利用手中的权力和影响寻租而获得的超过公平谈判所得的收入，即高管的超额薪酬是其摄取私有收益的结果，会损害高管薪酬契约与企业经营业绩相挂钩的本质。

### 1.2.3 薪酬辩护

薪酬辩护是指企业高管为证明其获取的超额薪酬与个人能力和努力程度等相匹配的结果，而寻找庇护的行为。在政府管制、媒体抨击以及公众质疑下，企业高管有动机对其薪酬进行辩护，对自己的超额薪酬提供合理化的理由和解释（谢德仁等，2012；罗宏等，2014；谢德仁等，2014）。因此，作为理性的经济人，借助超高薪酬获取私有收益的高管会有动机对其摄取超额薪酬寻求辩护，即提供其摄取超额薪酬合理化的理由。结合现有相关研究的结论，实现薪酬辩护的路径主要包括以下两个方面。

首先，中国上市公司高管借助经营业绩的提升作为薪酬辩护的重要方式。近年来，过高的高管薪酬诱发企业公关困境，包括媒体的抨击与政府的管制，影响企业内部员工的忠诚度与建设和谐社会（吴联生等，2010）。因而超额薪酬不仅会引发监管层的监管，而且也会促进股东与董事会对高管的任免。方军雄（2012）研究发现，高管超额薪酬会显著加剧其解雇－业绩敏感性。谢德仁等（2012）与罗宏等（2014）认为，当企业高管较强的能力影响企业薪酬政策制定与执行时，会选择通过超额薪酬－业绩敏感性的提高，来作为"结果正当性"的薪酬辩护。有鉴于此，上述企业公关困境所诱发的压力会导致企业高管对其薪酬寻求辩护的借口与理由，即对其超额薪酬提供"结果正当性"的合理化理由。

其次，借助战略信息披露实现印象管理也成为高管薪酬辩护的重要方式。高管能够通过战略信息披露增强外部对其才能的了解，营造超额薪酬是其能力与努力的体现，来实现薪酬辩护的目的。程新生等（2015）研究发现，在中国经济转型阶段的制度背景下，高管借助战略信息披露为其超额薪酬提供辩护具有更加独特的条件。具体而言，一是中国特殊的新兴市场制度背景为高管实施薪酬辩护提供了机会。在现阶段法律制度和监管体系并不十分完善的背景下，相关利益者对高管披露的战略信息辨别能力并不是很强，即使他们发现相关披露信息存在较大的错误，也难以运用相关的法律法规对战略信息加以修订。二是高管所披露的战略信息本身的特点导致其能够成为高管薪酬辩护的重要方式。目前，战略信息大部分为文字叙述性的信息，而且极具主观性，这会导致高管可以具有选择性地披露相关的战略信息，从而在一定程度上造成相关信息的片面性或者具有误导性。有鉴于此，高管会借助上述战略信息的披露，能够通过正面的信息实施薪酬辩护（Osma and Guillamón-Saorín，2011；程新生等，2015）。

## 1.2.4 薪酬委员会

本研究中的薪酬委员会是指证监会 2018 年公布的《上市公司治理准则》建议上市公司设立的薪酬与考核委员会，并规定其成员应为企业的董事组成，且独立董事应占多数与担任召集人。在此基础上，《上市公司治理准则》并进一步界定了薪酬与考核委员会的主要职责，主要包括：（1）研究董事与高管考核的标准；（2）研究和审查董事、高级管理人员的薪酬政策与方案；（3）聘请中介机构提供专业意见。因而，薪酬委员会是指特定公司治理环境下的薪酬委员会结构、人员、权利及职责的一系列制度安排，从而能够使其行使适度的监督与激励计划，降低与高管薪酬有关的委托代理问题，增强高管行为与所有者利益和目标的一致性。目前，中国上市公司对担负类似职能的委员会的称呼并不一致，本研究统一将董事会中赋有薪酬与考核职能的委员会称为薪酬委员会。

## 1.2.5 审计委员会

证监会于 2002 年颁布的《上市公司治理准则》将审计委员会提高到公

司治理层面上。2002 年中国《董事会审计委员会实施细则指引》进一步提出审计委员会是主要负责企业内外部审计的沟通、监督和核查工作。上述相关规定将审计委员会作为在董事会中的一个专业化的委员会，主要发挥监督治理作用，从而将其作用进一步与国际趋同。审计委员会的初衷是监督财务报告的编制与披露等相关工作，并逐步将内部控制纳入其职能范畴。中国市场经济的发展推进了审计委员会职能的拓展，然而，同上述薪酬委员会概念界定类似，中国上市公司对担负审计委员会的称呼并不一致，本研究统一将董事会中赋有公司内、外部审计的沟通、监督和核查工作的委员会称为审计委员会。

## 1.3　研究意义与研究目标

### 1.3.1　研究意义

本书的研究意义包括理论意义与实践意义。

#### 1.3.1.1　理论意义

本研究的学术贡献主要包括两个方面：一方面，有助于丰富企业高管超额薪酬与薪酬辩护的理论研究。财务报告问询函是一种重要的非处罚性行政监管，具有缓解企业信息不对称和加强对高管监管的作用。本书将财务报告问询函引入高管超额薪酬理论研究，拓宽了高管超额薪酬的理论研究边界。另一方面，本书的研究结论有助于拓宽财务报告问询函的理论研究领域。高管薪酬是企业重要的管理活动，而高管在信息不对称的环境下，借助自身权力获取超额薪酬会损害高管薪酬的激励作用。本研究从超额薪酬的视角考察财务报告问询函对企业的治理作用，丰富了财务报告问询函的理论研究范畴。

#### 1.3.1.2　实践意义

根据本书的研究结论可以得出如下政策启示：第一，自 2013 年"信息披露直通车"实施后,财务报告问询函一定程度上能够改善企业的信息披露质量,那么,能否提升企业的经营管理效率? 高管薪酬是企业重要的经营管理活动,本研究从高管超额薪酬视角考察财务报告问询函的治理作用,为证券交易所加大与深化监管的范围和力度提供了重要的经验证据。第二,机构投资者持股比例和分析师跟踪会加强财务报告问询函对高管超额薪酬的治理效果,这会为证券交易所借助"信息披露直通车"的实施促进企业治理效果提供重要的理论参考。第三,本研究聚焦于财务报告问询函对企业经营管理活动的治理作用,而财务报告问询函仅是非行政性处罚的重要内容之一,这为其他监管机构运用问询函推进监管创新提供了重要的理论参考。

## 1.3.2 研究目标

本书的研究目标主要包括总体研究目标与具体研究目标两个方面。

### 1.3.2.1 总体研究目标

本研究旨在考察财务报告问询函对企业高管超额薪酬及薪酬辩护的影响,并剖析企业薪酬委员会在上述影响中的作用。

### 1.3.2.2 具体研究目标

处于经济转型阶段的中国,企业的委托代理问题导致企业高管权力的增加以及企业信息环境的恶化。在"放松管制,加强监管"的原则下,财务报告问询函成为我国证券市场的相关监管机构提升企业信息披露质量的重要监管创新方式。因而,探讨财务报告问询函是否也会抑制企业高管损害薪酬契约的合理性具有重要的研究价值,具体研究目标包括以下三个内容:

(1)探索财务报告问询函对企业高管超额薪酬的影响,并考察国有产权性质在财务报告问询函上述影响中的调节作用。

(2)剖析财务报告问询函对企业高管薪酬辩护的影响,并分析财务报告问询函对国有企业与非国有企业高管薪酬辩护行为的影响是否存在显著差异。

(3)探讨企业薪酬委员会独立性以及薪酬委员会与审计委员会交叠的具

体特征在财务报告问询函上述影响中的作用。

# 1.4 研究思路与研究内容

## 1.4.1 研究思路

聚焦于研究目标，本研究按照"研究基础—理论研究—实证检验—研究结论"的研究思路进行。

第一层次，研究基础。本研究依托对已有相关文献的梳理，分析相关研究的现状，评述现有研究的不足，从而引出研究意义与目标，以及阐释研究思路与研究内容。

第二层次，理论研究。本研究运用"公司治理与高管薪酬"的研究范式，主要基于委托代理理论、信息不对称理论、管理层权力理论以及最优薪酬契约理论等理论基础，剖析财务报告问询函对企业高管薪酬诱因影响的基本机理，以及探讨薪酬委员会对高管薪酬的影响。

第三层次，实证检验。高管薪酬是管理学以及经济学领域理论研究的热点与难点，各种理论的交织加剧了财务报告问询函对企业高管超额薪酬及其薪酬辩护影响检验的难度。本部分将进一步借助上述理论分析，提出研究假设与实证检验，从而解读财务报告问询函对企业高管超额薪酬及其薪酬辩护的影响，以及探索薪酬委员会独立性及其与审计委员会交叠的具体特征在财务报告问询函上述影响中的作用。

第四层次，研究结论。总结研究结论和贡献，提出政策建议、研究不足与未来研究方向。

## 1.4.2 研究内容

本研究共设计8章内容，具体包括：

第1章，绪论。本章主要包括研究背景与问题、研究意义与目标和研究创新等内容。

第2章，文献综述。本章按照规范的文献统计方法，梳理与本研究主题相关的现有文献。首先，借助超额薪酬相关研究的文献综述，回顾超额薪酬的诱因；其次，对薪酬辩护的方式以及影响因素的相关研究进行文献综述；再次，总结财务报告问询函对企业经济行为及其经济后果的影响，进一步综述薪酬委员会对高管薪酬的治理作用；最后，评述现有研究，阐释现有研究的不足与本书研究方向。

第3章，理论基础。本章阐释委托代理理论、信息不对称理论、管理层权力理论以及最优薪酬契约理论的基本内容；演绎相关理论基础与财务报告问询函、最终控制人与企业高管之间的委托代理问题以及内部资本市场之间的基本逻辑关系，为后续研究提供支持。

第4章，理论分析。高管薪酬是经济学与管理学等学科理论研究的重点与难点，不同理论的交织加剧了高管薪酬理论研究的复杂性。因而，本章围绕研究目标与研究内容，首先，探讨财务报告问询函对企业委托代理问题与信息不对称的影响。其次，深入解读财务报告问询函对企业高管薪酬影响因素的作用。最后，探索薪酬委员会对高管薪酬的影响，为本书的后续研究夯实基础。

第5章，财务报告问询函对企业高管超额薪酬的影响。财务报告问询函能够抑制企业的委托代理问题与信息不对称性，但能否缓解企业高管摄取超额薪酬的便利工具需要深入分析与检验。本章率先实证检验财务报告问询函对企业高管超额薪酬的影响。在此基础上，进一步考察国有产权性质对企业高管超额薪酬的影响。

第6章，财务报告问询函对企业高管薪酬辩护的影响。基于管理层权力理论与最优薪酬契约理论，企业高管会借助超额薪酬－业绩敏感性的提升，为其摄取超额薪酬实施"结果正当性"的薪酬辩护。本章率先理论分析层级与超额薪酬－业绩敏感性的关系，并进一步探寻企业高管借助层级实施"结果正当性"薪酬辩护的具体路径，以及国有产权性质在财务报告问询函对薪酬辩护影响中的作用。在此基础上，实证检验上述理论分析的研究假设。

第7章，薪酬委员会在财务报告问询函对超额薪酬与薪酬辩护影响中的调节效应。本章首先分别探讨企业薪酬委员会及其与审计委员会的交叠在层级对企业高管权力和企业信息环境的影响在企业高管超额薪酬与薪酬辩护中的作用，并提出相关研究假设。在此基础上，实证检验薪酬委员会的上述两个特点在财务报告问询函对企业高管超额薪酬与薪酬辩护影响中的调节效应。

第 8 章，研究结论与政策建议，包括概括性总结研究结论与研究贡献，提出若干政策建议，进一步阐释本研究的不足与未来研究方向。

## 1.5　技术路线与研究方法

### 1.5.1　技术路线

本研究主要形成以下五个研究层次：

层次一，第 1 章。主要阐述研究背景与问题、研究目标、研究思路、研究内容与研究方法等。

层次二，第 2 章。首先，对超额薪酬影响因素的文献进行综述；其次，对薪酬辩护的诱因相关研究进行文献综述；再次，总结财务报告问询函对企业高管薪酬的影响以及薪酬委员会对高管薪酬影响的相关研究；最后，剖析现有企业高管超额薪酬与薪酬辩护研究的不足，并阐述本书的研究主题与研究目标。

层次三，第 3 章和第 4 章。基于委托代理理论、信息不对称理论、管理层权力理论以及最优薪酬契约理论等理论，剖析财务报告问询函对企业内部委托代理问题以及内部资本市场的影响。在此基础上，探讨财务报告问询函对企业高管薪酬影响因素的作用，以及分析薪酬委员会对高管薪酬的影响，进而奠定文章的理论基础。

层次四，第 5 章、第 6 章和第 7 章。理论分析与实证检验财务报告问询函对企业高管超额薪酬及其薪酬辩护的影响，并探究企业薪酬委员会独立性及其与审计委员会交叠的具体特征对财务报告问询函上述影响中的作用。

层次五，第 8 章。得出本研究的研究结论，阐述研究贡献与政策建议，提出研究不足与未来的研究方向。

本书的研究结构与技术路线如图 1－1 所示。

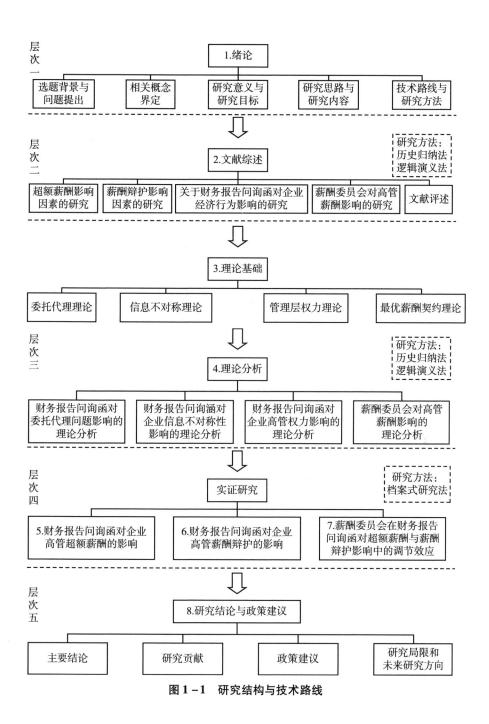

**图1-1　研究结构与技术路线**

## 1.5.2　研究方法

### 1.5.2.1　规范分析与实证分析相结合

规范研究主要是以制度背景为依托，基于对相关文献的回顾和述评，结合现实国情和经济现象，推演财务报告问询函对企业高管超额薪酬的影响，以及探寻层级对其薪酬辩护的影响，并剖析薪酬委员会对财务报告问询函上述影响中的作用。规范研究受限于主观逻辑限制的特点会导致其偏离客观的现实环境特点。实证研究的方法是以计量经济学为基础，并以统计分析软件和方法为依托，进行相应的数理统计研究，能够克服规范研究方法的不足，从而加强本研究研究的可靠性与合理性。

### 1.5.2.2　定性分析与定量分析相结合

关于财务报告问询函、超额薪酬、薪酬辩护以及薪酬委员会独立性及其与审计委员会交叠等变量间关系的研究，既借助定性分析来剖析相关影响机理，也依托定量分析来佐证上述影响机理，从而能够确保研究结论的科学性。其中，定性分析主要以理论和现有文献研究为起点和基础，推导财务报告问询函对超额薪酬及其薪酬辩护的影响以及薪酬委员会在上述影响中的作用。在定性分析的基础上，本研究将收集相关数据，借助 Stata 15.0 统计分析软件，采用多元回归分析等方法对相关假设进行进一步的定量检验。

# 文献综述

围绕研究问题与研究内容，本研究的文献综述可以分为以下 5 个部分内容：第一部分梳理关于超额薪酬影响因素的相关研究，第二部分阐明关于薪酬辩护影响因素的相关研究，第三部分回顾关于财务报告问询函对企业经济行为影响的相关研究，第四部分梳理薪酬委员会对企业高管薪酬影响的相关研究，第五部分阐述对现有相关文献的研究评述。

## 2.1 关于超额薪酬影响因素的相关研究

本节从超额薪酬影响因素研究的整体状况以及超额薪酬的具体影响因素综述回顾超额薪酬影响因素的相关研究。

### 2.1.1 超额薪酬影响因素研究的整体现状

从超额薪酬的本质出发，现有相关研究认为企业高管超额薪酬的成因包括以下两个方面：其一，基于管理层权力理论的研究视角，相关学者认为超额薪酬是企业高管满足私有收益的结果。伯德祖克与弗里德（2003）以及科尔等（2008）认为超额薪酬是企业高管利用其权力和影响寻租而获得的超过公平谈判所得的私有收益，会损害其薪酬与经营业绩相挂钩的机制，从而不利于企业的发展。郑志刚（2006）研究发现，高管所摄取的超额薪酬表现在薪酬与经营业绩的不对称性。谢德仁等（2012）研究发现，企业高管借助其权力与影响会扭曲薪酬激励机制。其二，从最优薪酬理论的研究视角出发，超额薪酬则代表着高管的才能和努力程度，即企业高管的人力资本具有溢价效应，高管的超额薪酬是对其才能以及能力程度等人力资本溢价的补偿。

现有大部分的管理实践与理论研究结论表明超额薪酬是企业高管谋取私有收益的体现，即高管的超额薪酬是其利用自身权力而摄取的超过公平谈判所得。

在理论研究方面，相关研究发现超额薪酬并不代表着企业高管的真实才能和努力，而体现着高管借助自身的权力与影响所摄取的私有收益，即支持了管理层权力理论（Bebchuk and Fried，2003；罗宏等，2014）。尤其在中国高管市场尚不完善的现阶段，企业所有者委派高管的情况，会有助于高管获取较多的剩余控制权（吴育辉和吴世农，2010），从而会诱发高管操控自身的薪酬契约的制定与执行来摄取超额薪酬。

基于管理层权力理论，现有相关研究将企业视为独立的主体，考察相关企业内部与外部因素对高管超额薪酬的影响。已有相关研究主要从董事会特征、家族控股、产品市场竞争、信息披露、同业参照、政府补助、债务期限约束以及财务困境等方面，获得了超额薪酬是企业高管摄取私有收益的相关经验证据。在金字塔结构企业中，企业高管薪酬契约的制定与执行会受到最终控制人的制约，但从企业的研究视角，探讨企业高管超额薪酬的影响因素却并未引起相关学者的关注。

## 2.1.2 超额薪酬的具体影响因素综述

### 2.1.2.1 董事会特征

詹森（Jensen，1993）从董事会文化的视角出发，认为董事会会与企业高管"合谋"。沿袭此研究思路，科尔等（Core et al.，1999）以及希尔特（Cyert et al.，2002）研究发现，在企业高管任职期间新加入的董事，通常不会在董事会召开的会议上发表对高管薪酬契约的反对意见，即对其任命期间的高管表现出"忠诚"；同时，即使薪酬委员会成员是来自企业外部的高管，该董事也会出于企业高管这一职业"社会认同"的考虑，不会抗议该高管过高的薪酬。董事并未积极履行监督高管的职责，而是存在迎合高管决策的行为（Bebchuk and Fried，2003）。布里克等（Brick et al.，2006）则从高管与董事薪酬的视角，研究发现高管超额薪酬与董事超额薪酬存在显著正相关关系的经验证据，印证了董事会的上述文化的存在。郑志刚等（2012）基于中国的制度背景出发，排除委托代理问题和高管权力等因素，进一步印证了中国上市公司任人唯亲的董事会文化对高管超额薪酬的影响更加严重；通过深入探索发现，通过由股东单位而不是上市公司发放董事薪酬在一定程度上可抑制上述董事会文化。

现有相关研究开始关注解聘和降薪在高管薪酬治理中的积极作用（Gao et al.，2012）。方军雄（2012）基于中国的制度背景，考察了超额薪酬分别与高管解聘和薪酬变更之间的关系，研究发现，企业高管的解聘和薪酬变更会受到高管上一期间超额薪酬的影响，具体而言，若高管在上一期摄取超额薪酬，则其当期解聘或者薪酬变化的可能性也就越大。

董事会独立性在现代的公司治理中至关重要，董事网络在董事会的独立性中具有关键的角色（Burt，1980；Mintz and Schwartz，1985），进而会对超额薪酬产生重要影响。卢昌崇和陈仕华（2009）研究发现，在中国上市公司的董事已经形成一个基于交叉任职的董事网络。谢德仁和陈运森（2012）认为独立董事在董事网络中的位置不同，获取的社会资本也不同；因而，独立董事的网络中心度与其社会资本成同向变动的关系。沿袭此思路，洪峰（2015）研究发现，独立董事的网络联结有助于独立董事向董事会的薪酬决策提供咨询与监督，具体而言，独立董事的网络中心度越高，高管借助自身权力攫取超额薪酬的程度越低；进一步研究发现，相对于民营上市公司而言，国有上市公司独立董事的网络中心度对高管超额薪酬的抑制作用显著较弱。

在中国现阶段的制度背景下，非执行董事大多是由所有者委派，且其大多数在股东单位领薪（陆正飞和胡诗阳，2015）。同时，祝继高等（2015）认为，控股股东委派的非执行董事因大部分不仅为全职董事，而且也在企业内部任职，因而对集团公司的整体情况可能更加了解，从而有利于非执行董事对上市公司信息进行充分了解。赵健梅等（2017）基于高管超额薪酬的研究视角，发现民营企业非执行董事对高管超额薪酬的监督抑制作用优于独立董事；在此基础上进一步研究发现，较高的股权制衡度反而会抑制非执行董事的监督效果，而在不具有稳定型机构投资者则会显著加强非执行董事的监督效果。

现有相关研究发现董事的任期成为影响公司治理的重要影响因素，从而对企业高管摄取超额薪酬产生重要影响。外部董事的咨询职能与监督职能可以相融合，外部董事若提升其咨询职能就必须对企业的内部信息进行充分的了解，而这恰恰是其行驶监督职能的必要条件（Brickley and Zimmerman，2010）。外部董事任期会显著影响其监督与咨询职能，外部董事任期有助于其将自身的规划和决策制定经验与企业内部运营相融合，从而更好地发挥其监督与咨询职能，即外部董事任期会显著提升其监督与咨询职能（Castro et al.，2009）。然而，在中国现阶段的制度背景下，受限于任命时缺乏独立性以及在任职期间对独立性的侵蚀的影响，外部董事并不能充分发挥其应有的监督与咨询职能。中国上市公司协会于2014年发布《上市公司独立董事履职指限定独立董事任职引》规定独立董事连任时间不得超过6年。在此背景下，段海艳（2016）研究发现，处于经济转型阶段的中国，独立董事的任期越长，企业高管摄取超额薪酬的行为反而会越严重，其原因在于独立董事任期会诱发其与最终控制人产生利害关系而形成利益共同体，进而影响其独立性。

### 2.1.2.2　产品市场竞争

良好的外部治理机制能够监督企业高管利用自身的权力进行寻租的行为，从而会形成内部治理的替代机制（权小锋等，2010）。现有相关研究发现，激烈的产品市场竞争能够抑制企业信息不对称，缓解企业委托代理问题，降低企业高管权力过度扩张而满足自身私有利益的寻租行为，从而构成了重要的外部治理机制。

相关学者认为激烈的产品竞争之所以能够发挥在高管薪酬方面的公司治理作用的原因在于其对高管权力的约束作用。一方面，激烈的产品市场竞争会增加企业的透明度。因而，企业所有者与高管之间信息不对称程度的下降能够抑制高管利用自身权力谋取私利的行为（Han and Yao，2011；Ammann et al.，2011）。另一方面，激烈的产品市场竞争使薪酬政策制定更加市场化与透明化。不完善的外部治理机制会导致市场竞争加速公司治理的完善。因此，王东清和刘艳辉（2016）认为高管会利用其权力获取超额薪酬，满足私有收益的目标；激烈的产品市场竞争能够显著抑制企业高管摄取超额薪酬的行为，从而降低高管权力对薪酬契约的影响和扭曲。

### 2.1.2.3　信息披露

特鲁曼（Trueman，1986）认为高管会借助信息披露来对外展示自身的才能；因而，信息披露具有信号作用，成为企业高管提高自身价值的一种方式。高能力的高管的盈余预测报告更加准确（Baik et al.，2011）。但另有学者认为高管进行信息披露并非是真实的才能信号，而是一种印象管理行为，进而为其谋取超额薪酬提供机会（Merkle-Davies et al.，2011）。在此基础上，企业的盈利能力指标并非投资者在评估高管能力的唯一因素（Cornelli et al.，2013）。

有才能的高管会披露更多的信息来提升市场对高管的认可（Ferreira and Rezende，2007）。泰勒（Taylor，2013）研究发现诱发对高管能力高估的信息除了经营业绩等硬信息之外，还包括高管提供的其他描述性的信息，如战略计划、公司的成长前景和媒体关注等信息。柔性战略信息成为企业高管对外披露的重要描述性信息，其体现着高层管理团队尤其是最高领导者的战略思维能力（Nadkarni and Herman，2010）。程新生等（2015）研究发现，战略信息披露与超额薪酬显著正相关。在中国制度背景下，国有企业高管薪酬面临着更为严格的控制和监管，而非国有企业来自政府的直接管制相对较少（陈冬华等，2005）。

因而，程新生等（2015）进一步研究发现，在国有企业中，尤其是央企的战略信息披露与超额薪酬正相关更加显著；同时，机构投资者具备行业背景和专业优势，也会主动收集相关信息，从而能够识别出信息的噪声（Chung et al.，2002；高敬忠等，2011），从而能够抑制高管印象管理。

### 2.1.2.4　同业参照

相对于公司治理结构弱的上市公司而言，企业会采取同业参照效应制定高管的薪酬契约更容易引发机会主义行为（Faleye et al.，2011）。企业的经营业绩是在应用同业参照效应制定高管薪酬契约时需要考虑的重要因素（Laschever，2013）。基于管理层权力理论的研究视角发现，同业参照效应存在无效的情况，即同业参照效应会成为企业高管谋取私有收益的一种重要手段（Faulkender and Yang，2013）。

江伟（2010，2011）从同业参照的角度去探讨上市公司对行业薪酬基准的使用，研究发现，在外部治理机制越弱化的企业中，高管越可能采用同业参照效应获得薪酬的增长。李维安等（2010）研究发现，同业参照效应也会存在于中国企业高管薪酬制定与执行的决策之中，而且薪酬委员会的存在会显著加重同业参照效应在高管薪酬的作用。刘鑫（2015）研究发现，企业所有者会根据同业参照效应来判断其对高管薪酬契约的标准，并通过对其给予高管薪酬与同业参照值之间的差值来判断高管薪酬契约的合理性。罗昆（2015）基于管理层权力理论的角度，认为高管可能会借助自身的权力，通过同业参照效应在其薪酬契约制定与执行中摄取超额薪酬，研究发现，上市公司在制定高管薪酬契约时会显著采用同业参照效应，并由此显著加剧了企业高管超额薪酬的增长。进一步研究发现，与非国有企业相比，国有企业高管的薪酬契约会受到严格的政策约束，从而更有可能会运用同业参照效应摄取超额薪酬；同时，与沿海地区相比，中西部地区高管更可能采用同业参照效应获得超额薪酬的程度也显著较强。

### 2.1.2.5 家族控股

对于家族企业而言，现有相关研究发现家族控股既存在加剧家族成员的高管摄取超额薪酬（即"壕沟壁垒效应"）行为的经验支持，也存在家族控股可显著抑制其超额薪酬（即"利益趋同效应"）结论。诱发上述两种截然相反现象的根本原因是家族企业中，最终控制人与企业中的家族高管的利益目标是否一致。

相关学者从管理层权力理论的研究视角出发，认为控股家族的内部人会加重企业的委托代理问题，即"壕沟壁垒效应"（Morck and Yeung，2003；Bertrand and Schoar，2006），进而诱发高管摄取超额薪酬的行为。尤其是当家族成员担任高管时，高管将会拥有更大的权力来操纵董事会，从而制定满足自身利益的薪酬契约（Bebchuk et al., 2002）。在家族企业中，控股股东为了达到"掏空"企业的目标，而向隶属于家族成员的高管以及董事支付超额薪酬（Urzua, 2009）。当企业经营业绩较低时，相比于非家族企业，家族企业的最终控制人为了能够继续"掏空"企业，从而也会支付高管更多的超额薪酬（Barontini and Bozzi, 2011）。陈林荣和刘爱东（2009）研究发现，在家族成员中，家族成员的高管会利用其权力优势来摄取超额薪酬。

相对于"壕沟壁垒效应"而言，在家族企业中也会存在"利益趋同效应"，即家族控制会抑制高管的超额薪酬。创始家族成员的高管并不在意借助摄取超额薪酬来满足私有收益，即创始家族成员的高管薪酬水平显低于职业高管（Mc Conaughy, 2000）。埃尔斯顿和高伯（Elston and Goldber, 2003）以德国企业为样本研究发现，家族控制能够抑制家族成员高管的超额薪酬。家族控制能够显著抑制企业高管的超额薪酬（Crocie et al., 2012）。陈家田（2014）研究发现，家族控制对企业高管超额薪酬的影响并不显著。李豫湘和米江（2016）研究发现，家族控制能够显著抑制上市公司高管薪酬以及超额薪酬，即获取了中国家族上市公司"利益趋同效应"的经验证据。

### 2.1.2.6 政府补助

政府补助能够优化资源的分配，然而，制度尚不完善的地区或者国家，政府补助的社会功能往往会被特殊集团扭曲，成为其谋取私有收益的工具（Krueger, 1974）。例如，企业会觊觎政府补助而积极向政府官员表达结成利益联盟的愿望，从而通过影响政府官员的政府补助决策来满足利益集团的利益（Shleifer and Vishny, 1997; Hellman et al., 2003）。余明桂等（2010）认为，政府补助是政府干预企业经营活动的重要手段，但是大部分的政府补助缺乏明确的法律或制度规范以及补贴标准，并且授予也存在较大的任意性，因而，政府补助会为相关利益集团寻租留下了较大的空间。

依据中国《企业会计准则》等相关规定的要求，政府补助会体现在营业外收入中，从而会引起经营业绩变化，且经营业绩是高管薪酬契约的重要内容，因而，政府补助作为能够诱发企业经营业绩变化的外生变量，会加剧高管个人能力及努力程度的业绩噪声（罗宏等，2014）。

### 2.1.2.7  债务期限约束

相关学者研究发现债务契约能够发挥一定的公司治理作用，从而会在企业高管薪酬契约的制定与执行中存在一定的积极治理作用。约翰等（John et al.，1993）认为债务契约会激化所有者与债权人的利益冲突，导致债权人的委托代理成本也应纳入企业高管薪酬契约制定与执行的范畴。然而，企业债务期限的差异必然会导致其公司治理效果存在显著差异，即债务的期限越短，其约束效应就会越强（Myers，1977）。短期债务能够有效抑制高管挥霍资金的行为，进而会降低高管利用债务融资来搭建宏大的利益集团的能力（Hart and Moore，1995）。具体而言，若企业的债务以短期借款为主，则企业需通过以新增借款的方式获取弥补偿还上述借款造成的资金缺口，而企业获取短期的银行借款需要银行进行严格考察与监督企业高管的行为。

黄志中和郗群（2009）基于中国的制度背景研究发现，银行借款能够有效抑制高管的超额薪酬。然而，上述研究并未从债务期限的研究视角深入探索企业债务期限对高管超额薪酬的影响。江伟（2008）研究发现，债务期限债权人所面临的风险也会相应增加，然而，在中国经济转轨阶段的制度背景下债权人保护体系仍尚需完善，因而，发放短期贷款成为银行青睐的选择。夏雪花（2013）研究发现债务期限约束越强，高管超额薪酬越低，两者之间具有负相关关系；进一步分析发现，产权性质影响债务期限约束的治理作用。此外，研究结果还表明，地区市场化程度越高，债务期限约束的治理作用就越强，即市场化程度在债务期限对高管超额薪酬的影响中具有显著的负向调节效应。

### 2.1.2.8  财务困境

西尔特等（Cyert et al.，2002）研究发现，当企业处于财务困境阶段，其公司治理机制（如债务治理等机制）的作用会更强，企业高管的薪酬契约将会引起债权人与所有者的格外关注，高管的超额薪酬则会更容易引发他们的激怒成本，因而，相对于未发生财务困境阶段而言，企业当处于财务困境时，其高管摄取私有收益的难度将显著增加。然而，即使企业处于财务困境之中，高管仍会借助自身的权利与影响，摄取超额薪酬，满足私有利益（Shen and

Gentry, 2015)。

罗昆和曹光宇（2015）研究发现，当企业处于财务困境时，尽管高管会存在摄取超额薪酬的行为，但其摄取超额薪酬的程度会得到一定程度的限制。同时，罗昆和曹光宇（2015）进一步探讨了政府补助在上述影响中的作用，研究发现，政府会对给予处于财务困境的企业提供一定的政府补助以实现促进社会效益；然而，当企业获得政府补助时，高管会将政府补助分为两部分，将会用一部分来改善企业的短期经营业绩，而剩余的部分则可能会作为自身的超额薪酬来满足其私有收益，即政府补助会降低财务困境对超额薪酬的影响。

## 2.2 关于薪酬辩护影响因素的相关研究

本节从薪酬辩护研究的整体现状以及薪酬辩护的具体影响因素综述梳理薪酬辩护的相关研究。

### 2.2.1 薪酬辩护影响因素研究的整体现状

企业高管为避免超额薪酬引起的公关困境（如社会舆论以及市场监管等公关困境）会进行薪酬辩护，即对其所摄取的超额薪酬提供合理化的理由（Faulkender and Yang, 2010）。薪酬辩护的核心是企业高管证明其获取的超额薪酬是其个人能力和努力的结果。现有相关研究发现薪酬辩护路径的主要包括以下两个方面：

首先，中国上市公司高管会借助经营业绩的提升，实现"结果正当性"的薪酬辩护。基于最优薪酬契约理论，议价契约可实现对高管行为的约束，从而缓解企业所有者及其高管之间的利益冲突。然而，高管薪酬契约的有效性需建立在以下两个条件基础之上：其一，所有者必须使契约满足高管的自身利益；其二，该企业所有者提供的期望收益要高于其他企业所有者所提供的条件。高管所摄取的超额薪酬不断引起政府的管制与社会公众的质疑，会引发监管层强化企业的治理机制与相关的立法（Robinson et al., 2011）。同时，企业高管薪酬的超额薪酬也会诱发企业所有者和董事会变更薪酬契约（方军雄，2012）。因而，经营业绩成为企业高管薪酬执行与执行的重要标准，企业高管会通过超额薪酬与经营业绩敏感性的提高来实施"结果正当性"的薪酬辩护（谢德仁等，2012；罗宏等，2014）。

其次，企业高管也会借助信息披露实施印象管理，造成其超额薪酬是对其能力与努力程度补偿的假象来进行薪酬辩护（Osma and Guillamón-Saorín，2011）。在中国现阶段的法律和监管体系尚不完善的制度背景下，企业的信息使用者可能无法判断高管的机会主义行为，且战略信息大部分都是文字叙述性的信息，可证实性较差，高管可能会披露一些战略信息，强调和突出其能力，以印象管理的主要手段实现薪酬辩护（程新生等，2015）。

现有相关研究将企业视为独立的主体，主要聚焦于企业高管权力以及信息披露两个视角，考察盈余管理、同业参照、政府补助、战略信息披露、媒体监督以及社会责任等因素对薪酬辩护的影响。在企业中，最终控制人与企业高管之间的委托代理问题更加复杂，两者之间的信息不对称程度也会更加严重。然而，现有相关研究却忽视从企业的视角，探讨企业高管的薪酬辩护行为。

## 2.2.2 薪酬辩护的具体影响因素综述

### 2.2.2.1 盈余管理

海格曼等（Hagerman et al.，1979）研究发现，盈余管理会成为企业高管为了在其薪酬制定与触发其薪酬契约中相关的激励条款，实现其自身利益最大化的重要工具。当企业高管薪酬契约中含有奖金计划条款时，高管更倾向于操纵会计盈余以使其奖金最大化（Healy，1985）。上述研究为实施"结果正当性"薪酬辩护提供了重要的理论研究基础。但从国外的研究来看，相关学者尽管未明确展开薪酬辩护的系统理论研究，但他们对经营业绩和企业高管薪酬的相关研究却体现了薪酬辩护的研究思路（谢德仁等，2012）。

谢德仁等（2012）基于中国处于经济转轨阶段的制度背景，系统性地提出了"结果正当性"的薪酬辩护，探讨了薪酬委员会在薪酬辩护中的影响，认为总经理兼任薪酬委员会委员的企业高管实施薪酬辩护的程度更大，且在相对薪酬较高、相对业绩较好和企业所在地区市场化程度相对较低的企业中上述影响更为显著。谢德仁等（2014）进一步以研发支出会计政策隐性选择为例，深入探讨了企业高管"结果正当性"的薪酬辩护，研究发现，高管会利用研发支出的会计政策，实施盈余管理行为来为其薪酬辩护提供条件。刘桂良和徐晓虹（2016）进一步从研发支出资本化的角度研究发现，高管会借助研发支出资本化行为等经营业绩噪声进行薪酬辩护。

### 2.2.2.2 同业参照

企业高管薪酬增长的原因是高管在职业经理人市场中流动能力的增强，并据此提出了高管市场理论，进而奠定了企业高管以同业参照进行薪酬辩护的理论基础（Murphy and Zábojník，2004）。加贝克斯和朗迪耶（Gabaix and Landier，2008）沿袭此研究思路，利用市场均衡模型，进一步验证了企业高管的薪酬增长在同行业内存在显著的"传染效应"。基于高管市场理论，进一步研究发现，上述在同行业内存在的"传染效应"，会有助于企业获得高管的人力资本，从而形成了"同业参照薪酬"（Bizjak et al.，2008）。企业倾向于使用更高的"同业参照薪酬"来挽留自己的高管，认为企业在选择"同业参照薪酬"时的动机，是一种应对高管市场竞争的积极举措（Albuquerque et al.，2013）。

然而，也有相关学者认为"同业参照薪酬"是高管进行薪酬辩护的重要手段。"同业参照薪酬"并非上述挽留企业高管的"传染效应"，研究结果表明所选"同业参照薪酬"的激励成本过高，企业的经营业绩和规模可能并不足以支持这样的高管薪酬水平（Faulkender and Yang，2010）。进一步基于管理层权力理论的研究视角出发，深入探索高管薪酬的同业参照效应，研究发现"同业参照薪酬"成为高管实施薪酬辩护的重要方式。经营业绩在企业高管借助"同业参照薪酬"实施薪酬辩护中具有重要的影响，即在经营业绩越高的企业中，"同业参照薪酬"对企业高管薪酬辩护的影响越严重（Laschever，2013）。同业参照效应背后的动机并非单一行为可以解释，而是出于辩护的动机。高管会以薪酬契约的同业参照效应，借助经营业绩的提升，实现"结果正当性"的薪酬辩护，以掩盖真实的寻租动机与行为。在此基础上，罗昆（2015）研究发现，薪酬契约制定中因采用同业参照效应获得的超额薪酬增长，会带动薪酬业绩敏感性的增加。

### 2.2.2.3 政府补助

基于委托代理理论与最优薪酬契约理论的研究视角，企业所有者为提升高管的激励效果，会借助与经营业绩相挂钩的薪酬契约缓解其与高管之间的委托代理问题（Jensen and Meckling，1976）。余明桂等（2010）研究发现，企业会出于自身的利益目标，向政府索求政府补助来实现其经济资源的增加。在此背景下，罗宏等（2014）从中国处于经济转型的制度背景出发，探讨了政府补助与企业高管薪酬辩护之间的影响，研究发现，政府补助作为企业的外生变量能够提升企业短期的经营业绩，从而会加剧高管实施"结果正当性"的薪酬辩护。

### 2.2.2.4 战略信息披露

特鲁曼（Trueman，1986）认为企业高管对外自愿披露信息的动机是展示其才能，并系统性地阐述了企业高管才能信号假说。高管会进行信息披露从而对外释放才能信号，研究结果表明当高管的能力越高，其更倾向披露盈余预测的相关信息，而且所披露的盈余预测信息也更加准确性，从而印证了盈余预测信息的披露能够体现着高管的才能而非机会主义行为，即从盈余预测信息的角度获取了高管才能信号假说的经验证据（Baik et al.，2011）。然而，部分学者认为高管可能会选择性甚至虚假地披露信息来获取私有收益，即高管进行信息披露可能不是为了发出真实的才能信号，而是一种印象管理行为（Merkle-Davies et al.，2011）；在此背景下，信息披露是提高人力资本价值的一种方式，进而成为高管实施薪酬辩护的重要方式。

程新生等（2015）将研究背景置于处于经济转型阶段的中国，来探讨企业高管披露战略信息的动机是为了展示其才能还是实施薪酬辩护。其研究发现，战略信息披露显著加剧了高管的超额薪酬，印证了薪酬辩护假说；且进一步研究发现，在国有企业中，尤其是央企以及机构投资者持股比例较低的公司中战略信息披露被高管作为薪酬辩护的程度越强，即高管在获得超额薪酬时，为了提高薪酬的正当性和合理性，会披露较多的战略信息来展现自己的才能。因而，战略信息披露会成为企业高管实施薪酬辩护的重要方式。

### 2.2.2.5 媒体监督

媒体监督作为企业外部治理的重要方式能够有效监督高管的薪酬契约，且被媒体报道后，高管的薪酬总额会呈现下降的趋势（Core et al.，2008；李培功和沈艺峰，2013）。一方面，媒体监督会诱发政府机构的关注，引发行政干预调整高管薪酬（杨德明和赵璨，2012）；另一方面，媒体监督会引起社会舆论的广泛关注。因而，媒体监督对高管薪酬具有监督影响作用，即当媒体报道企业的负面信息时，企业高管的薪酬显著会下降。企业会调整高管的薪酬来缓解声誉的压力（Hong Luo et al.，2013）。在此基础上，张玮倩和乔明哲（2015）基于薪酬辩护的视角，进一步探讨媒体监督对企业高管薪酬的影响，研究发现，媒体监督会显著加剧企业高管实施"结果正当性"的薪酬辩护行为；在媒体报道后，企业高管会利用盈余管理达到薪酬辩护的目的，即实施"结果正当性"的薪酬辩护行为。

### 2.2.2.6 社会责任

现有薪酬辩护的研究仍相当有限，缺乏以非财务业绩考察高管薪酬辩护的途径。企业高管因履行社会责任满足利益相关者的需求而获得较高薪酬，即企业社会责任为高管提供了新的挑战，从而可能会成为高管薪酬契约制定与执行的重要内容（Riahi-Belkaoui，1992）。因而，社会责任很有可能会成为高管薪酬辩护的工具。随着环境等问题的凸显，社会责任逐步演变为企业高管绩效考核的重要指标（Cordeiro and Sarkis，2008）；因而，董事会支持企业高管履行社会责任而获得较高的薪酬。

吉利和吴萌（2016）认为随着社会责任意识的普及，企业社会责任已成为企业战略发展的重要组成部分。他们采用2009～2013年发布企业社会责任报告的上市公司为研究样本，探讨了企业社会责任对高管薪酬的影响。基于薪酬辩护假说，吉利和吴萌（2016）研究发现，社会责任是高管绩效考核的重要的非财务指标，社会责任增加高管薪酬；当企业内部收入差距较大时，社会责任会被高管纳入其薪酬契约的制定与实施，从而会影响经营业绩在其薪酬契约的作用，成为高管实施薪酬辩护的重要方式，并且在中国现阶段的制度背景下，国有产权性质在上述影响中具有显著的正向调节效应。同时，相较于权力较小的高管，权力较大的高管更可能通过增加社会责任业绩指标权重进行薪酬辩护。

## 2.3 关于财务报告问询函对企业 经济行为影响的研究

近年来，政府大力推进市场化取向的经济体制改革，以提高市场效率。一系列涉及职能转变、简政放权等内容的改革措施逐步实施，"放松管制、加强监管"的理念逐渐贯彻，2013年7月开始实行的"信息披露直通车"制度即是这一理念的重要体现。信息披露直通车指上市公司按照交易所相关规定，将公司公告直接提交给指定披露媒体，交易所再进行事后审核的一种信息披露方式，其目的是集中监管资源，突出上市公司作为信息披露方的主体地位，进一步提高上市公司信息披露的质量和效率，促进资本市场健康发展。2011年10月24日，深圳证券交易所开始实施《深圳证券交易所上市公司信息披露直通车试点业务指引》，但半年报和年报尚不属于该指引范围。2013年7月1日，上海证券交易所正式实施《上海证券交易所上市公司信息披露直通车业务指引》，上交所全体上市公司的财务报告均属于该指引范围。2014年1月13日，深交所进一步扩大"直通车"公司范围和公告类别范围，深交所全体上市公司的财务报告也开始采用直通披露。"直通车"是交易所对信息披露监管模式的革新，"直通车"开通前，上市公司所有公告发布前都需经交易所审核，不符合要求的公告在修改后才能发布。而自2013年起，交易所对财务报告的监管重心转移到事后监管，财务报告问询函便是交易所对上市公司财务报告进行事后监管的主要途径之一。在该模式下，上市公司所有财务报告均无须进行事前审核，而是在公司直接披露后，交易所再进行事后监管，问询函监管成为事后监管模式的主要手段。

我国交易所的财务报告问询函制度与美国证券交易委员会（SEC）问询函制度存在很大差异，主要区别体现在以下两点：第一，时效性不同。我国交易所在向上市公司发送问询函时即要求公司公开披露，同时要求公司书面回复的当日进行披露；SEC 问询函监管在 2012 年 1 月 1 日之前，问询函相关内容在审核完成 45 天后才同时披露发函与回函内容；2012 年 1 月 1 日之后，问询函相关内容在审核完成 20 天后才同时披露发函与回函内容。第二，监管的严重程度不同。我国交易所问询可能伴随现场调查、证监会立案等后续监管手段；而美国市场并无类似情况（Bozanic et al.，2017）。具体地，我国交易所强制要求公司在规定时间内回函，若公司不予回复或不能做出合理解释，交易所可能随时启动后续监管措施，包括现场调查、向证监会提交线索等。需要注意的是，证监会立案调查会给公司带来严重的负面影响，比如，未来 36 个月内不得公开发行债券或非公开发行股票，不得发行股份购买资产，甚至暂停上市，或引发退市风险。此外，与澳大利亚证券交易所的问询函不同，我国交易所的问询函主要针对披露瑕疵、公司相关活动以及公司公告内容等，相当一部分问询函与财务报告直接相关，而不仅仅局限于股价异常或交易量异常。因此，我国的问询函区别于 SEC 问询函和澳大利亚证券交易所的问询函，具有独特的中国制度背景。

作为证券交易所重要的非处罚性监管方式，财务报告问询函引起了相关学者的广泛关注。既有文献主要从信息不对称理论与代理理论，考察财务报告问询函对企业经济行为的影响。首先，从信息披露的研究视角，相关学者研究发现财务报告问询函有助于提升企业信息透明度，改善了企业的信息披露质量（Bozanic et al.，2017）。财务报告问询函对企业信息不对称与代理问题的抑制作用，能够显著降低企业的股价崩盘风险（张俊生等，2018）。尤其是财务报告问询函具有信息含量，表现在企业收到证券交易所出具的财务报告问询函后，其累计超额回报率的均值为负；而做出回函公告后附近的均值为正（陈运森等，2019）。其次，相关学者研究发现财务报告问询函对企业信息不对称与代理问题的影响，会影响外部监管者的决策。当收到审计师得知企业收到财务报告问询函后，审计师会根据财务报告问询函的内容重新评估审计风险，会显著提高审计费用（Gietzmann and Pettinicchio，2014）；同时，财务报告问询函也会促进审计师加大审计范围，重新评估审计风险，获取更多具有说服力的审计证据，从而能够显著提升审计质量（陈运森等，2018）。最后，相关学者获取了财务报告问询函会影响企业经济行为的经验证据。存在避税行为的企业收到后，会显著削弱避税行为（Kubick et al.，2016）。

相对于西方发达国家，中国证券交易所出具与公布的财务报告问询函更具权威性与及时性，对企业信息不对称与代理问题的抑制作用更强，会对企业的经济行为产生更加广泛的影响。在此背景下，相关学者研究发现财务报告问询函能够显著抑制企业的盈余管理行为（陈运森等，2019），提升企业下一年度业绩预告的质量（李晓溪等，2019），但也会加重企业的债务资金成本（胡宁等，2020）与高管变更的概率（邓祎璐等，2020）。在此背景下，财务报告问询函对国有企业信息不对称与代理问题的抑制作用，显著低于对非国有企业的作用（陈运森等，2019）。有鉴于此，财务报告问询函对企业经济行为的影响主要包括以下方面。

## 2.3.1 财务报告问询函披露的市场反应

关于财务报告问询函披露带来的市场反应中，采用 SEC 公司财务部的财务报告问询函和财务报告重述来考察 SEC 财务报告在审核过程中的市场反应差异，发现市场在财务报告问询函公告日的显著性反应较弱，而在财报报告重述日具有显著为负的市场反应（Gao et al.，2010）。美国公司和适用国际会计准则（IFRS）的欧洲公司所发放的财务报告问询函，考察机构投资者对使用不同会计准则的公司收到财务报告问询函的市场反应差异，发现公司收到 SEC 财务报告问询函后机构投资者减持股份；并且相比于美国一般公认会计原则（GAAP）下的公司，机构投资者对适用 IFRS 的公司财务报告问询函的反应更加负向（Gietzmann and Isidro，2013）。特鲁曼等（Tueman，2016）研究发现，与收入确认相关的 SEC 财务报告问询函在披露当天市场有较小的负面反应，在 50 天后股价回报有负向漂移，并且在财务报告问询函披露之前内部交易量较大的公司中股价回报负向漂移更大。

关于澳大利亚证券交易所的财务报告问询函研究方面，向市场披露了增量信息的被问询公司约有 30%，公司回函披露后股票交易量及买卖差价有所减少，大部分股价也具有稳定事态（Gong，2007）。公司股东财富及交易量与财务报告问询函公告均显著正相关，财务报告问询函公告前的异常回报在财务报告问询函公告后依然存在（Drenko and Sault，2011）。达迪约克等（Drienko et al.，2017）进一步研究发现，澳大利亚证券交易所的财务报告问询函在公告后的 30 分钟之内，股票回报有 2.7% 的显著性逆转，而且财务报告问询函公告后几天中的股票回报波动程度与买卖差价均有所减少。

中国资本市场财务报告问询函披露的市场反应中，陈运森等（2018）利用 2007～2016 年 A 股上市公司的财务报告问询函数据，从收函公告与回函公告两个方面考察了非处罚性监管之财务报告问询函公告的市场反应，发现资本市场对财务报告问询函收函公告的反应显著为负，而对问询回函公告的市场反应显著为正；而且一些上市公司特征和财务报告问询函特征会进一步影响市场对财务报告问询函公告的反应程度。郭飞和周泳彤（2018）采用事件研究法考察了 2015 年沪深交易所财务报告问询函披露的市场反应，发现财务报告问询函披露情景下的累计平均异常收益呈显著负相关；并且财务报告问询函中涉及收入问题集中度越大时，其所带来的负向市场反应越强烈。李琳等（2017）则采用 2015～2016 年沪深交易所的财务报告问询函样本，发现财务报告问询函及其公司回复函披露后都具有负面的市场反应，并且在披露前发生内部人减持的公司中负面市场反应更为强烈。

## 2.3.2 财务报告问询函的信息披露效应

在问询监管的信息披露效应层面，SEC 问询的信息披露后，资本市场对公司季度盈余释放的反应增加，并且在问询审查期间部分公司出现了更强有力的反应，平均持续两年。这项研究表明管制活动的披露能够加强公共执法力度（Duro et al.，2019）。陈运森等（2018）研究发现，中国资本市场的问询监管信息披露具有信息含量。在郭飞和周泳彤（2018）的研究中，也指出财务报告问询函披露具有一定的信息含量。

本等（Ben et al.，2016）采用 2007～2012 年中公允价值相关的 SEC 财务报告问询函数据，发现与公允价值相关的财务报告问询函披露后能够降低公允价值估计的信息不确定性，尤其是在第二层级和第三层级公允价值的资产估计情景中，与公允价值相关的财务报告问询函披露所带来的信息不确定性降低程度更明显。约翰斯通和佩塔基（Johnston and Petacchi，2017）采用 2004～2006 年 SEC 财务报告问询函数据，发现 SEC 财务报告问询函披露具有市场信息披露效应，表现在财务报告问询函的问题修正后股票买卖差价中的逆向选择行为减少和盈余反应系数有所上升，该研究结论说明了财务报告问询函披露后能够降低公司信息不对称程度。

李晓溪等（2019）以 2014 年 12 月~2017 年 9 月 A 股上市公司重大资产重组为研究样本，采用文本分析法比较了并购重组报告书的修订前后差异，发现新修订并购重组报告书中标的方历史信息与前瞻信息的内容较多，而且更为详细，表明我国并购重组的财务报告问询函制度能够改善信息披露并缓解了并购交易过程中的信息不对称程度。同时在并购重组问询的经济后果方面，发现了信息披露程度改善较好的被问询公司重组的成功率更大，所带来的未来市场绩效也较好。约翰逊等（Johnson et al.，2019）也发现 SEC 财务报告问询函披露对公司并购完成率具有积极影响，且在并购交易完成后，收到 SEC 财务报告问询函的公司出现商誉减值或财务重述的可能性较小。

### 2.3.3　财务报告问询函与企业会计信息质量

作为信息披露监督机制的财务报告问询函，其所带来的一个重要影响为公司会计信息质量。公司收到财务报告问询函意味着会计信息质量较差，且这种会计质量较低的信息情景蕴含于公司异常审计收费之中（Hribar et al.，2014）。内部控制相关的问询监管有效增加了公司未来内部控制缺陷的披露，而且这一内控信息披露行为只存在那些有内部控制缺陷却未披露该内控缺陷的公司中，对于那些已经披露了内控部制缺陷的公司中，与内部控制相关的问询监管则不影响其未来内部控制缺陷披露（Anantharaman and He，2016；Jonathan and Thompson，2019）。

张然等（2015）采用 2005~2010 年在美反向并购的中国公司样本，研究 SEC 财务报告问询函对公司财务造假的预测效用。发现相比于未收到 SEC 财务报告问询函的公司，收到财务报告问询函的公司更有可能成为问题公司。当 SEC 财务报告问询函的问题数量较多、解决问询问题的难度较大时，公司更有可能成为问题公司。说明 SEC 财务报告问询函在公司财务造假出现之前起到一定的监督效用，对提高会计信息质量具有积极作用。李晓溪等（2019）从公司业绩预告这一前瞻性信息视角探究了财务报告问询函的影响效应。发现相对于没有被问询公司，财务报告问询函提高了被问询公司业绩预告的积极性，业绩预测的精确度也增加，同时业绩预告的文本信息质量得到改善。翟淑萍和王敏（2019）也发现我国财务报告问询函能够提高公司管理层的业绩预告质量。

### 2.3.4 财务报告问询函与管理层行为

问询机制对公司管理层行为的影响具有双面性，以往研究主要从公司盈余管理、内部人交易行为、内部控制意见购买及在职消费等方面进行考察。

从公司盈余管理视角，SEC 财务报告问询函能够通过降低 IPO 过程中的信息不对称，有效抑制 IPO 公司盈余管理的机会主义行为（Li and Liu, 2017）。坎宁安等（Cunningham et al., 2019）采用2007~2016 年 SEC 财务报告问询函样本，发现相对于那些没有接收到财务报告问询函的公司和倾向得分匹配法所得的没有财务报告问询函公司，接收到 SEC 财务报告问询函公司中的应计盈余管理有所下降，但 SEC 财务报告问询函使得公司真实盈余管理程度的增加。进一步从总盈余管理视角（应计盈余管理 + 真实盈余管理），他们发现 SEC 财务报告问询函对总的盈余管理行为没有显著差异影响，一个从财务报告问询函所致的成本和收益权衡理论解释是，SEC 财务报告问询函使得较高的真实盈余管理替代了较低的应计盈余管理。在中国资本市场中，陈运森等（2019）采用2013~2016 年中国 A 股上市公司及其财务报告问询函为样本，也发现了中国式财务报告问询函能够有效抑制公司应计盈余管理；并且公司所有权性质和信息环境对财务报告问询函的监管效果有显著差异影响，即财务报告问询函在非国有公司和信息环境较透明情景中对应计盈余管理行为的治理作用更明显。

在公司内部人交易行为方面，德肖等（Dechow et al., 2016）采用2006~2012 年 SEC 财务报告问询函事件公告数据，在与收入确认相关的 SEC 财务报告问询函公开披露之前，公司内幕交易行为明显高于正常水平。与收入确认相关的 SEC 财务报告问询函在披露当天市场呈现较小的负面反应，而在财务报告问询函披露 50 天后股价回报有 1%~5% 收益率的负向漂移，并且在财务报告问询函披露之前内部交易量较大的公司中股价回报负向漂移更大；同时还发现，更多的负向漂移在与收入确认相关的财务报告问询函披露前表现得尤为明显，这一证据说明公司内部人从与收入确认相关的财务报告问询函披露之前窗口期中获得内部交易的收益，从而助长了公司内部人在财务报告问询函披露窗口期的策略性内部交易行为。在中国式财务报告问询函公告披露的情景中，李琳等（2017）采用 2015～2016 年深交所财务报告问询函为样本，发现公司内部人会利用财务报告问询函回复窗口期的信息优势进行内部交易的择时行为。

问询监管还能影响管理层变更行为，SEC 财务报告问询函会给公司管理层自身带来负面的管理信息信号，增加了公司管理层变更的概率；并且当财务报告问询函数量及其问题越多时，公司管理层变更行为越为频繁（Gietzmann et al.，2016）。在问询监管的信号理论模型中，孙彤和薛爽（2019）以我国交易所财务报告问询函来测度公司外部监督力量，构建了公司管理层和公司外部监督者之间的信号博弈模型，分析了外部监督对公司高管自利行为的有效监管机制。发现当加入对公司信息披露的监督激励机制，鼓励公司进行高质量信息披露，并对高质量信息披露的公司管理层给予一定的奖励性时，则会有效实现信号博弈的分离均衡，从而减少公司管理层的自利行为。基于问询监管的信息机制，从内部控制意见购买方面，我国年报问询监管所带来的压力能有效抑制管理层的内部控制意见购买行为，尤其是在具有"内控特征"问询监管压力情景中更明显（Yao and Xue，2019）。从在职消费这一典型管理层自利行为视角，年报问询监管能够有效抑制管理层的在职消费行为，但这一积极治理效用受到产权性质和政治关联的寻租动机影响（Yao and Hong，2019）。

在公司管理层的绩效评价过程中，公司在收到 SEC 关于收入确认的财务报告问询函后，会减少 CEO 的年度奖金，并且这种负面影响对高成长性公司、CEO 权力较弱的公司，以及机构所有权较高的公司更为明显。同时还表明公司在收到与收入确认相关的财务报告问询函后，财务总监（CFO）的奖金也会降低（Chen et al.，2019）。这一证据说明董事会在制定公司高管薪酬时会将 SEC 财务报告问询函信息纳入公司管理层的绩效评价体系之中。

### 2.3.5 财务报告问询函与利益相关者决策

问询监管会影响利益相关者的决策行为，主要表现在第三方独立审计师行为、分析师行为、证券律师、银行信贷决策和公司控股股东行为等方面。

独立审计师行为方面，部分财务报告问询函要求审计师发表专业核查意见，在一定程度上会影响审计师的风险感知及其决策行为。通过 SEC 财务报告问询函样本，研究发现当客户收到 SEC 财务报告问询函后，客户的财务报告问询函对审计师是一种审计风险信号和压力，审计师会重新评估财务报告问询函所带来的声誉和审计风险，进而增加了客户的审计收费（Gietzmann and Pettinicchio，2014）。在中国制度背景的问询监管中，陈运森等（2018）发现我国非处罚性的问询监管能够改进审计质量。当财务报告问询函要求年审会计师发表专业核查意见，财务报告问询函中涉及内部控制、风险及诉讼等特征内容以及财务报告问询函问题数量较多或公司延期回函时，问询监管对审计质量改善的作用更大；同时也发现上市公司在收到财务报告问询函后，会计师事务所对被问询客户的审计收费也有所增加。审计师个人的参与度能够提高 SEC 财务报告问询函问题解决的执行效率，当财务报告问询函涉及更多会计问题时，审计师对财务报告问询函回复的参与度更高；并且经验丰富的审计师更能缩短解决公司财务报告问询函问题的时间成本，从而提高财务报告问询函问题解决的效率（Ballestero and Schmidt，2019）。具有共同会计师事务所公司中的财务报告问询函相似度更高；并且财务报告问询函信息披露的相似性在客户拥有较长审计师任期情景中更明显（Baugh and Schmardebeck，2019）。在客户更换审计师后，客户可能会承袭后续审计师的风格及其信息披露缺陷风格。

从分析师行为方面，财务报告问询函信息披露对分析师起到信息的决策有用性。波辛历等（Bozanic et al.，2017）研究发现，SEC 财务报告问询函的问题修正披露会增加分析师跟踪程度。李晓溪等（2019）在 2014 年 12 月 ~ 2017 年 9 月我国 A 股上市公司并购重组的财务报告问询函报告书研究中，发现新修订并购重组报告书中标的方历史信息与前瞻信息的内容均增加，且更为详细，这使得并购重组公司在收到财务报告问询函之后的分析师盈余预测误差和分析师乐观程度都有所降低。

从证券律师（法律顾问）行为视角来看，有些财务报告问询函会要求法律顾问发表专业意见，会影响法律顾问在问询监管中的行为决策。波辛历等（Bozanic et al.，2018）采用 2005～2012 年 SEC 财务报告问询函样本（大约有 35% 法律顾问参与问询监管），考察 SEC 财务报告问询函中法律顾问的参与是否通过信息披露变更来充当客户的拥护者，或者鼓励信息披露透明性来扮演守门人的角色。首先，他们发现当公司具有更少解决 SEC 财务报告问询函的经验、较强外部监督、更高的专有成本和更大的诉讼风险时，法律顾问更易于要求参与财务报告问询函问题解决的管制之中；同时，当财务报告问询函问题更为复杂和较少的会计问题时，法律顾问在问询监管之中的参与度更明显。从法律顾问参与问询监管的经济后果来看，一方面，法律顾问在参与财务报告问询函问题解决中作为客户的拥护者角色，通过修改问询文件中的信息和更少地对先前信息披露进行修正，并以此来帮助客户管理层抵制 SEC 要求披露额外的问询信息；另一方面，法律顾问在参与问询监管过程中具有守门人角色，能够提高财务报告问询函信息披露的可读性，减少公司未来财务重述和更少受到未来问询监管。并且当财务报告问询函问题较为复杂时，法律顾问所扮演的守门人员的角色更为重要。

银行信贷决策中，客户财务信息的稳定性是影响银行授信决策的重要因素。坎宁安等（Cunningham et al.，2017）通过 2007～2012 年 SEC 财务报告问询函样本，考察银行大贷款人是如何利用监管机构财务报告问询函披露的客户私人信息来进行放贷决策。发现当客户收到 SEC 财务报告问询函后，银行对被问询客户的信贷利率定价更高，而且这种问询信息所带来的信贷利率提升效应在那些之前没有被财务报告问询函公开曝光过的客户私人信息样本中更明显。同时，问询所带来的信贷利率定价效应在财务报告问询函中有重大信息披露缺陷、管理层自由裁量行为以及与抵押品估值相关的问题情景中更为突出。

大股东行为方面，我国交易所财务报告问询函政策对大股东关联交易等"掏空"行为高度关注。聂萍和潘再珍（2019）以 2013～2017 年中国 A 股上市公司及其财务报告问询函为样本，探究了年报问询监管对大股东关联交易之"掏空"行为的影响。发现我国年报问询监管能够有效减少大股东关联交易的"掏空"行为，并且这种积极治理作用在具有"掏空特征"的年报问询监管中更为显著。

### 2.3.6 财务报告问询监管的溢出效应研究

问询监管在资本市场中对那些未被问询公司还具有"溢出效应"。库比克等（Kubick et al., 2016）采用2004～2012年与税收相关的SEC财务报告问询函样本，发现当同行业内大量公司收到与税收相关的财务报告问询函时，会间接威慑同行业内没有收到财务报告问询函的公司避税行为，使得同行业内未收到财务报告问询函的公司更加规范其纳税行为，即问询监管对公司避税行为的治理作用在同行业内公司具有溢出效应。与内部控制相关的问询监管在同行业内公司和财务报告问询函共同审计师层面中对内部控制缺陷信息披露具有积极溢出效应（Anantharaman and He, 2016）。布朗等（Brown et al., 2018）从风险因素披露视角，分别从领头行业公司、竞争对手公司和大量同行业公司层面中对SEC财务报告问询函关于被问询公司的风险因素披露监管后，对于这三个层面中没有收到财务报告问询函的公司在随后年度中也在一定程度上修正了其信息披露行为；特别是在领头同行业中，问询监管对其他未被问询公司的特有信息披露的溢出治理效用更明显。此外，他们没有发现财务报告问询函共同审计师层面的溢出效应证据。比尔等（Bill et al., 2019）则专门从SEC财务报告问询函对审计师行为的溢出效应视角研究，发现行业中当审计人员的客户收到与会计估计及商誉相关的财务报告问询函时，审计人员更有可能在行业中其他未被问询客户中加强对这些审计事项的审查，并且记录的会计估计变更和商誉减值测试的可能性增加；但未发现同地区层面的审计行为的溢出效应。从内部控制意见购买视角，我国年报问询监管压力在同行业、同省份和共同审计师公司中均表现出其对内部控制意见购买行为的溢出威慑治理（Yao and Xue, 2019）。

## 2.4 关于薪酬委员会对高管薪酬影响的相关研究

相对于董事会的理论研究而言，聚焦于薪酬委员会的理论研究较少

（Sun et al.，2009）。在股权集中度较差的情况下，企业的主要委托代理问题是最终控制人与小股东之间的代理冲突（Shleifer and Vishny，1997）。处于经济转轨阶段的中国，国有企业容易存在"内部人控制"问题，而民营上市公司则更容易发生最终控制人与高管合谋侵占中小股东利益的现象（陈冬华等，2005；方军雄，2012）。可见，盲目趋同国际治理原则会产生事与愿违的情况（Wan et al.，2010）。

国外早期关于薪酬委员会运作的经验证据是围绕薪酬委员会设置与否展开研究的（Main and Johnston，1993）。上市公司会借助独立董事的声望与专业技能，增加独立董事对公司治理积极作用，因而，一些国家（如美、英等国）加强了对薪酬委员会独立性的监管要求。随着 1992 年美国相关监管机构相继颁布独立董事组成薪酬委员会的相关规定，薪酬委员会独立性对高管薪酬的影响获得了相关学者的广泛关注（Conyon and Peak，1998；Newman and Mozes，1999）。相关学者主要聚焦于薪酬委员会独立性及其人员特征的视角，探索其对高管薪酬契约的影响。因而，本节主要围绕薪酬委员会独立性及其成员特征探索薪酬委员会对高管薪酬影响的理论研究视角，回顾现有相关研究文献。在民营企业中，随着层级延长，最终控制人会更加倚重企业的薪酬委员会对其高管薪酬契约的监督；然而，现有相关研究并未从企业的研究视角，考察薪酬委员会对高管薪酬契约的影响。

### 2.4.1　薪酬委员会独立性对高管薪酬影响的相关研究

探讨薪酬委员会独立性与高管薪酬水平之间的关联关系引起了相关学者的广泛关注。然而，现有相关研究对于薪酬委员会独立性对高管薪酬水平的研究结论并不统一，即得出薪酬委员会独立性并不能够显著降低高管薪酬水平的研究结论，也获取了其可以显著抑制高管薪酬水平的经验证据。

在国外相关研究中，相对于薪酬委员会独立性并不能抑制高管薪酬水平的研究结论而言，其可以显著抑制高管薪酬水平的经验证据相对较少。当存在独立的薪酬委员会时，高管薪酬的监督更稳健（Conyon et al.，1995）。独立性的缺失会削弱薪酬委员会对高管的监督效果，从而导致其摄取私有收益，即薪酬委员会独立性能够显著降低高管薪酬（Newman and Wright，1998）。

约翰斯通（Johnston，2007）则从高管机会主义的视角探讨薪酬委员会独立性对高管薪酬的影响，认为薪酬委员会独立董事会一致高管的机会主义行为，从而能够缓解高管借助薪酬契约摄取私有收益。通过考察了高管薪酬与绩效的关联性是否受薪酬委员会独立性的调节，研究发现大型公司独立的薪酬委员会可更有效地调节高管薪酬（Windsor and Cybinski，2010）。

薪酬委员会的独立性并未很好地限制高管的薪酬水平（Main and Johnston，1993）。戴莉等（Daily et al.，1998）借助美国上市公司的数据作为研究样本，剖析了高管薪酬总额、高管薪酬的变化及其结构，并未发现薪酬委员会独立性的降低会显著增加高管薪酬，而高管的薪酬显著与上一期高管薪酬与企业规模显著正相关。薪酬委员会的存在及其独立性都不会限制高管薪酬（Conyon and Peck，1998）。进一步将企业的所有权和高管任期等特征也纳入了薪酬委员会独立性对高管薪酬的影响，两者并无显著的相关关系（Newman and Mozes，1999）。同时，薪酬委员会独立性的降低并非必然导致高管薪酬的增加（Lawrence and Stapledon，2000）。

SEC 及《美国国内收入法典》（IRC）进一步颁布了增加高管人员薪酬透明度的相关规定。薪酬委员会的构成与高管薪酬契约制定与执行程序之间的关系，认为上述相关法规的变化显著影响了高管薪酬的监管和实践，但薪酬委员会独立性并没有显著影响高管薪酬水平及其结构（Anderson and Bizjak，2003）。瓦费斯（Vafeas，2003）进一步将高管薪酬分为现金薪酬与长期激励性薪酬，认为薪酬委员会独立性与高管薪酬水平之间并不存在显著的相关关系。借助"委托人—监督者—代理人"三层最优契约模型，将高管薪酬细分为薪酬总额与股权激励两部分，探讨薪酬委员独立性与高管薪酬之间的关系，薪酬委员会独立性与高管薪酬并不存在显著的相关关系，且重要股东若在薪酬委员会，高管薪酬则会显著较低（Conyon and He，2004）。萨普（Sapp，2008）则进一步获取了薪酬委员会独立性与企业高管薪酬显著正相关的微观经验证据。格雷戈等（Gregory et al.，2009）改善了"独立性"的度量后，探讨了董事会特性和薪酬委员会的组成与高管薪酬之间的关联性，研究发现，薪酬委员会独立性都没有影响授予高管的薪酬。卡佩齐奥等（Capezio et al.，2011）系统研究了澳大利亚的高管现金薪酬，纳入了公司规模、经营业绩与风险后，却发现独立的薪酬委员会可能导致高管获取较高的现金报酬。

相对于国外相关研究而言，国内相关学者也获取了类似的研究结论，即薪酬委员会独立性对高管薪酬水平影响的结论并不一致。张必武和石金涛（2005）以2001年的上市公司数据为样本，没有获得最优薪酬契约理论的经验证据，并认为究其原因为，一是样本数据公司的独立董事比例太低，从而无法有效发挥公司治理的作用，二是样本中的上市公司高管的薪酬普遍偏低也影响了研究结果。王欢（2008）以2005年的上市公司为样本数据，认为薪酬委员会的独立性却与高管薪酬的关系并不显著。然而，江伟等（2013）获取了最有薪酬契约理论的经验证据，但在民营上市公司中上述结果并不显著。孙烨和孟佳娃（2013）的研究结果表明独立董事占多数的薪酬委员会倾向于增强高管货币激励，但却带来了经营业绩的增长，即支持了最优薪酬契约理论。同时，王琨和肖星（2014）研究发现获取了最优薪酬契约理论的经验证据；然而，在管理层权力较高的上市公司中，薪酬委员会独立性无法发挥薪酬委员会在制定高管薪酬契约中的有效性，研究结论为管理层权力理论提供了经验支持。谢德仁等（2012）则从薪酬辩护的视角，研究发现，薪酬委员会独立性则会抑制高管的薪酬辩护行为。

## 2.4.2　薪酬委员会成员的特征对高管薪酬影响的相关研究

### 2.4.2.1　薪酬委员会董事性别与高管薪酬

薪酬委员会的董事性别能够影响高管薪酬并未得到统一的研究结论。女性与男性对风险的认识（Harris et al.，2006）与风险的评估（Gill and Prowse，2012）具有差异性，因此，薪酬委员会董事的性别可能会导致不同的结果。由于女性具有更加娴熟的理解能力与人际交往能力，女性往往会采取一个更加民主和参与式管理的风格（Eagly and Johannesen，2001）。沿袭此研究思路，贝尔（Bell，2005）研究发现，尽管高管薪酬水平存在着显著差距，但这种差距在薪酬委员会女性董事较多的企业中会显著较小。借助实验研究方法，相对于股权激励而言，女性高管会更关注现金性薪酬（Albanesi and Olivetti，2007）。在此基础上，相对于女性而言，男性更倾向于具有波动性的薪酬契约（Dohmen and Falk，2011）。

从董事会多样化与经营业绩的研究视角研究发现，董事会多元化会增强董事会的独立性，从而改善公司治理（Carter and Lynch，2001）。女性董事的数量与高管更迭具有显著的正向相关关系（Adams and Ferria，2009）。在此基础上，奥莱理（2010）却研究发现，女性董事的增加却显著增加了高管薪酬，认为其潜在原因可能是企业增加女性董事人数并非想获取董事会多样性对公司治理的提升作用，而是出于粉饰门面的目标。

### 2.4.2.2　审计委员会与薪酬委员会委员交叠任职对高管薪酬的影响

相关学者研究发现高管为获取更高的薪酬是其实施盈余管理的重要诱因（Balsam，1998；Klein，2002；Gul et al.，2003；李延喜等，2007）。权小锋等（2010）研究发现，随着高管权力的增加，高管会借助自身的权力通过盈余管理提升其薪酬水平。谢德仁等（2012）研究发现，高管兼任薪酬委员会的委员会加剧高管在其薪酬契约制定与执行中的话语权，会更容易导致高管借助盈余管理行为进行"结果正当性"的薪酬辩护，从而为其满足私有收益的目标提供合理化理由。同时，相关学者从企业特征的研究视角，考察盈余管理在高管薪酬契约中的作用，并探索了如何制定企业高管最优薪酬契约的方式与方法（Lambert and Larcker，1987；Sloan，1993）。布什曼等（Bushman et al.，2004）及刘西友和韩金红（2012）研究发现，薪酬委员会可以改善高管薪酬契约对经营业绩的衡量，即薪酬委员会能够避免因未实现的交易利得而获取更多的薪酬所得；因而，薪酬委员会在一定程度上能够缓解高管借助盈余管理谋取私有利益的行为。

企业高管若借助盈余管理操纵其薪酬契约，不仅需要在薪酬委员会上能够制定利己的薪酬契约，而且尚需在监督审查环节上提供有助于薪酬契约执行的条件，因而，高管希望审计委员会与薪酬委员会能够认可对其借助盈余管理行为所操纵的经营业绩。劳克斯等（Laux et al.，2009）推演了企业薪酬委员会与审计委员会的交叠任职降低董事对高管的事后监督的模型，研究发现，上述两个委员会的交叠会诱发高管激励不足。

然而，从薪酬委员会与审计委员会的交叠在信息与知识互相溢出的研究视角，探讨上述两个委员会的交叠对高管盈余管理的影响，既有文献发现薪酬委员会与审计委员会的交叠会有助于审计委员会更有效地识别操纵性盈余与虚假陈述（Zheng and Cullinan，2010）。上述两个委员会的交叠会积极赋予股票收益在高管薪酬契约制定与执行中的权重，从而会降低可操纵应计利润的权重（Carter and Lynch，2012）。因而，国外相关研究结论表明薪酬委员会与审计委员会的交叠会导致高管薪酬契约有效性增强与下降并存的经验证据。

基于中国现阶段的制度背景，邓晓岚等（2014）检验了交叠任职这种董事内部兼任网络对盈余管理以及高管机会主义薪酬的影响，认为审计委员会与薪酬委员会的职位交叠程度会显著增强盈余管理程度，两个专业委员会交叠的程度也会显著加剧高管薪酬——操纵性盈余敏感性。因而，上述研究结果表明高管可能与交叉任职的董事合谋来操纵会计盈余质量，进而攫取更高的机会主义薪酬，而且当高管对薪酬的辩护需求较强时合谋的动机更强。

### 2.4.2.3 薪酬委员会董事任期与高管薪酬

瓦费斯（2003）从专长假说和管理层友好假说的视角，研究发现董事任期能够显著影响董事独立性，从而会影响董事的监督职能。具体而言，依据专长假说，董事任期能够影响其履职经验、承诺与能力，任期有助于董事将专业知识与企业生产经营更好结合，因而具备较长任期的董事能够发挥较好的监督职责。从管理层友好假说的研究角度，董事任期反而会诱发董事与高管的"友好"，从而会削弱监督高管的职能。伯德等（Byrd et al.，2010）进一步获取了管理层友好假说的经验证据，研究发现，效忠企业所有者的董事们会因与高管和其他董事的长期关系而转向效忠于高管。

## 2.5　文献评述

综上所述，现有相关研究获取了超额薪酬是企业高管利用其权力与影响摄取私有收益的微观经验证据，并从企业内部与外部的视角，探讨了影响企业高管摄取超额薪酬的因素。为了避免引起股东以及社会公众对超额薪酬的质疑，企业高管会实施薪酬辩护行为，相关学者也得到了高管薪酬辩护的经验证据，并探索了其薪酬辩护的诱因。同时，薪酬委员会对高管薪酬的影响也吸引着相关学者的关注。随着财务报告问询函逐步成为我国证券交易所重要的创新方式质疑，财务报告问询函对企业经济行为的影响引起了相关学者的广泛关注。然而，由上述相关文献综述可知，现有相关研究仍存在不足之处，主要体现在以下几个方面：

首先，既有研究多从处罚性的监管制度考察监管机构对企业高管薪酬的影响。在我国经济转轨阶段中，企业高管通过操控或影响薪酬企业获取私有收益不断侵蚀企业稳定与健康的发展，并引起实务界与理论界的广泛关注。在此背景下，针对国有企业高管的"限薪令"与证券市场监管机构的相关信息披露制度对企业的薪酬契约及其相关的信息披露提出了要求，并引起了相关学者的广泛关注。随着在"放松管制，加强监管"的原则下，财务报告问询函作为重要的监管创新方式之一，能够缓解企业的委托代理与信息不对称问题（陈运森等，2018，2019）。为此，相对于处罚性的监管制度而言，非处罚性监管对企业高管薪酬的影响成为提升高管激励效率理论研究的重要内容。

其次，现有相关研究仍缺乏从企业的视角，深入探索企业高管薪酬辩护的理论研究。薪酬辩护不仅为企业高管摄取超额薪酬提供合理化的理由，而且会影响其摄取超额薪酬的持续性。然而，现有相关研究并未从非处罚性监管的研究视角，探索企业高管薪酬辩护的理论研究，更加缺乏探索企业借助层级延长实施"结果正当性"薪酬辩护的具体路径。

再次，尽管现有相关研究开始关注财务报告问询函对企业经济行为的影响，但对企业高管薪酬影响的理论研究亟待深化。如何抑制企业高管超额薪酬与薪酬辩护是企业管理实践中的热点与难点。尽管现有相关研究开始关注财务报告问询函能够抑制企业的委托代理问题与信息不对称性，会对企业的市场反应、会计信息质量与高管的行为产生一系列的影响，但是探讨财务报告问询函对企业高管超额薪酬与薪酬辩护的理论研究并未得到相关学者的关注。然而，上述问题恰恰是认清财务报告问询函对企业高管薪酬影响的关键。

最后，缺乏从企业的视角，深入考察薪酬委员会的相关特征能否抑制企业高管摄取超额薪酬与实施薪酬辩护行为的理论研究。薪酬委员会作为制定与执行高管薪酬政策的部门，对高管薪酬的影响引起相关学者的广泛关注。

在民营企业中，金字塔结构层级会加大企业高管的权力以及恶化企业的信息环境，从而会影响其薪酬契约。那么，随着层级延长，探讨企业的薪酬委员会能否肩负对最终控制人监督高管薪酬契约激发高管激励效果的责任，具有重要的研究价值。然而，从民营企业的研究视角，考察企业薪酬委员会在金字塔结构对企业高管超额薪酬与薪酬辩护影响中的作用，仍未得到相关学者的关注。

有鉴于此，本研究将从高管超额薪酬与薪酬辩护的研究视角，探讨财务报告问询函对企业高管超额薪酬与薪酬辩护的影响，并剖析企业薪酬委员会的相关特征对财务报告问询函上述影响的作用。其一，探讨财务报告问询函对企业超额薪酬的影响，并考察国有产权性质在财务报告问询函上述影响的结果；其二，考察财务报告问询函对企业高管薪酬辩护的影响，并探索国有产权性质在财务报告问询函对高管借助经营业绩的提升实施"结果正当性"的薪酬辩护的调节作用；其三，从薪酬委员会的视角，探索薪酬委员会独立性及其与审计委员会的交叠对财务报告问询函上述影响中的作用。因此，本研究可以在一定程度上弥补现有研究的不足，将超额薪酬与薪酬辩护的理论研究延伸至财务报告问询函的研究视角，从而深化了企业高管薪酬的理论研究；并有助于企业最终控制人提升企业的高管激励效率，以及为相关监管机构抑制其企业高管借助层级摄取超额薪酬与实施薪酬辩护提供一定的经验支持。

# 3
# 理论基础

　　尽管所有权与经营权的分离成为现代企业，尤其是大型企业普遍采用的组织方式，有助于促进企业平稳与健康的发展，但委托代理问题的加重也会滋生一系列问题，例如委托代理问题会削弱高管薪酬激励的作用。同时，随着企业所有权与经营权的分离，所有者与高管之间的信息不对称性也会随之加剧；这会加剧所有者与高管之间的委托代理问题。为此，在信息不对称的环境中，薪酬契约是缓解所有者与高管之间委托代理问题的重要解决路径之一。因而，委托代理理论与信息不对称是本研究理论基础的根基，即构成了研究财务报告问询函对企业经济行为与经济后果影响的理论基础。

　　随着企业高管薪酬契约理论研究与管理控制实践的发展，相关学者提出了管理层权力理论与最优薪酬契约理论等相关的高管薪酬理论，成为深入探索企业高管的薪酬契约的直接理论来源。基于最优薪酬契约理论的研究视角，存在与经营业绩相挂钩的最优高管薪酬契约可缓解所有者与高管之间的委托代理问题，从而有助于企业的发展。然而，基于管理层权力理论的相关内容，上述高管薪酬契约却在一定程度上，成为企业高管借助其自身的权力与影响摄取私有收益的工具，并有助于高管为其所谋取的私有收益进行辩护提供借口，从而不利于企业的发展。最优薪酬契约理论与管理层权力理论为本研究深入剖析财务报告问询函抑制高管的超额薪酬及其薪酬辩护提供了重要的理论分析基础，以及考察薪酬委员会在财务报告问询函上述影响中的作用，提供直接的理论依据。因而，本章主要阐述委托代理理论、信息不对称理论、管理层权力理论以及最优薪酬契约理论的内容，从而构成本研究的理论基础。

## 3.1 委托代理理论

企业委托代理问题源于所有权与经营权的分离，在现代企业中，两权的分离会诱发所有者与经营者的利益出现偏差，从而导致企业委托代理问题的产生（Jensen and Meckling，1976）。依据委托代理理论，委托人与代理人之间的利益分歧、信息不对称性、契约不完备性和交易费用是产生委托代理问题的根本原因，委托人为抑制代理人满足自身的利益目标而背离其利益，可借助制定与实施有效的薪酬契约或监督代理人来降低两者利益目标的差异所诱发的委托代理问题。

依据委托代理理论，现代企业的两权分离直接引发了所有者与高管之间的委托代理问题，即形成了第一类委托代理问题。随着现代企业所有权与经营权分离程度加大，企业所有者亟待解决的问题是如何抑制高管为了满足自身私有利益目标而损害所有者的利益，即确保高管遵从他们的利益展开经营活动。因而，如何缓解第一类委托代理问题引起了相关学者的广泛关注。集中的股权结构能更好地发挥公司治理，缓解企业所有者与高管之间的委托代理问题。同时，其他相关研究发现，建立有效高管薪酬契约与监督机制能够缓解所有者与高管的委托代理问题。

企业委托代理问题不仅仅局限在第一类委托代理问题，第二类委托代理问题也引起了相关学者的广泛关注。企业所有者控制权的增加并不能根除委托代理问题，随着企业股权集中度的增加，大股东与高管之间信息不对称程度的降低会提升其对高管监督的有效性，但此情况却加剧了最终控制人与社会公众股东之间的信息不对称程度，从而会加重最终控制人与社会股东之间的信息不对称，进而形成了第二类委托代理问题（Morck and Yeung，2003）。具体而言，在股权集中程度相对较高的企业中，最终控制人不仅对高管监督的程度较大，而且直接参与企业日常经营管理的程度也会显著增加，从而会有效地解决其与高管之间的委托代理问题。然而，上述研究发现在现代企业中，由于社会公众的中小股东持股逐步扩大，企业的最终控制人存在出于自身利益的动因采用各种方式掠夺中小股东的财富，从而形成了第二类委托代理问题。

有鉴于此，相对于股权分散的企业而言，股权相对集中的企业所面临的委托代理问题会更加复杂。在股权集中度相对分散的企业中，控制权却会被高管所操纵，因而第二类委托代理问题对企业的影响可能会让位于所有者与高管之间的第一类委托代理问题。在股权集中程度较高的企业中，尽管最终控制人与中小股东的利益目标存在较大的一致性，但寻求自身利益最大化的动因会诱发最终控制人剥夺中小股东的利益；因而，两类委托代理问题对企业的影响均会增加，从而加剧企业委托代理问题的复杂性。

处于经济转轨阶段的中国，股权集中程度相对较高已成为中国企业的主要特征之一。克莱森斯等（Claessens et al., 2002）研究发现，在东亚国家和地区中，企业股权集中程度相对较高，因而，相对于西方发达国家的企业而言，东亚地区的企业所面临的委托代理问题较为严重。冯根福等（2001）研究发现，中国上市公司股权相对集中程度的情况也较为普遍，即绝大部分上市公司存在股权高度集中和国有股"一股独大"的现象；而股权的分散与集中程度在一定程度上决定了公司治理中的核心问题。在此背景下，中国企业股权结构的主要特征异于美、英等国股权分散的特点，决定着中国企业公司治理的突出问题与美、英等国会有着显著的差异。

有鉴于此，在以股权相对集中或高度集中为主要特征的企业中，能否基本实现全体股东利益最大化，一方面取决于企业的最终控制人能否有效地监控经营者；而另一方面则取决于中小股东能否将最终控制人损害其利益趋于最小化。

## 3.2 信息不对称理论

在市场经济活动中，信息不对称理论是指信息掌握丰富的人要比信息掌握不足的人更有利。在具体的公司财务理论研究中，反映出来的就是管理层和股东之间掌握信息的不对称。作为公司的实际管理人，管理层对公司信息了解得更多并且更准确，由于两权分离，股东不直接参与公司的经营管理，需要依靠管理层提供的财务报告等途径对公司的实际情况进行判断，这就在管理层和股东之间形成了信息不对称。由于掌握更有利的信息和管理层对企业只有经营权，管理层很有可能为了自己的利益而利用自身的信息优势做出损害股东和公司利益的行为，而作为公司所有者的股东就需要采取措施尽量抑制这种情况的发生。

在信息不对称的经营环境中，高管在薪酬契约中会借助自身的信息优势进行摄取私有收益的行为（Jensen and Meckling, 1976）。例如，高管会通过盈余管理，夸大经营困难，以及为自身的经营失败寻找借口。尤其是在所有者的所有权与高管的经营权高度分离时，高管会在信息不对称的经营环境中，通过粉饰经营业绩获取超过公开市场上公平的薪酬。有鉴于此，信息不对称加剧了所有者与高管之间的委托代理问题，加重了委托代理问题对高管薪酬激励的侵害。为此，聚焦于高管超额薪酬及其薪酬辩护的研究视角，本研究依据信息不对称理论，深入剖析财务报告问询函对企业高管薪酬及其薪酬辩护的影响，并考察薪酬委员会在财务报告问询函上述影响中的作用。

## 3.3 管理层权力理论

从委托代理理论的视角出发，相关学者认为解决企业所有权与经营权分离所诱发的委托代理问题，需要企业设立董事会代表所有者的利益来监督和激励高管。然而，鉴于契约的非完备性，高管薪酬契约并不能完全解决企业的委托代理问题，反而可能会加剧企业的委托代理问题。别布丘克和弗瑞德（Bebchuk and Fried, 2003）进一步探讨了高管薪酬契约的有效性，并提出了管理层权力理论。该理论阐述高管权力对其薪酬契约的影响，即当企业处于公司治理机制尚不完善的阶段，高管会借助自身的权力与影响采取正式或非正式方式影响甚至操控董事会对其薪酬契约制定与执行的决策，从而达到满足自身私有收益的目标。

在管理层权力理论的视角下，企业高管会运用自身的权力与影响，采用寻租的方式获取高于公平交易方式下的私有收益。在此背景下，董事会治理状况可以限制企业高管滥用权力的行为。依据薪酬契约相关理论可知，董事会的建立旨在抑制企业的委托代理问题，发挥对高管薪酬的治理作用，使得高管能够按照所有者的利益管理企业。然而，尽管董事会作为独立的主体，但其对公司治理的作用往往会受到多重因素的影响与制约。企业内部治理结构不完善是影响其发挥公司治理作用的重要因素。企业内部治理结构的缺陷会诱发董事会并非充分代表着所有者的利益，这会滋生董事会与所有者之间的委托代理问题，从而可能导致董事会对高管薪酬的治理作用背离所有者的初衷。更值得注意的是，当高管和董事会之间存在一定的利益关系时，董事会也会出于自身的利益，不对高管侵害所有者利益的行为发表过多异议，甚至顺从高管的上述行为。特别是当高管的权力较大时，董事会上述一系列的不作为行为，也会导致高管逐步控制董事会，从而加剧董事会对公司治理作用的偏离程度。有鉴于此，管理层权力理论的支持者认为高管不仅可以利用自己手中的权力逃脱董事会的监管，也可对其薪酬的制定产生实质性的影响。

同时，依据管理层权力理论的上述分析可知，当高管的权力足以影响董事会的任免时，则董事会就更加难以发挥其对高管薪酬的治理作用。上述问题存在原因主要包括以下两个方面：其一，因为所有者仅具有所有权而将经营权让渡给高管，从而会导致所有者与高管之间的信息不对称，进一步导致高管借助自身的权力与影响降低董事会的监督效果；其二，相对于高管薪酬而言，高管的职业市场更加关注企业的经营业绩，这也会加剧董事会对高管薪酬治理的难度。有鉴于此，高管权力的增加会导致其为自己谋取私利。

基于管理层权力理论，高管的超额薪酬是指其利用手中的权力和影响寻租而获得的超过公平谈判所得的收入，从而会造成企业高管和普通员工薪酬的差距越来越大，扭曲了高管的薪酬激励机制（Bebchuk and Fried，2003；Core et al.，2008）。

## 3.4 最优薪酬契约理论

最优薪酬契约理论的支持者认为制定有效的薪酬契约可解决代理人与委

托人利益冲突。激励与监督能够解决代理人与委托人之间的委托代理问题（Jensen and Murphy，1990）；然而，对高管监督会产生一定的费用，因此，相比之下，激励管理者会更具优势。因而，薪酬契约能够使代理人与委托人的关系变得更加融洽，并让管理者与所有者的利益保持一致。

然而，最优薪酬契约的生效存在两个严格的约束条件。第一个条件是委托人必须使契约满足代理人的自身利益，即"激励相容"的约束条件；第二个条件是在同等条件下，该委托人所能提供的期望收益要高于其他委托人，即"参与约束"的条件。受限于上述两个条件的约束，高管薪酬契约需明确相应的责任以及防范潜在的风险，从而使高管能够沿着所有者的利益目标管理企业。因而，在信息不对称的情况下，将报酬与企业的经营业绩挂钩的最优薪酬契约能有效降低监管成本和缓解代理问题（Jensen and Murphy，1990），即薪酬契约是制约高管摄取私有收益最合适的方法，且把企业经营业绩与高管的薪酬相结合，提升业绩薪酬的敏感度，会进一步有助于高管满足所有者利益目标的实现。

尽管最优薪酬契约旨在约束企业高管与所有者之间的委托代理问题，降低高管牟私利行为的风险。然而，在企业的实际经营管理过程中，最优薪酬契约成立的约束条件并非完全能成立。同时，最优薪酬契约理论的支持者却在一定程度上忽略了董事会和所有者之间可能存在的委托代理问题，即经营业绩可能会包含一些噪声，从而会导致经营业绩与高管贡献之间的偏离。若高管薪酬契约存在其他的委托代理问题，反而会加剧高管摄取私有收益的机会。因而，上述问题导致了该理论的适用性受到相关学者的广泛质疑。在此背景下，依据管理层权力理论的相关内容分析可知，高管会充分利用公司治理过程中的漏洞，通过给薪酬委员会施加影响等一系列手段来实现薪酬自定，获取与自己能力不相符的薪酬，从而脱离了最优薪酬契约理论的视角下高管薪酬制定的初衷，这也是管理层权力理论得到了学术界认可的重要原因。因而，由上述分析可知，管理层权力理论相对于最优薪酬契约理论的优势在于其弥补了最优薪酬契约理论无法解释高管借助薪酬契约摄取私有收益的不足。

# 3.5　本章小结

　　本章重点阐述了委托代理理论、信息不对称理论、管理层权力理论以及最优薪酬契约理论的主要内容，并初步阐述了管理层权力理论与最优薪酬契约理论对企业高管薪酬的主要区别。其中，委托代理理论与信息不对称理论是解释与研究财务报告问询函对微观企业经济后果影响的基本理论，最优薪酬契约理论以及管理层权力理论则为本研究剖析与探索财务报告问询函对企业高管超额薪酬及其薪酬辩护提供了直接的理论基础。本章内容夯实了本书的理论基础，为后续剖析财务报告问询函所诱发的委托代理问题、内部资本市场和推演层级对企业高管薪酬诱因以及薪酬委员会对高管薪酬的影响奠定了理论基础。

# 4
# 理论分析

　　本章聚焦于委托代理理论、信息不对称理论、管理层权力理论以及最优薪酬契约理论等相关理论，阐释本研究的理论分析，从而为下文研究提出相关研究假设奠定了坚实的基础。具体而言，首先，本研究分别基于委托代理理论和信息不对称理论，探讨财务报告问询函对企业委托代理问题及其信息不对称性所产生的影响；其次，在此基础上，进一步基于管理层权力理论与最优薪酬契约理论，深入探索财务报告问询函对企业高管薪酬诱因（即企业高管的权力以及企业的信息环境）的影响，从而为下文剖析层级对企业高管超额薪酬与薪酬辩护的影响奠定了直接的理论分析基础；最后，本研究进一步阐释薪酬委员会对高管薪酬激励中的影响，为下文判断企业薪酬委员会在财务报告问询函的上述影响中的作用提供了理论支持，从而夯实本书的理论分析内容。

## 4.1　财务报告问询函对委托代理 问题影响的理论分析

　　早期的研究文献多基于最优薪酬契约的研究视角，考察高管薪酬契约在约束企业所有者与高管之间委托代理问题的作用。有效的高管薪酬契约能够较好地抑制企业所有者与高管之间的委托代理问题，将高管与所有者的私有利益相融合，即通过一系列的契约将高管的薪酬水平与企业的经营业绩挂钩，从而缓解所有者与高管之间的委托代理问题（Jensen and Meckling，1976；Jensen and Murphy，1990；Core et al.，1999；李增泉，2000；魏刚，2000；Jackson et al.，2008）。随着我国薪酬制度改革和市场化进程的不断深化，国内上市公司高管薪酬呈现显著的业绩敏感性（杜兴强和王丽华，2007；方军雄，2009，2012）。然而，企业的所有者与高管之间的委托代理问题始终制约着高管薪酬契约的激励激励作用（Jensen and Murphy，1990；李增泉，2000；方军雄，2012；谢德仁等，2012）。财务报告问询函能够增强对高管的监督效果，从而能够抑制高管与所有者之间的委托代理问题（陈运森等，2018；Kubick et al.，2016；李晓溪等，2019）。

首先，财务报告问询函有助于加强对高管的监督，约束高管借助机会主义行为摄取私有收益的行为。在"放松管制，加强监管"的原则下，在我国证券交易所开通"信息直通车"的背景下，证券交易所能够通过财务报告问询函要求企业对信息披露过程中存在的不足与问题，进行解释说明与补充。在此背景下，若高管存在获取私有收益的机会主义行为，在回复证券交易所出具的财务报告问询函中，高管的机会主义行为会得到利益相关者的关注。若利益相关者在企业回复财务报告问询函的过程中发现高管的机会主义行为，高管将面临严重的舆论压力，甚至可能会得到相关法律法规的制裁。在此背景下，财务报告问询函会增加高管实施机会主义行为的压力。为此，通过发放财务报告问询函，证券交易所能够增加高管的压力，从而加强对高管的监督。

其次，财务报告问询函也会引起其他利益相关者的关注，加强对高管机会主义行为的制约作用。在中国当前的证券市场中，机构投资者与证券分析师是证券市场的重要组成部分。若企业收到证券交易所出具的财务报告问询函后，必然会引起证券市场的广泛关注，并会引起消极的市场反应，例如股价的降低，当企业做出的解释或说明后，企业的股价会逐步回升（陈运森等，2018）。机构投资者与证券分析师往往具备更加专业的知识技能，并具备更强的信息搜集能力。在此背景下，机构投资者与证券分析师能够根据证券交易所出具的财务报告问询函的相关问题，深入挖掘企业高管潜在的机会主义行为。为此，财务报告问询函能够引起其他治理主体的关注，从而加强对高管机会主义行为的监督。

最后，财务报告问询函有助于降低企业的信息不对称，从而有利于缓解企业所有者与高管之间的委托代理问题。信息环境的不对称性是诱发企业所有者与高管之间委托代理问题的重要诱因（Jensen and Meckling，1976）。在信息不对称的经营环境中，企业所有者与高管的委托代理问题成为高管借助机会主义行为摄取私有收益的重要诱因。财务报告问询函会有助于企业对信息披露过程中的问题做出重要的解释说明。同时，我国证券交易所能够根据企业回复财务报告问询函的情况，决定是否展开专项调研或提起诉讼。在此背景下，尽管财务报告问询函是我国证券交易所的一种重要的非处罚性监管创新，但仍对企业完善信息披露内容具有重要的作用。为此，随着信息不对称性的降低，高管的机会主义行为会有所降低，从而有助于抑制高管与所有者之间的委托代理问题。

## 4.2 财务报告问询函对企业信息不对称性影响的理论分析

由于信息不对称和管理者机会主义行为存在，业绩型薪酬激励，尤其是使用会计业绩指标衡量公司绩效时，容易诱导管理者通过削减研发支出、应计利润操控等盈余管理手段达成短期业绩目标而损害公司长期利益（Healy，1985；Dechow and Sloan，1991；王克敏和王志超，2007）。财务报告问询函对企业信息不对称性的影响主要包括以下三个方面。

首先，我国证券交易所借助财务报告问询函能够直接要求企业在信息披露过程中的问题与不足做出解释或说明。企业信息不对称性产生的重要诱因在于高管所掌握的信息远远高于其他信息使用者。在企业对外披露信息过程中，高管会出于自身私有收益的目标，不断减少对外披露的信息。在此背景下，我国证券交易所通过财务报告问询函要求企业对所披露的信息做出解释或说明，有助于增加企业对信息披露过程的补充，降低企业的信息不对称性。

其次，财务报告问询函对企业信息披露具有一定程度的强制性，会有助于削减企业的信息不对称性。尽管在"放松管制，加强监管"的原则下，财务报告问询函虽为非处罚性监管方式，但证券交易所发放的财务报告问询函对企业仍具有较强的约束力。在当前我国证券市场的监督制度下，证券交易所会根据企业回复财务报告问询函的情况，决定是否展开专项调查或提出法律诉讼。为此，我国证券交易所出具的财务报告问询函能够在一定程度上要求企业做出详细的解释说明或补充，从而有助于缓解企业的信息不对称性。

最后，财务报告问询函会加强其他治理主体的关注，加强对企业信息不对称性的抑制作用。在当前证券资本市场的监督体系中，机构投资者与证券分析师是重要的监督主体。证券交易所发放的财务报告问询函能够为机构投资者与证券分析师提供重要的信息线索。根据财务报告问询函的信息线索，机构投资者与证券分析师能够借助自身的专业知识优势与信息收集能力，深入调查企业在信息披露过程中的存在的问题或不足。为此，财务报告问询函能够通过其他治理主体的参与，进一步加强对企业信息不对称性的抑制作用。

## 4.3 财务报告问询函对企业高管 权力影响的理论分析

在当前"放松管制，加强监管"的原则下，财务报告问询函是中国证券交易所监管体系一种重要的非处罚性行政监管方式，有利于改善企业的信息披露质量，而且能够约束高管的机会主义行为，降低高管与所有制之间的委托代理问题（陈运森等，2018；Kubick et al.，2016；李晓溪等，2019）。高管薪酬契约是缓解企业最终控制人与高管之间委托代理问题的制度安排，直接影响到两者之间的利益（Jensen and Meckling，1976）。因此，企业高管薪酬契约不仅成为管理学与经济学等领域的研究重点与热点，而且在管理控制实践中，企业的所有者与高管均有动机影响高管薪酬契约以实现各自的利益，从而成为两者关注的重点与难点。正因为如此，形成了两种不同的理论研究视角，即管理层权力理论与最优薪酬契约理论。管理层权力理论的支持者认为高管对薪酬契约设计有重要影响力，会导致高管利用自身的权力与影响改变公平市场环境下的薪酬契约设计，摄取超额薪酬（Bebchuk et al.，2002；

Bebchuk and Fried，2003）。然而，基于最优薪酬契约理论的视角，相关学者认为企业最终控制人可借助设计高管薪酬契约，提升高管的激励效果（Jensen and Meckling，1976；Jensen and Murphy，1990）。最优薪酬契约理论的支持者认为高管的薪酬契约是一种有效契约，能够缓解企业最终控制人与高管之间的利益冲突，抑制两者之间的委托代理问题，从而提高企业的经济效率，因而，信息环境在企业高管薪酬契约中至关重要。综上所述，本节将在上文理论分析的基础上，进一步分别基于管理层权力理论与最优薪酬契约理论，探讨财务报告问询函对企业高管权力以及企业信息环境的影响。

在现代企业两权分离的制度背景下，尽管董事会的治理情况可以限制高管滥用权力牟取私利，但随着高管权力的增加，其治理效果会降低。董事的薪酬与高管薪酬存在显著的联系，董事的态度会受到其薪酬的制约（Brick et al.，2006）。企业的经营业绩是高管薪酬契约制定与执行的重要内容之一。对于独立董事而言，其薪酬更多以现金津贴为主，并不会与经营业绩直接挂钩，而且其津贴在一定程度上是由高管自由裁量权决定，因而，此情况也会在某程度上导致独立董事并不会过多揭露高管摄取私有收益的行为（林乐等，2013）。有鉴于此，财务报告问询函对企业所有者与高管之间的委托代理问题的治理作用主要体现在以下三个方面：首先，财务报告问询函缓解企业信息不对称的作用会抑制高管获取超额薪酬的行为。在信息不对称的环境中，经营业绩是高管薪酬契约的重要内容，而高管会借助盈余管理等手段，粉饰经营业绩和夸大经营难度，从而获取更多的薪酬（谢德仁等，2012）。证券交易所借助财务报告问询函不仅会问询信息披露问题，而且还可能要求企业对相关问题所涉及的经营活动做出解释，这会有效抑制信息不对称（陈运森等，2018）。在此背景下，财务报告问询函缓解企业信息不对称性的作用会增加高管借助信息不对称获取超额薪酬的难度。其次，财务报告问询函也会通过加强对高管的监督来抑制高管摄取超额薪酬的行为。尽管财务报告问询函主要针对信息披露的违规行为提出问题，但财务报告问询函会对企业高管起到一定的威慑作用，进而会对高管产生一定的压力（邓祎璐等，2020）。为此，财务报告问询函监管的事先威慑作用使高管会主动地减少机会主义行为。最后，财务报告问询函会引起其他利益相关者的关注也会有助于抑制高管获取超额薪酬。财务报告问询函能够引发外部监督者的关注（Bozanic et al.，

2017）。外部监督主体的关注会加强对财务报告问询函所涉及问题的关注以及密切追踪，不仅会有助于加强抑制信息不对称性，而且会加强对高管的监督，进而能够有效增强财务报告问询函对高管的机会主义行为产生有力的监督和约束作用。

# 4.4 薪酬委员会对高管薪酬 影响的理论分析

随着现代企业所有权和经营权的分离，所有者会选择具备专业知识和能力的专业人员作为代理人，授权其经营公司。在此背景下，两权分离滋生了所有者与高管之间的委托代理问题。因而，对高管的监督与订立薪酬契约成为企业所有者抑制其摄取私有收益的重要方式，成为缓解他们之间委托代理问题的重要手段。然而，在现代企业中，信息不对称和道德风险在一定程度上增添了高管薪酬契约的不完备性。为提升高管薪酬契约的有效性，企业所有者会在董事会中选出相关的董事作为其代理人组建薪酬委员会，以保护其利益。因而，薪酬委员会是企业所有者解决与高管薪酬有关的委托代理问题最直接和最有效的方法，即不仅监督高管的行为，而且会激发其实现所有者的利益（Jensen and Meckling，1990）。

梯若尔（Tirole，1986）提出垂直的"委托人—监督者—代理人"的三层委托代理框架描述企业所有者、薪酬委员会和高管三者之间的关系。薪酬委员会作为企业董事会中监督高管薪酬契约的专门监督部门，借助专有信息优势，实现对高管的监督与评价，以维护所有者的利益。薪酬委员会成员往往具备着与高管薪酬契约决策更为相关的知识与经验。因而，薪酬委员会能够承担制定与执行高管薪酬契约的决策权或建议权的重任，借助与决策相关知识和经验增强高管薪酬契约的有效性，也会促进组织权力的分配和控制问题的解决。因而，薪酬委员会中的董事具备高管薪酬契约制定与执行的相关知识与经验才可显著提升高管薪酬契约的有效性，从而能够缓解高管摄取私有收益的行为。

薪酬委员会有助于抑制高管权力的增加对其薪酬契约的影响。薪酬委会具备所有者对高管监督所缺乏时间和必要的专业知识，从而会抑制企业高管运用自身的权利与影响，为满足自身的利益而损害所有者的利益，从而会协调所有者与高管之间的利益，降低了企业的委托代理成本（Jensen and Meckling，1976；Jensen and Murphy，1990）。

薪酬委员会有助于改善企业信息环境对高管薪酬契约的影响。由于信息不对称，高管的行为往往无法观察，从而导致薪酬委员会可能观测不到高管的真实努力。在给定的高管激励水平下，薪酬委员会通过观测高管努力行为的信息，有助于改善企业的信息化环境，决定高管的报酬，从而提升其监督的作用。因而，所有者授权薪酬委员会借助与经营业绩指标挂钩的薪酬契约，来激励高管采取企业价值最大化的行动，替代他们对高管的直接监控。

然而，不容忽视的是薪酬委员会也是另一类代理人，因而也可能偏离所有者的利益和目标，可能歪曲和忽视他所观测到的信息，从而也会存在降低高管薪酬契约有效性的情况。因而，在这一分析框架下，薪酬委员会能否发挥对高管的积极治理作用的诱因在于其监督效果以及信息获取。

处于经济转型阶段的中国，薪酬委员会的设置直接借鉴了英、美等国家公司治理的成功经验。2002年，证监会颁布的《上市公司治理准则》规定上市公司应设立薪酬委员会，其成员应全部由董事组成，且独立董事应占多数并担任召集人。证监会于2007年在《关于开展加强上市公司治理专项活动有关事项的通知》中指出要求查明董事会是否设立了薪酬委员会，并对查找出的问题进行整改。因而，相关监管部门不断强调上市公司应搭建与改善其薪酬委员会，以增强薪酬委员会对高管薪酬契约的治理作用。薪酬委员会的作用表现在对高管薪酬契约能够形成较强的监控，促进高管的薪酬激励效果，即促进高管实现其薪酬契约中所约定的经营业绩指标的实现、确保上述经营业绩指标的真实性与完整性，以及抑制高管摄取私有收益的行为。在此背景下，企业高管所面临的监督强度会急剧增加，高管需要付出更多的努力与具备更多的专业知识才可实现其薪酬契约所约定的条件，以降低其因考核不合格而被更迭的风险。因而，高管所面临的风险会不断加大，他们所期待的薪酬所得也会不断增加。高管薪酬包括短期薪酬和长期薪酬，其中，短期薪酬对高管的风险较小，其具体由工资、奖金和其他货币薪酬构成。由于高管会更倾向于规避风险，而短期薪酬大都与企业经营绩效相挂钩，高管会期望获取更多的短期薪酬，特别是货币薪酬来作为其承担风险的补偿（Fama and Jensen，1983）。同时，尽管相关监管部门规定薪酬委员会成员的选举应遵循一定的法律程序，但在提名和选举过程中，也会出现与高管关系更密切的董事。同时，部分高管也会在薪酬委员会任职，特别是兼任薪酬委员会主任，从而会严重削弱其监督作用，从而影响高管薪酬制定过程的完整性和独立性。因而，在中国现阶段的制度背景下，判断薪酬委员会对高管薪酬的作用，需要深入解读其对高管权力以及企业信息环境的监督效果。

## 4.5　本章小结

本章基于委托代理理论、信息不对称理论、管理层权力理论以及最优薪酬契约理论等相关理论深入分析了财务报告问询函对企业高管薪酬的影响。在此基础上，阐释财务报告问询函对企业高管薪酬影响因素的作用，并剖析薪酬委员会对高管薪酬的影响。

# 5

# 财务报告问询函对企业
# 高管超额薪酬的影响

基于上文的理论分析内容，本章深入剖析财务报告问询函对企业高管超额薪酬的影响，并提出相关的研究假设，以及实证检验上述研究假设。具体而言，本章首先探讨财务报告问询函是否会抑制企业高管摄取超额薪酬的行为；其次，在此基础上，结合当前国有企业与非国有企业高管薪酬制度存在显著差异的背景，进一步理论分析与实证检验国有产权性质在财务报告问询函对企业高管超额薪酬影响中是否具有显著的正向调节效应，进而能够增强本章研究结论的可靠性；最后，本章借助稳健性检验的内容，来加强本章研究设计的稳健性。

## 5.1　理论分析与研究假设

### 5.1.1　财务报告问询函对企业高管超额薪酬
### 影响的理论分析与研究假设

依据管理层权力理论可知，企业高管的权力是其摄取超额薪酬的基础。高管的最优薪酬契约会受到其有限理性、企业外部环境的复杂性，以及企业信息的不对称性和不完全性的冲击，从而其最优薪酬契约必然充斥着不确定性。有鉴于此，企业高管会利用其权力和影响寻租，获得超过公平谈判的收入，从而会破坏其最优薪酬契约，即通过摄取超额薪酬，以满足自身私有收益的目标（Bebchuk and Fried，2003；Core et al.，2008）。

企业高管会运用自身的权力与影响，影响董事会的行为，获取高于公平交易方式下的收益，即形成超额薪酬，实现私有收益的目标。在现代企业两权分离的制度背景下，尽管董事会的治理情况可以限制高管滥用权力谋取私利，但随着高管权力的增加，其治理效果会降低。根据大部分企业的章程内容，董事会是个完全独立的主体，并负责制定与执行高管的薪酬契约。然而，在企业管理控制实践中，显著存在着高管收买与俘获董事的可实现条件。董事的薪酬与高管薪酬存在显著的联系，董事的态度会受到其薪酬的制约（Brick et al.，2006；杨青等，2009；郑志刚等，2012）。因而，相对于企业的最终控制人而言，内部董事与高管的利益目标一致性程度较大，而企业的经营业绩是高管薪酬契约制定与执行的重要内容之一，从而经营业绩的增长也会影响内部董事报酬的情况。对于独立董事而言，其薪酬更多以现金津贴为主，并不会与经营业绩直接挂钩，而且其津贴在一定程度上是由高管自由裁量权决定，因而，此情况也会在某程度上导致独立董事并不会多过揭露高管摄取私有收益的行为（林乐等，2013）。

同时，高管出于人际关系的考虑，会更倾向将具有好友或者同事等关系的人员引入董事会。尽管上述董事在形式上契合相关制度中的"非关联"的范畴，但其实上述董事已经违背了相关制度的原则（Hwang and Kim，2009）。因而，当高管利用自身权力与影响摄取超额薪酬时，这部分董事出于与高管的关系，并不会直接质疑其摄取超额薪酬的行为，特别是一些希望再获连任的董事，更不会直接揭露高管的上述行为，从而无法抑制高管摄取超额薪酬的行为。因而，高管权力是影响其超额薪酬的重要因素。

财务报告问询函是中国证券交易所监管体系一种重要的非处罚性行政监管方式，有利于改善企业的信息披露质量（陈运森等，2018；Kubick et al.，2016；李晓溪等，2019）。既有研究发现财务报告问询函能够显著抑制企业的盈余管理行为，从而缓解信息不对称性，并会加强对高管的监督。鉴于此，本章认为财务报告问询函对高管超额薪酬的治理作用主要体现在以下方面。

首先，财务报告问询函缓解企业信息不对称的作用会抑制高管获取超额薪酬的行为。信息不对称为高管获取超额薪酬滋生了便利条件（方军雄，2012）。在信息不对称的环境中，经营业绩是高管薪酬契约的重要内容，而高管会借助盈余管理等手段，粉饰经营业绩和夸大经营难度，从而获取更多的薪酬（Watts and Zimmerman，1990；谢德仁等，2012）。为规范高管的薪酬治理效果，相关监管部门相继颁布了一系列的公司治理指引，如设置薪酬委员会以及其他信息披露机制相关指引。然而，高管仍会借助盈余管理获取超额薪酬（罗宏等，2014）。证券交易所借助财务报告问询函不仅会问询信息披露问题，而且还可能要求企业对相关问题所涉及的经营活动作出解释，这会有效抑制信息不对称（陈运森等，2018；Kubick et al.，2016；李晓溪等，2019）。在此背景下，财务报告问询函缓解企业信息不对称性的作用也将会渗透到企业的经营管理活动中，增加了高管借助信息不对称获取超额薪酬的难度。

其次，财务报告问询函也会加强对高管的监督，抑制高管在信息不对称的环境中，滥用权力获取超额薪酬。财务报告问询函会对企业高管起到一定的威慑作用。尽管财务报告问询函主要针对企业信息披露中的违规行为以及信息披露不全或不清楚的问题，但这些问题也往往涉及对企业重大经营活动的解释。这会对高管产生一定的压力。一旦公司真实存在违规行为，将会受到更加严厉的行政处罚，其高级管理人员可能会遭受重大的经济损失和声誉损失（邓祎璐等，2020）。为此，财务报告问询函监管的事先威慑作用使高管会主动地减少机会主义行为。

最后，财务报告问询函会引起其他利益相关者的关注，有助于抑制高管获取超额薪酬的行为。财务报告问询函能够引发外部监督者的关注（Bozanic et al.，2017）。在此背景下，其他利益相关者会加强对财务报告问询函所涉及问题的关注以及密切的追踪，有助于加强抑制信息不对称性的作用。这也会加大高管的压力，对高管机会主义行为产生有力的监督和约束作用。

综上所述，财务报告问询函能够缓解企业内外部信息不对称，从而抑制高管通过粉饰业绩获取超额高管薪酬的可能性，而且能够加大高管选择机会主义行为的风险和代价。据此，本章提出如下假设：

假设 5 - 1：财务报告问询函显著抑制了企业高管的超额薪酬。

## 5.1.2 国有产权性质在财务报告问询函对企业高管超额薪酬影响中调节效应的理论分析与研究假设

国有企业高管薪酬改革的重点是将薪酬与业绩挂钩，但过高的高管薪酬抵消了薪酬的激励效应（黎文靖和胡玉明，2012；高良谋和卢建词，2015）。在效率优先、兼顾公平的分配原则下，一系列"限薪令"相继出台。在"限薪令"约束下，国有企业高管获取超额薪酬的难度较大，且其具有较强的晋升动机（陈仕华等，2014），甚至会主动降低薪酬（步丹璐和王晓艳，2017）。有鉴于此，相对于非国有企业而言，财务报告问询函对国有企业高管超额薪酬的影响主要包括以下两个方面。

一方面，相对于非国有企业而言，国有企业高管可能会存在较强的晋升动机，导致国有企业高管更关注财务报告问询函的影响。在一系列"限薪令"的薪酬制度下，国有企业高管会因晋升的动机，主动降低薪酬（步丹璐和王晓艳，2017）。在此背景下，国有企业高管会通过更加隐蔽的手段摄取超额薪酬。相对于非国有企业而言，若国有企业一旦证券交易所发出财务报告问询函后，高管存在摄取超额薪酬的行为，则高管面对的压力则会更大。为此，财务报告问询函对国有企业高管摄取超额薪酬行为的抑制作用更强。

另一方面，相对于非国有企业而言，财务报告问询函对国有企业信息不对称性的影响更大，从而对超额薪酬的影响更强。尽管财务报告问询函是我国证券交易所出具的非行政性处罚的重要创新方式，但仍会对企业在资本市场上产生不利影响（陈运森等，2018）。而国有企业高管在晋升激励的背景下，为避免舆论压力，会对财务报告问询函做出更加详细的解释说明，从而对信息不对称性的抑制作用更强。为此，相对于非国有企业，国有企业一旦收到财务报告问询函，高管将面临更大的压力，会作出更详细的解释说明，从而对其获取超额薪酬的抑制作用更强。据此，本章提出如下假设：

*假设 5 - 2：相对于非国有企业，财务报告问询函对高管超额薪酬的抑制作用在国有企业中更显著。*

## 5.2 研究设计

本章的研究设计具体包括样本数据、变量定义以及模型设计，奠定了上述假设实证检验的基础。

### 5.2.1 样本数据

鉴于中国的证券交易所自 2014 年开始逐步加大出具与公开财务报告问询函，本研究以 2014~2019 年的 A 股的上市公司为研究样本。本研究进行如下处理：第一，剔除金融行业的样本；第二，剔除 ST 等特殊处理的样本；第三，剔除主要变量缺失以及无法准确判断股东性质的样本。经上述数据处理，本研究获取了 16382 个观测值。由手工的方式取得财务报告问询函的相关数据，其他财务数据来自 CSMAR 数据库。本研究剔对连续变量进行 1% 水平的缩尾处理，以减少异常数据的不利影响，利用 Stata 15.0 软件进行数据处理与统计分析。

### 5.2.2 变量定义

#### 5.2.2.1 财务报告问询函的度量

本章借鉴陈运森等（2018）与李晓溪等（2019）等相关文献的研究方法，从以下三个方面度量样本公司的财务报告问询函：（1）变量 $CL$ 为收到财务报告问询函总数加 1 取自然对数；（2）变量 $CLleg$ 为财务报告问询函的文本字符数量加 1 取自然对数；（3）变量 $CLRleg$ 为财务报告问询函回复的文本字符数量加 1 取自然对数。

#### 5.2.2.2 超额薪酬的度量

首先，高管绝对薪酬的度量。高管薪酬可分为货币薪酬和股权激励薪酬两部分。在中国现阶段的制度背景下，因为无法从公开的数据库中识别高管激励取得的方式，所以通常使用货币薪酬作为高管薪酬所得的替代（李增泉，2000；辛清泉等，2007；方军雄，2009，2012；罗宏等2014）。因此，本研究参考国内已有文献的研究方法，以高管的货币薪酬代替高管的绝对薪酬。具体而言，借鉴方军雄（2012）以及罗宏等（2014）等相关文献的研究方法，本研究以企业年报中披露的"高管前三名的薪酬总和"作为高管的绝对薪酬，并使用其自然对数作为度量企业高管绝对薪酬的变量。

其次，高管超额薪酬的度量。本研究参考辛清泉等（2007）、方军雄（2012）、郑志刚等（2012）、张亮亮和黄国良（2013）、陆智强和李红玉（2014）、谢德仁等（2014）、罗宏等（2014）、罗昆（2015）、叶建宏和汪炜（2015）以及程新生等（2015）的相关研究的模型，测算高管超额薪酬。首先，使用样本数据对模型（5-1）进行回归，得到各回归系数；其次，用估计的系数乘以相应的决定高管薪酬的因素，从而得到预期的高管薪酬水平；最后，使用模型（5-2），将实际的高管薪酬减去预期的高管薪酬，得到非预期的高管薪酬水平，即超额薪酬。具体模型如下：

$$CEOpay_{i,t} = \alpha_0 + \alpha_1 SIZE_{i,t} + \alpha_2 ROA_{i,t} + \alpha_3 IA_{i,t} + \alpha_4 Zone_{i,t}$$
$$+ \sum Industry + \sum Year + \varepsilon \qquad (5-1)$$

$$Overpay_{i,t} = CEOpay_{i,t} - Expectedpay_{i,t} \qquad (5-2)$$

其中，变量 $CEOpay_{i,t}$ 为 $i$ 公司第 $t$ 年高管绝对薪酬的自然对数；变量 $SIZE_{i,t}$ 为 $i$ 公司第 $t$ 年总收入的自然对数；变量 $ROA_{i,t}$ 为 $i$ 公司第 $t$ 年的净利润与总资产之比代表的经营业绩；变量 $IA_{i,t}$ 为 $i$ 公司第 $t$ 年的无形资产与总资产之比；变量 $Zone_{i,t}$ 为 $i$ 公司第 $t$ 年的注册地（沿海地区，取值0；中西部地区，取值1）；变量 $Industry$ 与 $Year$ 分别代表行业与年度；$Expectedpay_{i,t}$ 为 $i$ 公司第 $t$ 年根据模型（5-1）估计的预期高管绝对薪酬。

此外，在稳健性检验中，本研究进一步参考郑志刚等（2012）、张亮亮和黄国良（2013）等相关文献，借助上述方法计算的实际高管绝对薪酬与预期高管绝对薪酬的差额，以虚拟变量（$Over$）度量企业高管的超额薪酬，即如果企业高管的超额薪酬大于0，则将变量 $Over$ 赋值为1，否则赋值为0。

### 5.2.2.3　调节变量

本部分采用国有产权性质（*SOE*）作为调节变量，当样本企业为国有企业时，赋值为1，否则，赋值为0。

### 5.2.2.4　控制变量

本章参考陈运森等（2018，2019）、李晓溪等（2019）、罗宏等（2014）和程新生等（2015）等相关研究，选取如下变量作为控制变量，具体包括：（1）两职合一（*DUAL*），若董事长与总经理为同一人，赋值为1，否则，赋值为0；（2）公司规模（*SIZE*），用期末总资产的自然对数衡量；（3）财务杠杆（*LEV*），用负债与总资产之比衡量；（4）第一大股东持股比例（*TOP*1），用第一大股东的持股比例衡量；（5）资产收益率（*ROA*），用净利润/总资产×100%衡量；（6）成长性（*Growth*），用营业收入增长率衡量；（7）独立董事比率（*INDIR*），用独立董事人数与董事会总人数之比衡量；（8）高管持股比例（*MRS*），用高管持股数量与总股数之比衡量；（9）董事会规模（*BSIZE*），用董事会董事人数的自然对数衡量；（10）无形资产比（*IA*），用无形资产与总资产之比衡量；（11）处罚性监管（*Violate*），若受到监管处罚，赋值为1，否则，赋值为0；（12）审计意见（*Opinion*），若财务报告的审计意见为"标准无保留意见"，赋值为1，否则，赋值为0。同时，控制了行业（*Industry*）和年度（*Year*）。具体如表5-1所示。

表5-1　　　　　　　　　　　　　　　变量定义

| 变量类型 | 变量名称 | 变量符号 | 具体定义 |
|---|---|---|---|
| 被解释变量 | 高管绝对薪酬 | *CEOpay* | 企业前三名高管的薪酬总额取自然对数 |
| | 高管超额薪酬 | *Overpay* | 高管的绝对薪酬与预期薪酬之差 |
| 解释变量 | 财务报告问询函 | *CLamu* | $t$ 年收到的财务报告问询函总数加1取自然对数 |
| | | *CLqnum* | $t$ 年收到财务报告问询函的问题数量加1取自然对数 |
| | | *CLleg* | $t$ 年收到财务报告问询函的文本字符数量加1取自然对数 |

| 变量类型 | 变量名称 | 变量符号 | 具体定义 |
|---|---|---|---|
| 调节变量 | 国有产权性质 | SOE | 样本企业为国有企业时，赋值为1，否则，赋值为0 |
| 控制变量 | 两职合一 | DUAL | 若董事长与总经理为同一人，赋值为1，否则，赋值为0 |
| | 公司规模 | SIZE | 上市公司当年总收入的自然对数 |
| | 财务杠杆 | LEV | 负债账面价值与总资产账面价值之比 |
| | 第一大股东持股比例 | TOP1 | 第一大股东的持股比例 |
| | 资产收益率 | ROA | 净利润/总资产×100% |
| | 成长性 | Growth | （当期营业收入－上期营业收入）/上期营业收入×100% |
| | 独立董事比率 | INDIR | 独立董事人数与董事会总人数之比 |
| | 高管持股比例 | MRS | 高管持股数量与总股数之比 |
| | 董事会规模 | BSIZE | 董事会董事人数的自然对数 |
| | 无形资产比 | IA | 无形资产与总资产之比 |
| | 处罚性监管 | Violate | 若受到监管处罚，赋值为1，否则，赋值为0 |
| | 审计意见 | Opinion | 若财务报告的审计意见为"标准无保留意见"，赋值为1，否则，赋值为0 |
| | 行业虚拟变量 | Industry | 依据2012年证监会行业分类，制造业细分至二级类，共计21个行业，故设20个虚拟变量 |
| | 年度虚拟变量 | Year | 2014～2019年度，故设5个虚拟变量 |

## 5.2.3 模型设计

本章参考方军雄（2012）、谢德仁等（2012）、罗宏等（2014）、程新生等（2015）以及吴成颂和周炜（2016）等文献的研究方法涉及检验模型，研究思路如下：

通过模型（5－3），通过考察财务报告问询函与企业高管超额薪酬的关系，验证财务报告问询函是否会抑制企业高管摄取超额薪酬的行为，即验证假设 5 - 1 的内容。模型（5 - 3）具体如下所示：

$$Overpay_{i,t} = \alpha_0 + \alpha_1 Cletters_{i,t} + \alpha_2 \sum Control + \sum Industry + \sum Year + \varepsilon$$

$$(5 - 3)$$

其中，变量 $Overpay_{i,t}$ 为 $i$ 公司第 $t$ 年的高管超额薪酬；变量 $CLetters$ 为衡量财务报告问询函的变量（在实证检验中具体为变量 $CLamu$、$CLqnum$ 和 $CLleg$）。同时，本研究参考相关研究，进一步将行业变量（$Industry$）和年度变量（$Year$）也加入了上述模型，以控制固定效应。

在此基础上，借助模型（5 - 3），按照产权性质（$SOE$），运用分组回归的研究方法，检验研究假设 5 - 2 的内容，即验证国有产权性质在财务报告问询函对企业高管超额薪酬的影响中是否存在调节效应。

## 5.3 实证结果与分析

本节主要分析本章研究假设的研究设计结果，具体包括描述性统计分析、相关性系数以及统计结果分析。

### 5.3.1 描述性统计分析

本章研究假设变量的统计性描述结果如表 5 - 2 所示。

表 5 - 2　　　　　　　　　　　　描述性统计结果

| 变量 | 样本量 | 均值 | 标准差 | 最小值 | 25% | 中位数 | 75% | 最大值 |
|------|--------|------|--------|--------|------|--------|------|--------|
| $Overpay$ | 16382 | 0.012 | 0.559 | - 1.344 | - 0.351 | 0.007 | 0.360 | 1.483 |
| $CL$ | 16382 | 0.073 | 0.223 | 0.000 | 0.000 | 0.000 | 0.000 | 1.609 |
| $CLleg$ | 16382 | 0.719 | 2.292 | 0.000 | 0.000 | 0.000 | 0.000 | 8.690 |
| $CLRleg$ | 16382 | 0.800 | 2.700 | 0.000 | 0.000 | 0.000 | 0.000 | 10.50 |

| 变量 | 样本量 | 均值 | 标准差 | 最小值 | 25% | 中位数 | 75% | 最大值 |
|------|--------|------|--------|--------|------|--------|------|--------|
| SOE | 16382 | 0.347 | 0.476 | 0.000 | 0.000 | 0.000 | 1.000 | 1.000 |
| DUAL | 16382 | 0.275 | 0.447 | 0.000 | 0.000 | 0.000 | 1.000 | 1.000 |
| SIZE | 16382 | 22.208 | 1.288 | 19.937 | 21.361 | 22.107 | 23.180 | 26.214 |
| LEV | 16382 | 0.423 | 0.202 | 0.060 | 0.261 | 0.412 | 0.572 | 0.891 |
| TOP1 | 16382 | 34.152 | 14.563 | 8.448 | 22.772 | 32.167 | 43.812 | 73.134 |
| ROA | 16382 | 0.036 | 0.061 | -0.276 | 0.014 | 0.035 | 0.065 | 0.191 |
| Growth | 16382 | 0.187 | 0.460 | -0.561 | -0.018 | 0.105 | 0.267 | 3.051 |
| INDIR | 16382 | 0.377 | 0.054 | 0.333 | 0.333 | 0.364 | 0.429 | 0.571 |
| MRS | 16382 | 0.072 | 0.137 | 0.000 | 0.000 | 0.002 | 0.069 | 0.598 |
| BSIZE | 16382 | 2.119 | 0.200 | 1.609 | 1.946 | 2.197 | 2.197 | 2.708 |
| IA | 16382 | 0.047 | 0.051 | 0.000 | 0.017 | 0.034 | 0.057 | 0.330 |
| Violate | 16382 | 0.135 | 0.342 | 0.000 | 0.000 | 0.000 | 0.000 | 1.000 |
| Opinion | 16382 | 0.028 | 0.166 | 0.000 | 0.000 | 0.000 | 0.000 | 1.000 |

如表 5-2 所示，超额薪酬（*Overpay*）的均值与中位数分别为 0.012 与 0.007，但标准差为 0.559，表明样本企业高管超额薪酬的严重性较大，且分散程度较高；财务报告问询函（*CL、CLleg、CLRleg*）的均值与中位数分别为 0.073、0.719 和 0.800，以及 0.000、0.000 和 0.000，标准差分别为 0.223、2.292 和 2.700，表明收到财务报告问询函的样本企业较少，但财务报告问询函的数量较多，且样本企业回复财务报告问询函的内容相对问题较为详细。上述变量的统计结果与相关研究基本相符。

## 5.3.2 相关性系数分析

本章变量 Pearson 相关性检验的结果如表 5-3 所示。

表 5 - 3

相关性系数分析

| 变量 | Overpay | CL | CLLeg | CLRLeg | SOE | DUAL | SIZE | LEV | TOP1 | ROA | Growth | INDIR | MRS | BSIZE | IA | Violate | Opinion |
|---|---|---|---|---|---|---|---|---|---|---|---|---|---|---|---|---|---|
| Overpay | 1 | | | | | | | | | | | | | | | | |
| CL | -0.052 *** | 1 | | | | | | | | | | | | | | | |
| CLLeg | -0.028 *** | 0.838 *** | 1 | | | | | | | | | | | | | | |
| CLRLeg | -0.021 | 0.792 *** | 0.944 *** | 1 | | | | | | | | | | | | | |
| SOE | -0.085 *** | -0.080 *** | -0.062 *** | -0.074 *** | 1 | | | | | | | | | | | | |
| DUAL | 0.044 *** | 0.011 | 0.015 * | 0.026 | -0.292 *** | 1 | | | | | | | | | | | |
| SIZE | 0.026 *** | -0.033 *** | -0.037 *** | -0.043 *** | 0.367 *** | -0.183 *** | 1 | | | | | | | | | | |
| LEV | -0.057 *** | 0.070 *** | 0.075 *** | 0.062 *** | 0.271 *** | -0.123 *** | 0.524 *** | 1 | | | | | | | | | |
| TOP1 | -0.055 *** | -0.101 *** | -0.095 *** | -0.099 *** | 0.246 *** | -0.044 *** | 0.204 *** | 0.071 *** | 1 | | | | | | | | |
| ROA | 0.173 *** | -0.172 *** | -0.194 *** | -0.189 *** | -0.077 *** | 0.040 *** | -0.002 | -0.338 *** | 0.124 *** | 1 | | | | | | | |
| Growth | -0.004 | -0.018 ** | -0.012 | -0.008 | -0.090 *** | 0.033 *** | 0.043 *** | 0.029 *** | -0.021 *** | 0.185 *** | 1 | | | | | | |
| INDIR | -0.040 *** | 0.033 *** | 0.040 *** | 0.036 *** | -0.057 *** | 0.117 *** | -0.009 | 0.001 | 0.035 *** | -0.034 *** | 0.004 | 1 | | | | | |
| MRS | 0.020 ** | -0.027 *** | -0.034 *** | -0.023 *** | -0.366 *** | 0.478 *** | -0.294 *** | -0.233 *** | -0.046 *** | 0.118 *** | 0.058 *** | 0.089 *** | 1 | | | | |
| BSIZE | 0.044 *** | -0.060 *** | -0.061 *** | -0.059 *** | 0.260 *** | -0.183 *** | 0.270 *** | 0.138 *** | 0.032 *** | 0.030 *** | -0.023 *** | -0.574 *** | -0.161 *** | 1 | | | |
| IA | -0.006 | -0.011 | -0.006 | -0.008 | 0.065 *** | -0.045 *** | 0.020 *** | -0.007 | 0.021 *** | -0.048 *** | -0.01 | -0.019 ** | -0.055 *** | 0.057 *** | 1 | | |
| Violate | -0.028 *** | 0.146 *** | 0.164 *** | 0.158 *** | -0.037 *** | 0.009 | -0.016 * | 0.082 *** | -0.074 *** | -0.136 *** | -0.020 *** | -0.001 | -0.035 *** | -0.004 | 0.015 * | 1 | |
| Opinion | -0.025 *** | 0.173 *** | 0.192 *** | 0.188 *** | -0.042 *** | -0.004 | -0.056 *** | 0.119 *** | -0.082 *** | -0.285 *** | -0.053 *** | 0.014 * | -0.033 *** | -0.030 *** | 0.014 * | 0.125 *** | 1 |

注：***、**和*分别表示在1%、5%和10%的水平上显著。

如表 5 - 3 所示，超额薪酬（*Overpay*）与财务报告问询函（*CL*、*CLleg*、*CLRleg*）的相关系数分别为 - 0.052、- 0.028 和 - 0.021，且均在 1% 的水平上显著，初步表明财务报告问询函能够显著抑制企业高管摄取超额薪酬的行为，即从高管薪酬激励的研究视角初步验证了财务报告问询函对微观企业委托代理问题与信息不对称性的积极作用。上述结果初步印证了管理层权力理论的理论分析，即财务报告问询函会加剧企业委托代理问题的复杂程度，加大企业高管的权力及企业信息环境的恶化程度，进而加剧企业高管的超额薪酬，即初步验证了假设 5 - 1 的内容。同时，超额薪酬（*Overpay*）与国有产权性质（*SOE*）的相关性系数为 - 0.085，且在 1% 的水平上显著，表明相对于非国有企业而言，国有企业的高管摄取超额薪酬的情况较少，初步为研究假设 5 - 2 提供了支持。

### 5.3.3　统计结果分析

表 5 - 4 报告了对假设 5 - 1 与假设 5 - 2 的检验结果，被解释变量为超额薪酬（*Overpay*），解释变量为财务报告问询函（*CL*、*CLleg*、*CLRleg*）；其中，第（1）~（3）列的回归结果主要支持假设 5 - 1 的研究内容，第（4）~（9）列的回归结果主要用于验证假设 5 - 2 的研究内容。

表 5 - 4　　　　　　　　　　　模型（5 - 3）的回归结果

| 变量 | *Overpay* | | | | | | | | |
|---|---|---|---|---|---|---|---|---|---|
| | （1） | （2） | （3） | （4） | （5） | （6） | （7） | （8） | （9） |
| | 全样本 | | | 非国有企业组 | | | 国有企业组 | | |
| *CL* | - 0.089 *** <br> （- 4.01） | | | - 0.069 *** <br> （- 3.78） | | | - 0.113 *** <br> （- 2.77） | | |
| *CLleg* | | - 0.009 *** <br> （- 3.17） | | | - 0.007 <br> （- 1.39） | | | - 0.008 *** <br> （- 2.62） | |
| *CLRleg* | | | - 0.008 ** <br> （- 2.16） | | | - 0.005 <br> （- 1.17） | | | - 0.007 ** <br> （- 2.40） |

续表

| 变量 | Overpay | | | | | | | | |
|------|---------|---------|---------|---------|---------|---------|---------|---------|---------|
| | (1) | (2) | (3) | (4) | (5) | (6) | (7) | (8) | (9) |
| | 全样本 | | | 非国有企业组 | | | 国有企业组 | | |
| SOE | −0.115 *** | −0.112 *** | −0.112 *** | | | | | | |
| | (−5.03) | (−4.90) | (−4.89) | | | | | | |
| DUAL | 0.058 *** | 0.058 *** | 0.058 *** | 0.051 ** | 0.052 ** | 0.052 ** | 0.050 | 0.050 | 0.050 |
| | (3.02) | (3.05) | (3.04) | (2.35) | (2.39) | (2.39) | (1.31) | (1.30) | (1.30) |
| SIZE | 0.028 *** | 0.029 *** | 0.029 *** | 0.067 *** | 0.068 *** | 0.068 *** | 0.002 | 0.003 | 0.003 |
| | (2.93) | (2.99) | (3.00) | (5.07) | (5.11) | (5.12) | (0.16) | (0.21) | (0.22) |
| LEV | −0.047 | −0.050 | −0.051 | −0.007 | −0.009 | −0.009 | −0.213 *** | −0.221 *** | −0.224 *** |
| | (−0.88) | (−0.95) | (−0.96) | (−0.10) | (−0.13) | (−0.13) | (−2.60) | (−2.69) | (−2.73) |
| TOP1 | −0.003 *** | −0.003 *** | −0.003 *** | −0.001 | −0.001 | −0.001 | −0.005 *** | −0.005 *** | −0.005 *** |
| | (−4.46) | (−4.39) | (−4.38) | (−0.87) | (−0.83) | (−0.83) | (−4.63) | (−4.56) | (−4.55) |
| ROA | 1.698 *** | 1.750 *** | 1.755 *** | 1.401 *** | 1.467 *** | 1.468 *** | 2.330 *** | 2.337 *** | 2.341 *** |
| | (13.49) | (13.85) | (13.89) | (9.83) | (10.20) | (10.21) | (9.53) | (9.57) | (9.58) |
| Growth | −0.059 *** | −0.060 *** | −0.060 *** | −0.072 *** | −0.073 *** | −0.073 *** | −0.037 * | −0.038 * | −0.038 * |
| | (−4.98) | (−5.07) | (−5.08) | (−4.88) | (−4.98) | (−4.98) | (−1.93) | (−1.95) | (−1.96) |
| INDIR | −0.155 | −0.161 | −0.161 | 0.320 | 0.307 | 0.307 | −0.390 | −0.389 | −0.389 |
| | (−0.88) | (−0.91) | (−0.92) | (1.34) | (1.29) | (1.28) | (−1.61) | (−1.60) | (−1.60) |
| MRS | −0.122 * | −0.118 * | −0.117 * | −0.046 | −0.041 | −0.041 | 1.942 *** | 1.910 *** | 1.903 *** |
| | (−1.91) | (−1.84) | (−1.83) | (−0.70) | (−0.61) | (−0.61) | (2.74) | (2.69) | (2.68) |
| BSIZE | 0.115 ** | 0.117 ** | 0.117 ** | 0.215 *** | 0.216 *** | 0.216 *** | 0.046 | 0.047 | 0.049 |
| | (2.12) | (2.16) | (2.16) | (2.94) | (2.95) | (2.95) | (0.60) | (0.62) | (0.64) |
| IA | 0.067 | 0.073 | 0.074 | 0.140 | 0.143 | 0.143 | 0.038 | 0.042 | 0.044 |
| | (0.37) | (0.40) | (0.41) | (0.55) | (0.56) | (0.56) | (0.15) | (0.16) | (0.17) |
| Violate | −0.017 | −0.023 | −0.024 * | −0.015 | −0.023 | −0.023 | −0.042 * | −0.045 * | −0.046 ** |
| | (−1.17) | (−1.62) | (−1.67) | (−0.87) | (−1.34) | (−1.35) | (−1.83) | (−1.94) | (−2.00) |
| Opinion | 0.090 ** | 0.079 * | 0.077 * | 0.133 *** | 0.120 ** | 0.119 ** | −0.056 | −0.061 | −0.063 |
| | (2.08) | (1.80) | (1.76) | (2.70) | (2.38) | (2.36) | (−0.78) | (−0.85) | (−0.88) |

续表

| 变量 | Overpay | | | | | | | | |
|------|-----|-----|-----|-----|-----|-----|-----|-----|-----|
| | (1) | (2) | (3) | (4) | (5) | (6) | (7) | (8) | (9) |
| | 全样本 | | | 非国有企业组 | | | 国有企业组 | | |
| *Industry* | Control | Control | Control | Control | Control | Control | Control | Control | Control |
| *Year* | Control | Control | Control | Control | Control | Control | Control | Control | Control |
| 常数项 | −0.691<br>(−1.47) | −0.686 **<br>(−2.38) | −0.689 **<br>(−2.39) | −1.746 ***<br>(−5.74) | −1.503 ***<br>(−3.96) | −1.504 ***<br>(−3.96) | 0.652 **<br>(1.99) | 0.633 *<br>(1.92) | 0.626 *<br>(1.90) |
| 样本数 | 16382 | 16382 | 16382 | 10699 | 10699 | 10699 | 5683 | 5683 | 5683 |
| Adjusted R-squared | 0.053 | 0.052 | 0.052 | 0.062 | 0.061 | 0.061 | 0.109 | 0.108 | 0.108 |

注：*** 、** 、* 分别表示在 1% 、5% 和 10% 的水平上显著；括号内的数据为 t 值；第（4）列与第（7）列的 *CL* 回归系数的 t 值比较：$chi^2 = 17.093$，$Prob > chi^2 = 0.000$。

如表 5 − 4 所示，财务报告问询函显著抑制了企业高管的超额薪酬，即验证了假设 5 − 1 的内容。表 5 − 4 中，第（1）~（3）列财务报告问询函（*CL*、*CL-leg*、*CLRleg*）的回归系数分别为 − 0.089、− 0.009 和 − 0.008，且分别在 1% 或 5% 的水平上显著，表明财务报告问询函能够显著抑制企业高管摄取超额薪酬的行为。上述回归结表明财务报告问询函有助于缓解企业在两权分离过程中所产生的委托代理问题，以及抑制企业信息不对称性。随着企业在现代化经营中所有权与经营权的分析，所有者与高管之间的两权分离滋生的委托代理问题与信息不对称性会阻碍企业持续与稳定的发展。委托代理问题的加剧会分散最终控制人对企业高管监督与控制的精力，显著加大了企业高管的权力。高管权力的加大会有助于企业高管俘获董事会与薪酬委员会，摄取更多的超额薪酬。而财务报告问询函有助于加强对高管的监督，能够使高管迫于压力而减少摄取私有收益的行为（邓纬璐等，2020），从而能够缓解高管摄取超额薪酬的行为。

同时，两权分离也会直接导致企业所有者与高管之间的信息不对称性，加剧企业信息环境的恶化。依据最优薪酬契约理论，在现代企业处于信息不对称的环境中，将高管薪酬与经营业绩相挂钩的薪酬契约，能够缓解企业的委托代理问题，成为有效降低监管成本的核心制度（Fama，1980；Jensen and Murphy，1990）。在处于经济转型阶段的中国，探讨企业高管薪酬与经营业绩的关系引起相关学者的广泛关注，最初由经营业绩与高管薪酬之间不存在显著相关关系的研究结论（李增泉，2000），转变为两者之间存在显著正向的相关关系（方军雄，2009，2012；罗宏等，2014）。但是相关研究结论却也发现最优薪酬契约理论无法解释的情况，即获取了以管理层权力理论解释企业经营业绩与企业高管薪酬契约并不匹配的经验证据。由于企业高管的有限理性，最终控制人与高管之间的信息不对称、不完全性和外部环境的复杂性等约束条件，企业高管的薪酬契约中存在无法约束和设定的范围，使得最优薪酬契约成为不完美的契约，从而使高管薪酬契约中存在与企业经营业绩的增长并不相关的部分。具体而言，受限于企业最终控制人与高管利益目标的差异以及信息不对称对企业信息环境的干扰等问题，企业高管薪酬契约内容中的经营业绩含有噪声，显著降低了薪酬契约缓解监管成本和抑制委托代理问题的效果，使得经营业绩对高管薪酬反映程度是信息与噪声比的增函数。即使当企业的经营业绩不理想时，企业高管的薪酬水平也不会受到影响。其潜在的原因可能是因为所有权与经营权的分离致使所有者必须依赖高管来提供企业经营管理的信息。这会造成高管可利用自己的权力与影响以及掌握的信息去获得远超出对所有者而言最优水平的报酬（Bebchuk et al.，2002）。在信息不对称性的经营环境中，企业高管的信息优势更加明显，为其在经营业绩下滑时撇开其经营决策失误的责任与寻找借口，当业绩上升时，过分夸大自身的努力程度与个人能力，以及在订立薪酬契约时，过度夸大企业的经营困境，从而进一步有助于企业高管摄取超额薪酬。因而，上述结果验证了假设 5 - 1 的内容。

在第（4）~（6）列中，财务报告问询函（*CL*、*CLleg*、*CLRleg*）的回归系数分别为 - 0. 069、- 0. 007 和 - 0. 005，但仅第（4）列的回归系数在 1% 的水平上显著；在第（7）~（9）列中，财务报告问询函（*CL*、*CLleg*、*CLRleg*）的回归系数分别为 - 0. 113、- 0. 008 和 - 0. 007，且均在 1% 或 5% 的水平上显著；同时，第（7）列中的财务报告问询函（*CL*）回归系数显著大于第（4）列的系数。上述回归结果表明，相对于非国有企业而言，财务报告问询函对国有企业高管超额薪酬的抑制作用更强，即支持假设 5 - 2 的研究内容。

这也表明在当前国有企业与非国有企业高管薪酬制度存在显著差异的背景下，财务报告问询函对国有企业与非国有企业高管薪酬激励的效果也存在显著差异。在一系列"限薪令"约束下，国有企业高管获取超额薪酬的难度较大，且其具有较强的晋升动机（陈仕华等，2014），甚至会主动降低薪酬（步丹璐和王晓艳，2017）。一方面，相对于非国有企业而言，国有企业高管可能会存在较强的晋升动机，导致国有企业高管更关注财务报告问询函的影响。在此背景下，国有企业高管会通过更加隐蔽的手段摄取超额薪酬。相对于非国有企业而言，若国有企业一旦证券交易所发出财务报告问询函后，高管存在摄取超额薪酬的行为，则高管面对的压力则会更大。另一方面，相对于非国有企业而言，财务报告问询函对国有企业信息不对称性的影响更大，从而对超额薪酬的影响更强。尽管财务报告问询函是我国证券交易所出具的非行政性处罚的重要创新方式，但仍会对企业在资本市场上产生不利影响（陈运森等，2018）。国有企业高管为避免舆论压力，会对财务报告问询函作出更加详细的解释说明，从而对信息不对称性的抑制作用更强。为此，相对于非国有企业，国有企业一旦收到财务报告问询函，高管将面临更大的压力，会作出更详细的解释说明，从而对其获取超额薪酬的抑制作用更强。

在控制变量方面，表 5 – 4 的第（1）列与第（2）列中，变量 *SIZE*、*DUAL* 的系数均在 1% 的水平上显著大于零。上述回归结果表明企业的规模越大，总经理与董事长两职合一以及董事会规模越大，企业高管越容易摄取超额薪酬，上述回归结果与现有相关结论一致。具体而言，随着企业的规模不断扩大，企业成员高管与最终控制人之间的信息对称程度也会相应加大，从而会加剧企业信息环境的恶化，进而加剧其摄取超额薪酬的行为。总经理与董事长两职合一也会显著加剧企业高管的权力，从而为其摄取超额薪酬提供了机会。企业董事会规模的扩大显著加剧企业高管摄取超额薪酬；其原因可能是在中国民营企业特有的高管职业市场与关系文化中，随着董事会规模的扩大，董事会成员反而会避免扮演与企业高管发生冲突的角色，而对高管摄取超额薪酬的行为不发表否定的意见。

## 5.4　稳健性检验

为了增强本书研究设计的严谨性，本研究参考现有相关研究，计划从以下方面进行稳健性检验；同时，后文章节的稳健性检验与本章的稳健性检验方法保持一致，因而，后文章节中的稳健性检验不再做过多的重复性说明。

### 5.4.1　变更超额薪酬的度量方式

为进一步强化对超额薪酬指标的度量，本章进一步参考郑志刚等（2012）、张亮亮和黄国良（2013）等相关文献，以虚拟变量的度量指标（变量 *Over*）来度量企业高管的超额薪酬。如果企业高管的超额薪酬大于 0，则将变量 *Over* 赋值为 1，否则赋值为 0，并以 Probit 回归的方式，借助模型（5-3）重新检验了假设 5-1 与进一步讨论的假设内容，相关结果具体如表 5-5 所示。

表 5-5　　　　　　　　　模型（5-3）的 Probit 回归结果

| 变量 | *Over* | | | | | | | | |
|---|---|---|---|---|---|---|---|---|---|
| | (1) | (2) | (3) | (4) | (5) | (6) | (7) | (8) | (9) |
| | 全样本 | | | 非国有企业组 | | | 国有企业组 | | |
| *CL* | -0.196 ** (-2.51) | | | -0.118 ** (-2.44) | | | -0.346 ** (-2.06) | | |
| *CLleg* | | -0.002 ** (-2.29) | | | -0.003 (-1.37) | | | -0.016 *** (-2.99) | |
| *CLRleg* | | | -0.003 ** (-2.48) | | | -0.001 (-1.18) | | | -0.007 ** (-2.31) |
| *SOE* | -0.395 *** (-9.68) | -0.388 *** (-9.52) | -0.387 *** (-9.50) | | | | | | |
| *DUAL* | 0.185 *** (4.47) | 0.187 *** (4.51) | 0.187 *** (4.50) | 0.159 *** (6.88) | 0.160 *** (6.92) | 0.159 *** (6.91) | -0.026 (-0.96) | -0.024 (-0.89) | -0.024 (-0.87) |

续表

| 变量 | Over | | | | | | | | |
|---|---|---|---|---|---|---|---|---|---|
| | (1) | (2) | (3) | (4) | (5) | (6) | (7) | (8) | (9) |
| | 全样本 | | | 非国有企业组 | | | 国有企业组 | | |
| SIZE | 0.043** | 0.044*** | 0.044*** | −0.078 | −0.075 | −0.074 | −0.758*** | −0.779*** | −0.787*** |
| | (2.58) | (2.63) | (2.64) | (−0.57) | (−0.55) | (−0.55) | (−3.91) | (−4.03) | (−4.07) |
| LEV | −0.233** | −0.236** | −0.236** | −0.004** | −0.004** | −0.004** | −0.018*** | −0.017*** | −0.017*** |
| | (−2.15) | (−2.18) | (−2.19) | (−2.57) | (−2.56) | (−2.56) | (−8.51) | (−8.41) | (−8.39) |
| TOP1 | −0.011*** | −0.010*** | −0.010*** | 3.811*** | 4.022*** | 4.013*** | 8.808*** | 8.840*** | 8.852*** |
| | (−8.90) | (−8.83) | (−8.82) | (10.29) | (10.76) | (10.74) | (11.36) | (11.39) | (11.41) |
| ROA | 5.006*** | 5.174*** | 5.181*** | −0.192*** | −0.196*** | −0.196*** | −0.055 | −0.056 | −0.056 |
| | (15.09) | (15.50) | (15.51) | (−4.40) | (−4.50) | (−4.49) | (−0.80) | (−0.81) | (−0.81) |
| Growth | −0.140*** | −0.144*** | −0.144*** | 0.576 | 0.538 | 0.540 | −1.432** | −1.435** | −1.434** |
| | (−3.87) | (−3.95) | (−3.96) | (1.16) | (1.08) | (1.09) | (−2.36) | (−2.36) | (−2.36) |
| INDIR | −0.695* | −0.713* | −0.714* | −0.243* | −0.235 | −0.237 | 8.822*** | 8.690*** | 8.672*** |
| | (−1.87) | (−1.92) | (−1.92) | (−1.65) | (−1.59) | (−1.60) | (3.92) | (3.88) | (3.87) |
| MRS | −0.544*** | −0.537*** | −0.536*** | 0.584*** | 0.586*** | 0.586*** | 0.244 | 0.246 | 0.250 |
| | (−3.83) | (−3.77) | (−3.76) | (4.10) | (4.10) | (4.10) | (1.43) | (1.44) | (1.46) |
| BSIZE | 0.356*** | 0.361*** | 0.361*** | 0.223 | 0.237 | 0.238 | −0.432 | −0.426 | −0.420 |
| | (3.36) | (3.40) | (3.40) | (0.46) | (0.49) | (0.49) | (−0.89) | (−0.87) | (−0.86) |
| IA | −0.158 | −0.143 | −0.142 | −0.051 | −0.071 | −0.069 | −0.133 | −0.140 | −0.144 |
| | (−0.48) | (−0.43) | (−0.43) | (−0.88) | (−1.21) | (−1.19) | (−1.48) | (−1.55) | (−1.60) |
| Violate | −0.052 | −0.067 | −0.068 | 0.355*** | 0.325*** | 0.329*** | −0.521** | −0.535** | −0.541** |
| | (−1.08) | (−1.39) | (−1.42) | (2.95) | (2.67) | (2.70) | (−2.00) | (−2.06) | (−2.08) |
| Opinion | 0.211** | 0.187* | 0.185* | −0.202 | −0.199 | −0.199 | −0.108 | −0.148 | −0.151 |
| | (2.02) | (1.77) | (1.75) | (−0.58) | (−0.57) | (−0.57) | (−0.31) | (−0.40) | (−0.41) |
| 常数项 | −1.019** | −1.041** | −1.043** | −4.950*** | −4.977*** | −4.972*** | 1.317* | 1.314* | 1.298* |
| | (−2.17) | (−2.20) | (−2.21) | (−7.20) | (−7.24) | (−7.23) | (1.88) | (1.85) | (1.83) |
| Pseudo R² | 0.027 | 0.028 | 0.028 | 0.027 | 0.025 | 0.026 | 0.026 | 0.026 | 0.028 |
| 样本数 | 16382 | 16382 | 16382 | 10699 | 10699 | 10699 | 5683 | 5683 | 5683 |

注：***、**、*分别表示在1%、5%和10%的水平上显著；括号内的数据为t值；第（4）列与第（7）列的 CL 回归系数的 t 值比较：chi² = 20.146，Prob > chi² = 0.000。

由表5－5可知，财务报告问询函显著抑制了企业高管的超额薪酬，即验证了假设5－1的内容。表5－5中，第（1）～（3）列财务报告问询函（$CL$、$CLleg$、$CLRleg$）的回归系数分别为－0.196、－0.002和－0.003，且均在5%的水平上显著，表明财务报告问询函能够显著抑制企业高管摄取超额薪酬的行为。在第（4）～（6）列中，财务报告问询函（$CL$、$CLleg$、$CLRleg$）的回归系数分别为－0.118、－0.003和－0.001，但仅第（4）列的回归系数在5%的水平上显著；在第（7）～（9）列中，财务报告问询函（$CL$、$CLleg$、$CLRleg$）的回归系数分别为－0.346、－0.016和－0.007，且均在1%或5%的水平上显著；同时，第（7）列中的财务报告问询函（$CL$）回归系数显著大于第（4）列的系数。上述回归结果表明，相对于非国有企业而言，财务报告问询函对国有企业高管超额薪酬的抑制作用更强，即支持假设5－2的研究内容。

## 5.4.2 变换财务报告问询函的度量指标

为进一步加强对财务报告问询函的度量，本章参考张俊生等（2018）等相关文献的研究方法，形成新的变量指标（变量$WXH$），若当年样本企业收到证券交易所出具的财务报告问询函则取值1，否则取值为0，以避免采取对数方法对财务报告问询函度量引起的差异。在此基础上，借助模型（3）重新检验假设5－1与假设5－2的研究内容，相关结果具体如表5－6所示。

表5－6　　　　　　　模型（5－3）自然对数化后的回归结果

| 变量 | Overpay | | |
|---|---|---|---|
| | （1） | （2） | （3） |
| | 全样本 | 非国有企业组 | 国有企业组 |
| $WXH$ | －0.068 *** <br> （－4.18） | －0.055 *** <br> （－3.85） | －0.083 *** <br> （－2.84） |
| $SOE$ | －0.115 *** <br> （－5.03） | | |
| $DUAL$ | 0.058 *** <br> （3.02） | 0.051 ** <br> （2.36） | 0.050 <br> （1.31） |

续表

| 变量 | Overpay | | |
| --- | --- | --- | --- |
| | (1) | (2) | (3) |
| | 全样本 | 非国有企业组 | 国有企业组 |
| SIZE | 0.028 ***<br>(2.93) | 0.067 ***<br>(5.07) | 0.002<br>(0.16) |
| LEV | −0.047<br>(−0.88) | −0.007<br>(−0.10) | −0.212 ***<br>(−2.60) |
| TOP1 | −0.003 ***<br>(−4.46) | −0.001<br>(−0.88) | −0.005 ***<br>(−4.63) |
| ROA | 1.697 ***<br>(13.48) | 1.399 ***<br>(9.83) | 2.329 ***<br>(9.52) |
| Growth | −0.059 ***<br>(−4.97) | −0.071 ***<br>(−4.88) | −0.037 *<br>(−1.92) |
| INDIR | −0.155<br>(−0.88) | 0.322<br>(1.35) | −0.390<br>(−1.61) |
| MRS | −0.123 *<br>(−1.92) | −0.047<br>(−0.71) | 1.940 ***<br>(2.73) |
| BSIZE | 0.115 **<br>(2.12) | 0.215 ***<br>(2.95) | 0.045<br>(0.59) |
| IA | 0.066<br>(0.37) | 0.138<br>(0.54) | 0.037<br>(0.15) |
| Violate | −0.017<br>(−1.17) | −0.015<br>(−0.88) | −0.042 *<br>(−1.83) |
| Opinion | 0.090 **<br>(2.08) | 0.132 ***<br>(2.69) | −0.055<br>(−0.77) |
| 常数项 | −0.690<br>(−0.00) | −1.749 ***<br>(−5.75) | 0.654 **<br>(2.00) |
| 样本数 | 16382 | 10699 | 5683 |
| R-squared | 0.053 | 0.062 | 0.109 |

注：*** 、** 、* 分别表示在1%、5%和10%的水平上显著；括号内的数据为 t 值；第（2）列与第（3）列的 WXH 回归系数的 t 值比较：$chi^2 = 18.013$，$Prob > chi^2 = 0.000$。

由表 5-6 可知，财务报告问询函显著抑制了企业高管的超额薪酬，即验证了假设 5-1 的内容。表 5-6 中，第（1）列中财务报告问询函（WXH）的回归系数分别为 -0.068，且在 1% 的水平上显著，表明财务报告问询函能够显著抑制企业高管摄取超额薪酬的行为。在第（2）列与第（3）列中，财务报告问询函（WXH）的回归系数分别为 -0.055 与 -0.083，同时，第（3）列中的财务报告问询函（CL）回归系数显著大于第（2）列的系数。上述回归结果表明，相对于非国有企业而言，财务报告问询函对国有企业高管超额薪酬的抑制作用更强，即支持假设 5-2 的研究内容。

### 5.4.3 降低内生性问题

本研究参考陈运森等（2018，2019）以及李晓溪等（2019）等的研究方法，运用 PSM 研究方法，重新相关结果具体如表 5-7 所示。

表 5-7                                    PSM 的回归结果

| 变量 | Overpay | | | | | | | | |
|---|---|---|---|---|---|---|---|---|---|
| | (1) | (2) | (3) | (4) | (5) | (6) | (7) | (8) | (9) |
| | 全样本 | | | 非国有企业组 | | | 国有企业组 | | |
| CL | -0.147*** (-4.55) | | | -0.091*** (-4.35) | | | -0.156** (-2.46) | | |
| CLleg | | -0.0046* (-1.79) | | | -0.004 (-0.85) | | | -0.011** (-2.42) | |
| CLRleg | | | -0.0045* (-1.81) | | | -0.003 (-0.98) | | | -0.009** (-2.39) |
| SOE | -0.178*** (-6.88) | -0.166*** (-6.40) | -0.166*** (-6.41) | | | | | | |
| DUAL | 0.030 (1.25) | 0.032 (1.32) | 0.032 (1.33) | 0.021 (0.81) | 0.024 (0.90) | 0.024 (0.91) | 0.024 (0.44) | 0.023 (0.43) | 0.023 (0.43) |
| SIZE | 0.042*** (3.97) | 0.042*** (3.95) | 0.042*** (3.95) | 0.069*** (4.92) | 0.067*** (4.79) | 0.067*** (4.79) | 0.019 (1.13) | 0.020 (1.24) | 0.020 (1.24) |

续表

| 变量 | Overpay | | | | | | | | |
|---|---|---|---|---|---|---|---|---|---|
| | (1) | (2) | (3) | (4) | (5) | (6) | (7) | (8) | (9) |
| | 全样本 | | | 非国有企业组 | | | 国有企业组 | | |
| LEV | -0.079 (-1.17) | -0.092 (-1.35) | -0.091 (-1.34) | -0.032 (-0.37) | -0.042 (-0.50) | -0.042 (-0.49) | -0.199* (-1.78) | -0.216* (-1.91) | -0.216* (-1.91) |
| TOP1 | -0.003*** (-4.31) | -0.003*** (-3.99) | -0.003*** (-4.00) | -0.002* (-1.69) | -0.001 (-1.39) | -0.001 (-1.39) | -0.005*** (-4.26) | -0.005*** (-4.20) | -0.005*** (-4.20) |
| ROA | 1.070*** (5.64) | 1.140*** (5.95) | 1.137*** (5.92) | 0.859*** (4.19) | 0.951*** (4.58) | 0.946*** (4.55) | 2.434*** (4.68) | 2.467*** (4.75) | 2.468*** (4.75) |
| Growth | 0.018 (0.56) | 0.018 (0.57) | 0.018 (0.56) | -0.008 (-0.21) | -0.007 (-0.18) | -0.007 (-0.19) | 0.074 (1.16) | 0.073 (1.15) | 0.073 (1.15) |
| INDIR | -0.283 (-1.23) | -0.282 (-1.23) | -0.283 (-1.23) | 0.141 (0.46) | 0.130 (0.43) | 0.131 (0.43) | -0.504 (-1.43) | -0.506 (-1.43) | -0.507 (-1.43) |
| MRS | -0.047 (-0.59) | -0.030 (-0.38) | -0.031 (-0.38) | 0.018 (0.22) | 0.036 (0.43) | 0.035 (0.42) | 2.112*** (2.68) | 2.003*** (2.61) | 2.004*** (2.61) |
| BSIZE | 0.046 (0.69) | 0.047 (0.71) | 0.047 (0.71) | 0.122 (1.38) | 0.126 (1.42) | 0.126 (1.42) | -0.012 (-0.12) | -0.016 (-0.15) | -0.016 (-0.16) |
| IA | -0.034 (-0.15) | -0.004 (-0.02) | -0.006 (-0.03) | -0.277 (-0.85) | -0.235 (-0.73) | -0.237 (-0.73) | 0.284 (0.90) | 0.292 (0.92) | 0.292 (0.92) |
| Violate | 0.025 (0.83) | 0.016 (0.51) | 0.016 (0.52) | 0.023 (0.67) | 0.011 (0.32) | 0.012 (0.34) | -0.000 (-0.00) | -0.004 (-0.07) | -0.005 (-0.08) |
| Opinion | 0.025 (0.41) | 0.007 (0.12) | 0.008 (0.13) | 0.019 (0.29) | -0.002 (-0.03) | -0.001 (-0.01) | 0.143 (0.90) | 0.125 (0.74) | 0.126 (0.74) |
| Industry | Control | Control | Control | Control | Control | Control | Control | Control | Control |
| Year | Control | Control | Control | Control | Control | Control | Control | Control | Control |
| 常数项 | -0.504** (-1.97) | -0.546* (-1.66) | -0.544* (-1.65) | -1.430*** (-4.06) | -1.389*** (-3.92) | -1.390*** (-3.92) | -0.075 (-0.17) | -0.105 (-0.23) | -0.105 (-0.23) |
| 样本数 | 3181 | 3181 | 3181 | 2195 | 2195 | 2195 | 986 | 986 | 986 |
| R-squared | 0.059 | 0.053 | 0.053 | 0.063 | 0.055 | 0.055 | 0.105 | 0.102 | 0.102 |

注: ***、**、*分别表示在1%、5%和10%的水平上显著; 括号内的数据为 t 值; 第 (4) 列与第 (7) 列的 CL 回归系数的 t 值比较: $chi^2 = 17.926$, $Prob > chi^2 = 0.000$。

由表 5-7 可知，财务报告问询函显著抑制了企业高管的超额薪酬，即验证了假设 5-1 的内容。表 5-7 中，第（1）~（3）列财务报告问询函（*CL*、*CLleg*、*CLRleg*）的回归系数分别为 -0.147、-0.0046 和 -0.0045，且均在 1% 或 10% 的水平上显著，表明财务报告问询函能够显著抑制企业高管摄取超额薪酬的行为。在第（4）~（6）列中，财务报告问询函（*CL*、*CLleg*、*CLRleg*）的回归系数分别为 -0.091、-0.004 和 -0.003，但仅第（4）列的回归系数在 1% 的水平上显著，第（5）列与第（6）列的回归系数并不显著；在第（7）~（9）列中，财务报告问询函（*CL*、*CLleg*、*CLRleg*）的回归系数分别为 -0.156、-0.011 和 -0.009，且均在 5% 的水平上显著；同时，第（7）列中的财务报告问询函（*CL*）回归系数显著大于第（4）列的系数。上述回归结果表明，相对于非国有企业而言，财务报告问询函对国有企业高管超额薪酬的抑制作用更强，即支持假设 5-2 的研究内容。

## 5.4.4 变更样本量

为进一步提升研究设计的严谨性，本章参考陈运森等（2019）以及李晓溪等（2019）相关文献的研究方法，剔除季报与半年报等财务报告问询函，重新借助模型（5-3）重新检验假设 5-1 以及假设 5-2 的假设内容，相关结果具体如表 5-8 所示。

表 5-8　　　　　　　　　　　变更样本量的回归结果表

| 变量 | *Overpay* | | | | | | | | |
|---|---|---|---|---|---|---|---|---|---|
| | （1） | （2） | （3） | （4） | （5） | （6） | （7） | （8） | （9） |
| | 全样本 | | | 非国有企业组 | | | 国有企业组 | | |
| *CL* | -0.099 *** <br> (-4.47) | | | -0.036 * <br> (-1.91) | | | -0.118 *** <br> (-2.88) | | |
| *CLleg* | | -0.011 ** <br> (-2.39) | | | -0.004 <br> (-1.17) | | | -0.005 ** <br> (-2.11) | |
| *CLRleg* | | | -0.012 ** <br> (-2.09) | | | -0.002 <br> (-1.07) | | | -0.002 ** <br> (-2.40) |

续表

| 变量 | Overpay | | | | | | | | |
|---|---|---|---|---|---|---|---|---|---|
| | (1) | (2) | (3) | (4) | (5) | (6) | (7) | (8) | (9) |
| | 全样本 | | | 非国有企业组 | | | 国有企业组 | | |
| SOE | -0.126*** | -0.122*** | -0.122*** | | | | | | |
| | (-5.39) | (-5.25) | (-5.24) | | | | | | |
| DUAL | 0.054*** | 0.054*** | 0.054*** | 0.048** | 0.049** | 0.049** | 0.045 | 0.044 | 0.044 |
| | (2.74) | (2.77) | (2.77) | (2.16) | (2.21) | (2.20) | (1.12) | (1.11) | (1.10) |
| SIZE | 0.026*** | 0.026*** | 0.027*** | 0.060*** | 0.061*** | 0.061*** | 0.003 | 0.004 | 0.004 |
| | (2.63) | (2.70) | (2.71) | (4.54) | (4.61) | (4.61) | (0.21) | (0.27) | (0.29) |
| LEV | -0.028 | -0.033 | -0.034 | 0.026 | 0.023 | 0.023 | -0.215** | -0.224** | -0.228*** |
| | (-0.52) | (-0.61) | (-0.62) | (0.38) | (0.34) | (0.34) | (-2.54) | (-2.64) | (-2.69) |
| TOP1 | -0.003*** | -0.003*** | -0.003*** | -0.001 | -0.001 | -0.001 | -0.005*** | -0.005*** | -0.005*** |
| | (-4.42) | (-4.34) | (-4.32) | (-0.89) | (-0.84) | (-0.84) | (-4.74) | (-4.68) | (-4.66) |
| ROA | 1.624*** | 1.679*** | 1.685*** | 1.335*** | 1.405*** | 1.406*** | 2.298*** | 2.306*** | 2.312*** |
| | (12.72) | (13.08) | (13.12) | (9.35) | (9.73) | (9.74) | (8.89) | (8.93) | (8.95) |
| Growth | -0.057*** | -0.058*** | -0.058*** | -0.070*** | -0.072*** | -0.072*** | -0.035 | -0.035* | -0.035* |
| | (-4.60) | (-4.69) | (-4.70) | (-4.62) | (-4.72) | (-4.73) | (-1.64) | (-1.66) | (-1.69) |
| INDIR | -0.092 | -0.098 | -0.099 | 0.398 | 0.384 | 0.384 | -0.368 | -0.367 | -0.367 |
| | (-0.50) | (-0.53) | (-0.54) | (1.60) | (1.54) | (1.54) | (-1.46) | (-1.45) | (-1.45) |
| MRS | -0.120* | -0.115* | -0.114* | -0.047 | -0.041 | -0.041 | 1.804** | 1.767** | 1.760** |
| | (-1.83) | (-1.75) | (-1.73) | (-0.70) | (-0.61) | (-0.60) | (2.52) | (2.47) | (2.45) |
| BSIZE | 0.117** | 0.119** | 0.120** | 0.220*** | 0.222*** | 0.222*** | 0.035 | 0.037 | 0.039 |
| | (2.11) | (2.15) | (2.15) | (2.96) | (2.97) | (2.97) | (0.45) | (0.47) | (0.49) |
| IA | 0.032 | 0.038 | 0.039 | 0.061 | 0.065 | 0.065 | 0.048 | 0.054 | 0.057 |
| | (0.17) | (0.20) | (0.21) | (0.22) | (0.24) | (0.24) | (0.18) | (0.21) | (0.22) |
| Violate | -0.006 | -0.013 | -0.014 | -0.005 | -0.014 | -0.015 | -0.036 | -0.039 | -0.041 |
| | (-0.39) | (-0.86) | (-0.93) | (-0.29) | (-0.80) | (-0.81) | (-1.45) | (-1.56) | (-1.63) |
| Opinion | 0.084* | 0.072 | 0.069 | 0.114** | 0.099* | 0.099* | -0.060 | -0.067 | -0.070 |
| | (1.87) | (1.57) | (1.52) | (2.25) | (1.91) | (1.90) | (-0.77) | (-0.86) | (-0.90) |

续表

| 变量 | Overpay | | | | | | | | |
|---|---|---|---|---|---|---|---|---|---|
| | (1) | (2) | (3) | (4) | (5) | (6) | (7) | (8) | (9) |
| | 全样本 | | | 非国有企业组 | | | 国有企业组 | | |
| *Industry* | Control | Control | Control | Control | Control | Control | Control | Control | Control |
| *Year* | Control | Control | Control | Control | Control | Control | Control | Control | Control |
| 常数项 | −0.458** | −0.641** | −0.644** | −1.639*** | −1.413*** | −1.414*** | 0.696** | 0.181 | 0.173 |
| | (−2.11) | (−2.11) | (−2.13) | (−5.32) | (−4.11) | (−4.11) | (2.01) | (0.49) | (0.47) |
| 样本数 | 14128 | 14128 | 14128 | 9354 | 9354 | 9354 | 4774 | 4774 | 4774 |
| R-squared | 0.051 | 0.050 | 0.050 | 0.058 | 0.057 | 0.057 | 0.107 | 0.106 | 0.105 |

注：***、**、*分别表示在1%、5%和10%的水平上显著；括号内的数据为 t 值；第（4）列与第（7）列的 *CL* 回归系数的 t 值比较：$chi^2 = 18.287$，$Prob > chi^2 = 0.000$。

由表5-8可知，财务报告问询函显著抑制了企业高管的超额薪酬，即验证了假设5-1的内容。表5-8中，第（1）~（3）列财务报告问询函（*CL*、*CLleg*、*CLRleg*）的回归系数分别为 −0.099、−0.011 和 −0.012，且均在1%或5%的水平上显著，表明财务报告问询函能够显著抑制企业高管摄取超额薪酬的行为。在第（4）~（6）列中，财务报告问询函（*CL*、*CLleg*、*CLRleg*）的回归系数分别为 −0.036、−0.004 和 −0.002，但仅第（4）列的回归系数在10%的水平上显著，第（5）列与第（6）列的回归系数并不显著；在第（7）~（9）列中，财务报告问询函（*CL*、*CLleg*、*CLRleg*）的回归系数分别为 −0.118、−0.005 和 −0.002，且均在1%或5%的水平上显著；同时，第（7）列中的财务报告问询函（*CL*）回归系数显著大于第（4）列的系数。上述回归结果表明，相对于非国有企业而言，财务报告问询函对国有企业高管超额薪酬的抑制作用更强，即支持假设5-2的研究内容。

## 5.5　本章小结

本章聚焦于探索财务报告问询函对企业高管超额薪酬的影响，并以中国沪深 A 股 2014～2019 年的上市公司为研究样本，实证检验本章的研究假设。首先，本章提出财务报告问询函对企业高管超额薪酬影响的研究假设。其次，本章实证检验上述研究假设的内容。再次，本章选定国有产权性质为研究背景，进一步剖析与实证检验随着财务报告问询函对企业高管摄取超额薪酬的影响，从而增强了本章研究内容的可靠性。最后，本章以稳健性检验增强研究设计的分析结果。本章研究结论表明，财务报告问询函会抑制企业高管的权力，以及会优化企业的信息环境，进而显著抑制了企业高管摄取超额薪酬的行为。在此背景下，相对于非国有企业而言，财务报告问询函对国有企业高管摄取超额薪酬的作用更强。

# 6

# 财务报告问询函对企业高管
# 薪酬辩护的影响

本章在上文研究的基础上，深入探讨财务报告问询函对企业高管薪酬辩护的影响，以及实证检验相关的研究假设。具体而言，本章首先探讨财务报告问询函对企业高管薪酬辩护的影响。其次，进一步探讨国有产权性质对财务报告问询函对企业高管超额薪酬辩护影响中的调节效应。再次，实证检验相关的研究假设。最后，借助稳健性检验，从而增强本章研究设计的严谨性。

## 6.1　理论分析与研究假设

本节率先探索财务报告问询函对企业高管薪酬辩护的影响，以及深入探讨在当前国有企业与非国有企业高管薪酬制度存在显著差异的背景下，分析在国有企业与非国有企业中，财务报告问询函对企业高管超额薪酬辩护的影响是否存在显著差异；其次，围绕企业高管权力以及企业信息环境的角度，探索财务报告问询函抑制高管借助经营业绩的提升实施薪酬辩护的路径；最后，本部分根据上述理论分析，提出本章的研究假设内容。

### 6.1.1　财务报告问询函对企业高管薪酬辩护
###      影响的理论分析与研究假设

企业会实施薪酬辩护行为，为其所摄取的超额薪酬寻求合理化的理由，从而会损害企业的发展与加剧社会的贫富差距（Faulkender and Yang, 2010；罗宏等, 2014；谢德仁等, 2012；缪毅和胡奕明, 2016；张勇, 2020）。处于经济转型阶段的中国，财务报告问询函能够有助于抑制企业高管的权力与优化企业的信息环境，从而能够抑制企业高管实施"结果正当性"的薪酬辩护行为。自改革开放以来，中国经济总量迅速扩大，并持续处于高速发展的状态。2005 年召开的中共十六届五中全会强调"更加注重社会公平，使全体人民共享改革发展成果"，而不再提"效率优先，兼顾公平"的分配原则。2007 年召开的中共十七大强调"合理的收入分配制度是社会公平的重要体现"。2012 年召开的中共十八大会议提出了八个"必须坚持"，其中，"必须坚持维护社会公平正义"以及"必须坚持走共同富裕道路"对解决中国社会各阶层的收入差距较大问题具有重要的指导意义。

然而，中国社会各阶层的收入和财富差距仍然较大。国家统计局发布的数据显示，2015 年中国居民收入基尼系数为 0.462，且自 2003 年以来，中国居民收入基尼系数一直处在全球平均水平 0.44 之上，其中，2008 年达到最高点 0.491；而居民收入基尼系数超过 0.4，则表示社会贫富差距较大，达到了社会难以承受的界线。同时，《中国公司治理分类指数报告 No. 18（2019）》显示 2018 年上市公司高管激励过度的情况越来越严重。在相关薪酬政策的严格约束下，国有企业高管薪酬总额会受到抑制，上述报告显示 2018 年民营上市公司高管薪酬指数的均值远高于国有上市公司。上市公司高管超高的薪酬诱发了社会公众与所有者对薪酬是否成为高管牟取私利工具的思考。

在构建和谐社会以及加快收入分配制度改革的时代大背景下，对于已属于相对高收入阶层的民营企业高管而言，一方面，其超额薪酬会加剧社会大众对社会公平正义缺失的感觉，乃至触发仇富心理和行为，加剧社会不和谐；同时，政府监管机构必然也会采取直接的薪酬管制措施或间接的薪酬收入调节措施（如征收更高的薪酬所得税等方式）来解决收入差距之正当性问题。另一方面，其也会觊觎未来能够摄取的超额薪酬提供机会。作为一个理性的经济人，既要为自身已有超额薪酬的正当性，又要为自身未来薪酬进一步增长正当性的设想，必然会提供社会公众与企业所有者可接受的辩护理由。因而，若其不能成功辩护其超额薪酬的正当性，从而必然难以持续摄取超额薪酬。

最优薪酬契约能够缓解企业所有者和高管之间利益冲突。此契约旨在实现企业高管能够沿着所有者的利益目标来经营与管理企业的生产经营活动，从而实现所有者与高管的共赢。然而，最优薪酬契约面临严格的约束条件。具体而言，其一，需要满足"激励相容"的约束条件，即所有者必须满足高管的自身利益；其二，需要满足"参与约束"的约束条件，即在同等条件下，高管所获得薪酬应高于其他企业所有者所提供的报酬。在信息不对称的环境中，只有同时满足两个约束条件，最优薪酬契约才会成立。

按照上述分析可知，上述两个约束条件在制定薪酬契约的过程中至关重要。而企业所有者若想同时满足这两个约束条件，必须将经营业绩作为评价高管努力程度及其才能的重要标准，即在信息不确定的环境中，经营业绩能够作为明确相应的责任和衡量相关风险的重要标准，能够改善所有者与高管之间的利益冲突。因而，在信息不对称的情况下，将报酬与企业经营业绩挂钩的最优薪酬契约能有效降低监管成本和缓解委托代理问题（Jensen and Murphhy，1990）。随着中国市场化改革的推进，高管薪酬与经营业绩之间的关联也在不断地加深（方军雄，2009；辛清泉和谭伟强，2009；刘璇和吕长江，2017）。

有鉴于此，为避免超额薪酬所诱发的重大社会舆论与严格的市场监管等公关困境，以及能够持续摄取超额薪酬以满足私有收益的目标，企业高管会选择进行薪酬辩护，以营造其摄取的超额薪酬是与其个人能力与努力程度等相匹配的假象。在信息不对称的背景下，借助超额薪酬与经营业绩敏感性的提高来，成为企业高管实施"结果正当性"薪酬辩护的重要方式（Faulkender and Yang，2010；谢德仁等，2012；罗宏等，2014）。因而，依据最优薪酬契约理论的研究视角，企业要进行薪酬辩护，需证明其超额薪酬的"结果正当性"。这主要可以通过把高管的超额薪酬与经营业绩更强地挂钩，即提高超额薪酬－业绩敏感性，以表明其摄取的超额薪酬是来自企业经营业绩的增长，即高管获取的超额薪酬是作为其个人努力或者才能驱动企业财富增长而获得的报酬所得，而非掠夺股东财富来满足自身私有收益的结果，以及并非是运气或垄断等其他因素所致而实现的。

按照上述薪酬辩护的逻辑，从超额薪酬－业绩敏感性的角度来看，当高管有着较强能力影响企业高管薪酬政策和方案制定时，会加重经营业绩在其薪酬契约中的重要性。在此背景下，企业高管会通过超额薪酬－业绩敏感性的提高，实施"结果正当性"的薪酬辩护。由于提高超额薪酬－业绩敏感性这一薪酬辩护方法符合主流委托代理理论以及最优薪酬契约理论关于高管激励机制设计的理论逻辑和经验常识，非常有助于高管为其所摄取的超额薪酬提供"结果正当性"的辩护理由，令薪酬委员会中的其他非高管委员（主要是独立董事）也难以拒绝。因而，当高管借助"结果正当性"的薪酬辩护为其摄取的超额薪酬寻求合理化的借口，实质上恰恰支持了管理层权力理论。

尽管基于管理层权力理论以及最优薪酬契约理论视角的理论分析可知，财务报告问询函能够加重企业高管的压力，有助于抑制企业高管的权力加大带来的不利影响，以及优化企业的信息环境（陈运森等，2019；李晓溪等，2019），进而会抑制高管借助超额薪酬－业绩敏感性的提升，实施"结果正当性"的薪酬辩护行为。

一方面，财务报告问询函能够抑制高管借助自身权力与影响，通过经营业绩的增长实施"结果正当性"的薪酬辩护。企业高管会根据自身的权力与影响，将薪酬水平过度依赖于短期经营业绩的增长，并能够影响董事会对其薪酬政策的制定与评价。尽管财务报告问询函并不是证券交易所的行政性处罚方式，但仍会对企业在资本市场中产生不利的影响（陈运森等，2018）。为此，当企业收到证券交易所出具的财务报告问询函，高管会面临较大的压力，甚至会导致高管变更（邓玮璐等，2020）。因而，若企业收到证券交易所出具的财务报告问询函后，高管会面临较大的压力，能够抑制其借助短期的经营业绩增加对其超额薪酬实施辩护的行为。

另一方面，财务报告问询函有助于改善企业的信息环境，能够抑制高管通过经营业绩增长实施薪酬辩护的行为。在信息不对称的经营环境中，将短期经营业绩的增长与高管薪酬相挂钩成为抑制高管摄取私有收益的重要手段之一（Jensen and Murphhy，1990；Faulkender and Yang，2010）。为此，通过促进短期经营业绩的增长，成为高管为其摄取超额薪酬实施"结果正当性"辩护的重要行为（谢德仁等，2012）。财务报告问询函能够抑制高管的盈余管理行为，抑制企业的信息不对称（陈运森等，2019）。鉴于此，财务报告问询函有助于抑制信息不对称性，缓解高管通过粉饰经营业绩实施"结果正当性"的薪酬辩护行为。为此，本章提出如下假设：

假设 6 - 1：财务报告问询函显著抑制了企业高管的超额薪酬 – 业绩敏感性。

### 6.1.2 国有产权性质在财务报告问询函对企业高管薪酬 辩护影响中调节效应的理论分析与研究假设

在一系列"限薪令"的制度约束下，国有企业高管具有较强的晋升动机（陈仕华等，2014），甚至会主动降低薪酬（步丹璐和王晓艳，2017）。这会使财务报告问询函对国有企业高管借助短期经营业绩的增长实施"结果正当性"的薪酬辩护行为的抑制作用更强。一方面，相对于非国有企业而言，国有企业高管可能会存在较强的晋升动机，导致国有企业高管更关注财务报告问询函的影响。相对于非国有企业而言，若国有企业一旦证券交易所发出财务报告问询函后，高管存在摄取超额薪酬的行为，且被发现后，则高管面对的压力则会更大。另一方面，相对于非国有企业而言，财务报告问询函对国有企业信息不对称性的影响更大，从而对超额薪酬的影响更强。尽管财务报告问询函是我国证券交易所出具的非行政性处罚的重要创新方式，但仍会对企业在资本市场上产生不利影响（陈运森等，2018）。为此，相对于非国有企业，国有企业一旦收到财务报告问询函，高管将面临更大的压力，会作出更详细的解释说明，从而对其获取超额薪酬的抑制作用更强。据此，本研究提出如下假设：

假设 6 - 2：相对于非国有企业而言，财务报告问询函对国有企业高管超额薪酬 – 业绩敏感性的抑制作用更强。

## 6.2 研究设计

本章的研究设计具体包括样本数据、变量定义以及模型设计，来进行验证本章的研究假设。

## 6.2.1　样本数据

样本数据筛选的方式与第 5 章的样本数据内容一致，因而，不做重复叙述。

## 6.2.2　变量定义

### 6.2.2.1　薪酬辩护的度量

本研究参考谢德仁等（2012）、罗宏等（2014）、张玮倩和乔明哲（2015）、程新生等（2015）、缪毅和胡奕明（2014，2016）、王东清和刘艳辉（2016）、吉利和吴萌（2016）、刘桂良和徐晓虹（2016）以及孙园园等（2017）的相关研究，以财务报告问询函的数量与超额薪酬－业绩敏感性之间的关系，来验证财务报告问询函是否加剧了企业高管实施"结果正当性"薪酬辩护的行为。

### 6.2.2.2　财务报告问询函的度量

财务报告问询函的度量方式与第 5 章的度量方式一致，因而，不做重复叙述。

### 6.2.2.3　调节变量

国有产权性质的度量方式与第 5 章的度量方式一致，因而，不做重复叙述。

### 6.2.2.4　控制变量

控制变量同第 5 章变量定义中的相关内容一致，因而不做重复叙述，本章变量具体如表 6 - 1 所示。

表 6 – 1                               **变量定义**

| 变量类型 | 变量名称 | 变量符号 | 具体定义 |
| --- | --- | --- | --- |
| 被解释变量 | 高管绝对薪酬 | $CEOpay$ | 企业前三名高管的薪酬总额取自然对数 |
| | 高管超额薪酬 | $Overpay$ | 高管的绝对薪酬与预期薪酬之差 |
| 解释变量 | 财务报告问询函 | $CLamu$ | $t$ 年收到的财务报告问询函总数加 1 取自然对数 |
| | | $CLqnum$ | $t$ 年收到财务报告问询函的问题数量加 1 取自然对数 |
| | | $CLleg$ | $t$ 年收到财务报告问询函的文本字符数量加 1 取自然对数 |
| 调节变量 | 国有产权性质 | $SOE$ | 样本企业为国有企业时，赋值为 1，否则，赋值为 0 |
| 控制变量 | 两职合一 | $DUAL$ | 若董事长与总经理为同一人，赋值为 1，否则，赋值为 0 |
| | 公司规模 | $SIZE$ | 上市公司当年总收入的自然对数 |
| | 财务杠杆 | $LEV$ | 负债账面价值与总资产账面价值之比 |
| | 第一大股东持股比例 | $TOP1$ | 第一大股东的持股比例 |
| | 资产收益率 | $ROA$ | 净利润/总资产 × 100% |
| | 成长性 | $Growth$ | (当期营业收入 – 上期营业收入)/上期营业收入 × 100% |
| | 独立董事比率 | $INDIR$ | 独立董事人数与董事会总人数之比 |
| | 高管持股比例 | $MRS$ | 高管持股数量与总股数之比 |
| | 董事会规模 | $BSIZE$ | 董事会董事人数的自然对数 |
| | 无形资产比 | $IA$ | 无形资产与总资产之比 |
| | 处罚性监管 | $Violate$ | 若受到监管处罚，赋值为 1，否则，赋值为 0 |
| | 审计意见 | $Opinion$ | 若财务报告的审计意见为"标准无保留意见"，赋值为 1，否则，赋值为 0 |
| | 行业虚拟变量 | $Industry$ | 依据 2012 年证监会行业分类，制造业细分至二级类，共计 21 个行业，故设 20 个虚拟变量 |
| | 年度虚拟变量 | $Year$ | 2014~2019 年度，故设 5 个虚拟变量 |

### 6.2.3 模型设计

本研究参考科尔等（Core et al., 2008）、罗宏等（2014）以及程新生等（2015）等相关研究，通过模型（6-1），考察财务报告问询函与超额薪酬-业绩敏感性的关系，验证假设6-1与假设6-2。模型（6-1）具体如下：

$$Overpay_{i,t} = \alpha_0 + \alpha_1 CLeters_{i,t} + \alpha_2 ROA_{i,t} + \alpha_3 CLeters_{i,t} \times ROA_{i,t} + \alpha_4 \sum Control$$
$$+ \sum Industry + \sum Year + \varepsilon \qquad (6-1)$$

其中，$CLeters_{i,t}$ 为 $i$ 公司第 $t$ 年的财务报告问询函变量的数量，$ROA_{i,t}$ 为 $i$ 公司第 $t$ 年的经营业绩，$CLeters_{i,t} \times ROA_{i,t}$ 为 $i$ 公司第 $t$ 年的财务报告问询函变量的数量与当期经营业绩的交乘项。同时，在上述模型中，$Control$ 为控制变量，在此基础上，均加入行业变量与年度变量进一步控制固定效应。

## 6.3 实证结果与分析

本节主要分析本章研究假设的检验结果，包括描述性统计分析、相关性系数与统计结果分析。

### 6.3.1 描述性统计分析

本章相关变量的统计性描述结果具体如表6-2所示。

表6-2　　　　　　　　　　　　描述性统计结果

| 变量 | 样本量 | 均值 | 标准差 | 最小值 | 25% | 中位数 | 75% | 最大值 |
|---|---|---|---|---|---|---|---|---|
| *Overpay* | 16382 | 0.012 | 0.559 | -1.344 | -0.351 | 0.007 | 0.360 | 1.483 |
| *CL* | 16382 | 0.073 | 0.223 | 0.000 | 0.000 | 0.000 | 0.000 | 1.609 |
| *CLleg* | 16382 | 0.719 | 2.292 | 0.000 | 0.000 | 0.000 | 0.000 | 8.690 |

续表

| 变量 | 样本量 | 均值 | 标准差 | 最小值 | 25% | 中位数 | 75% | 最大值 |
|---|---|---|---|---|---|---|---|---|
| CLRleg | 16382 | 0.800 | 2.700 | 0.000 | 0.000 | 0.000 | 0.000 | 10.50 |
| SOE | 16382 | 0.347 | 0.476 | 0.000 | 0.000 | 0.000 | 1.000 | 1.000 |
| DUAL | 16382 | 0.275 | 0.447 | 0.000 | 0.000 | 0.000 | 1.000 | 1.000 |
| SIZE | 16382 | 22.208 | 1.288 | 19.937 | 21.361 | 22.107 | 23.180 | 26.214 |
| LEV | 16382 | 0.423 | 0.202 | 0.060 | 0.261 | 0.412 | 0.572 | 0.891 |
| TOP1 | 16382 | 34.152 | 14.563 | 8.448 | 22.772 | 32.167 | 43.812 | 73.134 |
| ROA | 16382 | 0.036 | 0.061 | -0.276 | 0.014 | 0.035 | 0.065 | 0.191 |
| Growth | 16382 | 0.187 | 0.460 | -0.561 | -0.018 | 0.105 | 0.267 | 3.051 |
| INDIR | 16382 | 0.377 | 0.054 | 0.333 | 0.333 | 0.364 | 0.429 | 0.571 |
| MRS | 16382 | 0.072 | 0.137 | 0.000 | 0.000 | 0.002 | 0.069 | 0.598 |
| BSIZE | 16382 | 2.119 | 0.200 | 1.609 | 1.946 | 2.197 | 2.197 | 2.708 |
| IA | 16382 | 0.047 | 0.051 | 0.000 | 0.017 | 0.034 | 0.057 | 0.330 |
| Violate | 16382 | 0.135 | 0.342 | 0.000 | 0.000 | 0.000 | 0.000 | 1.000 |
| Opinion | 16382 | 0.028 | 0.166 | 0.000 | 0.000 | 0.000 | 0.000 | 1.000 |

## 6.3.2　相关性系数分析

本章变量 Pearson 相关性检验的结果如表 6-3 所示。

相关变量的统计特征已在第 5 章中分析，本章不再做重复描述。

## 6.3.3　统计结果分析

表 6-4 报告了对假设 6-1、假设 6-2 的检验结果，其中，被解释变量为 Overpay，解释变量分别为 CL、CLleg 和 CLRleg。第（1）~（3）列用于检验假设 6-1，第（4）~（9）列用于检验假设 6-2，具体如表 6-4 所示。

表 6 – 3　相关性系数分析

| 变量 | Overpay | CL | CLleg | CLReg | SOE | DUAL | SIZE | LEV | TOP1 | ROA | Growth | INDIR | MRS | BSIZE | IA | Violate | Opinion |
|---|---|---|---|---|---|---|---|---|---|---|---|---|---|---|---|---|---|
| Overpay | 1 | | | | | | | | | | | | | | | | |
| CL | -0.052 *** | 1 | | | | | | | | | | | | | | | |
| CLleg | -0.028 *** | 0.838 *** | 1 | | | | | | | | | | | | | | |
| CLReg | -0.021 *** | 0.792 *** | 0.944 *** | 1 | | | | | | | | | | | | | |
| SOE | -0.085 *** | -0.080 *** | -0.062 *** | -0.074 *** | 1 | | | | | | | | | | | | |
| DUAL | 0.044 *** | 0.011 | 0.015 * | 0.026 *** | -0.292 *** | 1 | | | | | | | | | | | |
| SIZE | 0.026 *** | -0.033 *** | -0.037 *** | -0.043 *** | 0.367 *** | -0.183 *** | 1 | | | | | | | | | | |
| LEV | -0.057 *** | 0.070 *** | 0.075 *** | 0.062 *** | 0.271 *** | -0.123 *** | 0.524 *** | 1 | | | | | | | | | |
| TOP1 | -0.055 *** | -0.101 *** | -0.095 *** | -0.099 *** | 0.246 *** | -0.044 *** | 0.204 *** | 0.071 *** | 1 | | | | | | | | |
| ROA | 0.173 *** | -0.172 *** | -0.194 *** | -0.189 *** | -0.077 *** | 0.040 *** | -0.002 | -0.338 *** | 0.124 *** | 1 | | | | | | | |
| Growth | -0.004 | -0.018 ** | -0.012 | -0.008 | -0.090 *** | 0.033 *** | 0.043 *** | 0.029 *** | -0.021 *** | 0.185 *** | 1 | | | | | | |
| INDIR | -0.040 *** | 0.033 *** | 0.040 *** | 0.036 *** | -0.057 *** | 0.117 *** | -0.009 | 0.001 | 0.035 *** | -0.034 *** | 0.004 | 1 | | | | | |
| MRS | 0.020 ** | -0.027 *** | -0.034 *** | -0.023 *** | -0.366 *** | 0.478 *** | -0.294 *** | -0.233 *** | -0.046 *** | 0.118 *** | 0.058 *** | 0.089 *** | 1 | | | | |
| BSIZE | 0.044 *** | -0.060 *** | -0.061 *** | -0.059 *** | 0.260 *** | -0.183 *** | 0.270 *** | 0.138 *** | 0.032 *** | 0.030 *** | -0.023 *** | -0.574 *** | -0.161 *** | 1 | | | |
| IA | -0.006 | -0.011 | -0.006 | -0.008 | 0.065 *** | -0.045 *** | 0.020 *** | -0.007 | 0.021 *** | -0.048 *** | -0.01 | -0.019 *** | -0.055 *** | 0.057 *** | 1 | | |
| Violate | -0.028 *** | 0.146 *** | 0.164 *** | 0.158 *** | -0.037 *** | 0.009 | -0.016 ** | 0.082 *** | -0.074 *** | -0.136 *** | -0.020 *** | -0.001 | -0.035 *** | -0.004 | 0.015 * | 1 | |
| Opinion | -0.025 *** | 0.173 *** | 0.192 *** | 0.188 *** | -0.042 *** | -0.004 | -0.056 *** | 0.119 *** | -0.082 *** | -0.285 *** | -0.053 *** | 0.014 *** | -0.033 *** | -0.030 *** | 0.014 *** | 0.125 *** | 1 |

注：***、**和*分别表示在1%、5%和10%的水平上显著。

表 6-4 模型（6-1）的回归结果

| 变量 | Overpay | | | | | | | | |
|------|---------|---------|---------|---------|---------|---------|---------|---------|---------|
|      | (1) | (2) | (3) | (4) | (5) | (6) | (7) | (8) | (9) |
|      | 全样本 | | | 非国有企业组 | | | 国有企业组 | | |
| $CL$ | −0.118***<br>(−5.12) | | | −0.117***<br>(−4.35) | | | −0.150***<br>(−3.44) | | |
| $CL \times ROA$ | −1.182***<br>(−4.59) | | | −0.776***<br>(−2.79) | | | −1.755***<br>(−2.67) | | |
| $CLleg$ | | −0.005**<br>(−1.97) | | | −0.004*<br>(−1.75) | | | −0.009**<br>(−1.98) | |
| $CLleg \times ROA$ | | −0.182***<br>(−6.54) | | | −0.102***<br>(−4.59) | | | −0.221***<br>(−3.08) | |
| $CLRleg$ | | | −0.004*<br>(−1.72) | | | −0.003<br>(−1.31) | | | −0.005*<br>(−1.85) |
| $CLRleg \times ROA$ | | | −0.147***<br>(−6.48) | | | −0.091***<br>(−4.68) | | | −0.161**<br>(−2.49) |
| $ROA$ | 1.784***<br>(13.45) | 1.910***<br>(14.42) | 1.912***<br>(14.40) | 1.473***<br>(9.69) | 1.619***<br>(10.61) | 1.623***<br>(10.61) | 2.326***<br>(9.56) | 2.367***<br>(9.75) | 2.362***<br>(9.71) |
| $SOE$ | −0.113***<br>(−4.96) | −0.109***<br>(−4.78) | −0.109***<br>(−4.76) | | | | | | |
| $DUAL$ | 0.058***<br>(3.02) | 0.058***<br>(3.04) | 0.058***<br>(3.04) | 0.051**<br>(2.35) | 0.052**<br>(2.39) | 0.052**<br>(2.39) | 0.051<br>(1.34) | 0.051<br>(1.33) | 0.051<br>(1.31) |
| $SIZE$ | 0.028***<br>(2.87) | 0.028***<br>(2.90) | 0.028***<br>(2.91) | 0.067***<br>(5.04) | 0.068***<br>(5.08) | 0.068***<br>(5.09) | 0.001<br>(0.10) | 0.002<br>(0.12) | 0.002<br>(0.14) |
| $LEV$ | −0.039<br>(−0.73) | −0.038<br>(−0.72) | −0.037<br>(−0.70) | −0.003<br>(−0.04) | −0.001<br>(−0.02) | −0.000<br>(−0.00) | −0.206**<br>(−2.52) | −0.212***<br>(−2.59) | −0.214***<br>(−2.62) |
| $TOP1$ | −0.003***<br>(−4.54) | −0.003***<br>(−4.56) | −0.003***<br>(−4.56) | −0.001<br>(−0.94) | −0.001<br>(−0.98) | −0.001<br>(−0.99) | −0.005***<br>(−4.63) | −0.005***<br>(−4.58) | −0.005***<br>(−4.56) |
| $Growth$ | −0.058***<br>(−4.91) | −0.059***<br>(−4.98) | −0.060***<br>(−5.01) | −0.071***<br>(−4.83) | −0.072***<br>(−4.90) | −0.073***<br>(−4.92) | −0.038*<br>(−1.94) | −0.038**<br>(−1.97) | −0.038**<br>(−1.98) |

续表

| 变量 | Overpay | | | | | | | | |
|---|---|---|---|---|---|---|---|---|---|
| | (1) | (2) | (3) | (4) | (5) | (6) | (7) | (8) | (9) |
| | 全样本 | | | 非国有企业组 | | | 国有企业组 | | |
| INDIR | −0.150 (−0.85) | −0.157 (−0.89) | −0.151 (−0.86) | 0.323 (1.35) | 0.309 (1.29) | 0.314 (1.32) | −0.382 (−1.58) | −0.383 (−1.57) | −0.378 (−1.55) |
| MRS | −0.126** (−1.97) | −0.125* (−1.95) | −0.123* (−1.92) | −0.049 (−0.74) | −0.047 (−0.70) | −0.046 (−0.70) | 1.918*** (2.73) | 1.870*** (2.67) | 1.872*** (2.66) |
| BSIZE | 0.116** (2.16) | 0.121** (2.23) | 0.120** (2.22) | 0.215*** (2.95) | 0.217*** (2.98) | 0.216*** (2.96) | 0.050 (0.66) | 0.055 (0.72) | 0.056 (0.73) |
| IA | 0.063 (0.35) | 0.065 (0.36) | 0.066 (0.36) | 0.135 (0.53) | 0.132 (0.52) | 0.132 (0.52) | 0.035 (0.14) | 0.041 (0.16) | 0.044 (0.18) |
| Violate | −0.017 (−1.20) | −0.023 (−1.61) | −0.024* (−1.69) | −0.016 (−0.91) | −0.024 (−1.37) | −0.023 (−1.35) | −0.040* (−1.75) | −0.042* (−1.82) | −0.045* (−1.94) |
| Opinion | 0.072 (1.63) | 0.047 (1.05) | 0.050 (1.13) | 0.119** (2.35) | 0.089* (1.73) | 0.092* (1.78) | −0.066 (−0.92) | −0.073 (−1.01) | −0.068 (−0.95) |
| 常数项 | −0.686 (−1.42) | −0.686** (−2.39) | −0.691** (−2.40) | −1.723*** (−5.67) | −1.476*** (−3.85) | −1.479*** (−3.86) | 0.654** (1.99) | 0.635* (1.92) | 0.625* (1.89) |
| Industry | Control | Control | Control | Control | Control | Control | Control | Control | Control |
| Year | Control | Control | Control | Control | Control | Control | Control | Control | Control |
| 样本数 | 16382 | 16382 | 16382 | 10699 | 10699 | 10699 | 5683 | 5683 | 5683 |
| R-squared | 0.054 | 0.056 | 0.056 | 0.063 | 0.064 | 0.064 | 0.110 | 0.110 | 0.109 |

注：***、**、*分别表示在1%、5%和10%的水平上显著；括号内的数据为 t 值；第（4）列与第（7）列的 $CL \times ROA$ 回归系数的 t 值比较：$chi^2 = 17.186$，$Prob > chi^2 = 0.000$；第（5）列与第（8）列的 $CLleg \times ROA$ 回归系数的 t 值比较：$chi^2 = 19.372$，$Prob > chi^2 = 0.000$；第（6）列与第（9）列的 $CLRleg \times ROA$ 回归系数的 t 值比较：$chi^2 = 19.139$，$Prob > chi^2 = 0.000$。

由表6-4可知，财务报告问询函能够显著抑制企业高管借助超额薪酬-业绩敏感性实现"结果正当性"的薪酬辩护行为，即验证了进一步检验的假设6-1的研究内容；同时，相对于非国有企业而言，财务报告问询函对国有企业高管通过提升经营业绩实施"结果正当性"薪酬辩护行为的抑制作用更强。具体而言，表6-4的第（1）~（3）列中，财务报告问询函与经营业绩的交乘项（$CL \times ROA$、$CLleg \times ROA$ 和 $CLRleg \times ROA$）的回归系数分别为-1.182、-0.182与-0.147，且均在1%的水平上显著，回归结果表明财务报告问询函显著抑制了高管借助超额薪酬-业绩敏感性实现"结果正当性"的薪酬辩护行为。

上述研究结果支持假设6-1的研究内容。回归结果表明财务报告问询函能够抑制高管借助自身权力与影响，通过经营业绩的增长实施"结果正当性"的薪酬辩护。尽管财务报告问询函并不是证券交易所的行政性处罚方式，但仍会对企业在资本市场中产生不利的影响（陈运森等，2018），从而加重高管所面临的压力，甚至会导致高管变更（邓玮璐等，2020）。而企业高管会根据自身的权力与影响，将薪酬水平过度依赖于短期经营业绩的增长，并能够影响董事会对其薪酬政策的制定与评价。因而，若企业收到证券交易所出具的财务报告问询函后，高管会面临较大的压力，能够抑制其借助短期的经营业绩增加对其超额薪酬实施辩护的行为。同时，财务报告问询函有助于改善企业的信息环境。在信息不对称的经营环境中，将短期经营业绩的增长与高管薪酬相挂钩成为抑制高管摄取私有收益的重要手段之一（Faulkender and Yang，2010）。这为高管通过促进短期经营业绩的增长，实施"结果正当性"的薪酬辩护提供机会与借口（谢德仁等，2012）。财务报告问询函能够抑制高管的盈余管理行为，抑制企业的信息不对称（陈运森等，2019），从而缓解高管通过粉饰经营业绩实施"结果正当性"的薪酬辩护行为。

在此基础上，表6-4的第（4）~（9）列中，财务报告问询函与经营业绩的交乘项（$CL \times ROA$、$CLleg \times ROA$ 和 $CLRleg \times ROA$）的回归系数分别为-0.776、-0.102、-0.091、-1.755、-0.221 和-0.161，且分别在5%或1%的水平上显著。其中，第（4）~（6）列的回归系数分别显著小于第（7）~（9）列中的回归系数。回归结果表明相对于非国有企业而言，财务报告问询函对国有企业高管超额薪酬-业绩敏感性的抑制作用更强，即国有产权性质在财务报告问询函抑制高管通过经营业绩的提升实施"结果正当性"薪酬辩护行为的影响中存在显著的正向调节效应，支持了假设6-2的研究内容。上述回归结果印证了在一系列"限薪令"的制度约束下，财务报告问询函对国有企业高管借助短期经营业绩的增长实施"结果正当性"的薪酬辩护行为的抑制作用更强。其诱因在于相对于非国有企业而言，国有企业高管可能会存在较强的晋升动机，导致国有企业高管更关注财务报告问询函的影响。在一系列"限薪令"的薪酬制度下，若国有企业一旦收到证券交易所发出的财务报告问询函后，若高管存在摄取超额薪酬的行为，且被发现后，则高管面对的压力则会更大。同时，相对于非国有企业而言，财务报告问询函对国有企业信息不对称性的影响更大，从而对超额薪酬的影响更强。尽管财务报告问询函是我国证券交易所出具的非行政性处罚的重要创新方式，但仍会对企业在资本市场上产生不利影响（陈运森等，2018）。这会导致国有企业一旦收到财务报告问询函，将加大高管所面临的压力，从而对其获取超额薪酬的抑制作用更强。

在控制变量方面，表 6 - 4 的第（1）列与第（2）列中，变量 *DUAL* 的系数均在 1% 的水平上显著大于零，变量 *SIZE* 的系数均在 1% 的水平上大于零。上述回归结果表明企业总经理与董事长两职合一、董事会规模越大以及规模越大，企业高管越容易实施"结果正当性"的薪酬辩护，进而与现有相关结论一致。具体而言，总经理与董事长两职合一则显著加剧企业高管的权力，从而为其实施"结果正当性"的薪酬辩护提供了机会。企业董事会规模的扩大显著加剧企业高管实施"结果正当性"的薪酬辩护，则可能是在中国企业特有的高管职业市场与关系文化中，在高管薪酬契约制定与执行过程中，董事会成员反而会避免与企业高管发生冲突，而对高管实施"结果正当性"的薪酬辩护行为不发表意见。企业的规模越大，企业成员高管与最终控制人之间的信息对称程度也会加大，企业的信息环境也会更加复杂，进而加剧其实施"结果正当性"的薪酬辩护的行为。

# 6.4 稳健性检验

为了增强文章研究设计的严谨性，参考现有相关研究，本章从以下方面进行稳健性检验。

### 6.4.1 变更超额薪酬的度量方式

为了进一步强化对超额薪酬指标的度量，本章借助虚拟变量的度量指标（变量 *Over*），并以 Probit 回归的方式，借助模型（4），重新检验本章的研究假设，相关回归结果进一步支持了假设 6 - 1 以及假设 6 - 2 的内容，相关结果具体如表 6 - 5 所示。

表 6 - 5　　　　　　　　　　　模型（6 - 1）的 Probit 回归结果

| 变量 | *Over* | | | | | | | | |
|---|---|---|---|---|---|---|---|---|---|
| | （1） | （2） | （3） | （4） | （5） | （6） | （7） | （8） | （9） |
| | 全样本 | | | 非国有企业组 | | | 国有企业组 | | |
| *CL* | - 0. 280 *** <br>（ - 3. 52） | | | - 0. 272 *** <br>（ - 2. 96） | | | - 0. 437 ** <br>（ - 2. 50） | | |
| *CL × ROA* | - 4. 034 *** <br>（ - 4. 46） | | | - 2. 406 ** <br>（ - 2. 49） | | | - 6. 008 * <br>（ - 1. 82） | | |
| *CLleg* | | - 0. 014 * <br>（ - 1. 76） | | | - 0. 010 <br>（ - 1. 01） | | | - 0. 031 * <br>（ - 1. 86） | |
| *CLleg × ROA* | | - 0. 647 *** <br>（ - 7. 42） | | | - 0. 471 *** <br>（ - 4. 98） | | | - 0. 917 *** <br>（ - 3. 38） | |
| *CLRleg* | | | - 0. 011 <br>（ - 1. 64） | | | 1. 107 <br>（0. 72） | | | - 1. 107 * <br>（ - 1. 72） |
| *CLRleg × ROA* | | | - 0. 526 *** <br>（ - 7. 34） | | | 0. 219 <br>（0. 57） | | | - 0. 219 ** <br>（ - 2. 07） |
| *SOE* | - 0. 391 *** <br>（ - 9. 56） | - 0. 378 *** <br>（ - 9. 26） | - 0. 378 *** <br>（ - 9. 23） | | | | | | |
| *ROA* | 5. 316 *** <br>（15. 58） | 5. 826 *** <br>（16. 61） | 5. 827 *** <br>（16. 61） | 4. 040 *** <br>（10. 54） | 3. 912 *** <br>（3. 07） | 3. 457 *** <br>（3. 08） | 8. 748 *** <br>（11. 30） | 8. 264 *** <br>（2. 77） | 8. 913 *** <br>（11. 51） |
| *DUAL* | 0. 185 *** <br>（4. 48） | 0. 187 *** <br>（4. 50） | 0. 187 *** <br>（4. 50） | 0. 139 *** <br>（3. 00） | 0. 158 *** <br>（6. 85） | 0. 158 *** <br>（6. 85） | 0. 270 *** <br>（2. 83） | - 0. 028 <br>（ - 1. 01） | 0. 263 *** <br>（2. 75） |

续表

| 变量 | Over | | | | | | | | |
|---|---|---|---|---|---|---|---|---|---|
| | (1) | (2) | (3) | (4) | (5) | (6) | (7) | (8) | (9) |
| | 全样本 | | | 非国有企业组 | | | 国有企业组 | | |
| SIZE | 0.041** (2.45) | 0.041** (2.45) | 0.041** (2.46) | 0.158*** (6.84) | −0.046 (−0.34) | −0.043 (−0.31) | −0.028 (−1.03) | −0.749*** (−3.86) | −0.027 (−1.00) |
| LEV | −0.205* (−1.89) | −0.188* (−1.74) | −0.185* (−1.70) | −0.065 (−0.48) | −0.004*** (−2.83) | −0.004*** (−2.86) | −0.738*** (−3.80) | −0.017*** (−8.42) | −0.749*** (−3.86) |
| TOP1 | −0.011*** (−9.05) | −0.011*** (−9.14) | −0.011*** (−9.15) | −0.004*** (−2.68) | 4.584*** (11.59) | 4.576*** (11.58) | −0.018*** (−8.52) | 8.899*** (11.49) | −0.017*** (−8.40) |
| Growth | −0.138*** (−3.81) | −0.141*** (−3.88) | −0.142*** (−3.91) | −0.190*** (−4.36) | −0.194*** (−4.44) | −0.195*** (−4.45) | −0.056 (−0.80) | −0.056 (−0.81) | −0.056 (−0.81) |
| INDIR | −0.679* (−1.83) | −0.700* (−1.88) | −0.681* (−1.83) | 0.585 (1.18) | 0.546 (1.10) | 0.568 (1.14) | −1.412** (−2.32) | −1.407** (−2.31) | −1.403** (−2.31) |
| MRS | −0.557*** (−3.92) | −0.563*** (−3.94) | −0.560*** (−3.92) | −0.252* (−1.71) | −0.256* (−1.73) | −0.257* (−1.74) | 8.701*** (3.88) | 8.474*** (3.80) | 8.460*** (3.79) |
| BSIZE | 0.362*** (3.42) | 0.374*** (3.52) | 0.371*** (3.50) | 0.586*** (4.11) | 0.593*** (4.15) | 0.590*** (4.12) | 0.254 (1.49) | 0.268 (1.57) | 0.270 (1.58) |
| IA | −0.171 (−0.52) | −0.169 (−0.51) | −0.166 (−0.50) | 0.209 (0.43) | 0.200 (0.41) | 0.201 (0.42) | −0.446 (−0.92) | −0.442 (−0.91) | −0.433 (−0.89) |
| Violate | −0.053 (−1.11) | −0.067 (−1.38) | −0.067 (−1.39) | −0.053 (−0.91) | −0.072 (−1.24) | −0.069 (−1.18) | −0.129 (−1.44) | −0.131 (−1.46) | −0.138 (−1.54) |
| Opinion | 0.151 (1.44) | 0.072 (0.68) | 0.085 (0.80) | 0.309** (2.56) | 0.221* (1.80) | 0.236* (1.93) | −0.534** (−2.06) | −0.568** (−2.19) | −0.559** (−2.16) |
| Industry | Control | Control | Control | Control | Control | Control | Control | Control | Control |
| Year | Control | Control | Control | Control | Control | Control | Control | Control | Control |
| 常数项 | −1.002** (−2.13) | −1.020** (−2.15) | −1.028** (−2.17) | −4.935*** (−7.18) | −4.958*** (−7.20) | −4.958*** (−7.20) | 1.328* (1.89) | 1.324* (1.86) | 1.308* (1.84) |
| 样本数 | 16382 | 16382 | 16382 | 10699 | 10699 | 10699 | 5683 | 5682 | 5682 |
| Psendo $R^2$ | 0.031 | 0.037 | 0.033 | 0.039 | 0.030 | 0.041 | 0.035 | 0.045 | 0.033 |

注：***、**、*分别表示在1%、5%和10%的水平上显著；括号内的数据为 t 值；第（4）列与第（7）列的 $CL \times ROA$ 回归系数的 t 值比较：$chi^2 = 23.204$，$Prob > chi^2 = 0.000$；第（5）列与第（8）列的 $CL$-$leg \times ROA$ 回归系数的 t 值比较：$chi^2 = 19.392$，$Prob > chi^2 = 0.000$。

在表 6 - 5 的第（1）~（3）列中，财务报告问询函与经营业绩的交乘项（ $CL \times ROA$ 、 $CLleg \times ROA$ 和 $CLRleg \times ROA$ ）的回归系数分别为 - 4.034、- 0.647 和 - 0.526，且均在 1% 的水平上显著，回归结果表明财务报告问询函显著抑制了高管借助超额薪酬 - 业绩敏感性实现"结果正当性"的薪酬辩护行为。

在表 6 - 5 的第（4）~（9）列中，财务报告问询函与经营业绩的交乘项（ $CL \times ROA$ 、 $CLleg \times ROA$ 和 $CLRleg \times ROA$ ）的回归系数分别为 - 2.406、- 0.471、0.219、- 6.008、- 0.917 和 - 0.219，除第（6）列的回归系数并不显著，其他列的回归系数分别在 1%、5% 和 10% 的水平上显著。其中，第（3）列与第（4）列中财务报告问询函与经营业绩的交乘项的回归系数分别显著小于第（7）列与第（8）列中的回归系数。上述回归结果表明相对于非国有企业而言，财务报告问询函对国有企业高管超额薪酬 - 业绩敏感性的抑制作用更强。

### 6.4.2　变换财务报告问询函的度量指标

为进一步加强对财务报告问询函的度量，本章参考张俊生等（2018）等相关文献的研究方法，形成新的变量指标（变量 $WXH$ ），若当年样本企业收到证券交易所出具的财务报告问询函则取值 1，否则取值为 0。在此基础上，借助模型（3）重新检验假设 6 - 1 与假设 6 - 2 的研究内容，相关结果具体如表 6 - 6 所示。

表 6 - 6　　　　模型（6 - 1）的变更变量的回归结果

| 变量 | Over | | |
| --- | --- | --- | --- |
| | (1) | (2) | (3) |
| | 全样本 | 非国有企业组 | 国有企业组 |
| $WXH$ | - 0.088 *** <br> ( - 5.10) | - 0.087 *** <br> ( - 4.28) | - 0.110 *** <br> ( - 3.48) |
| $WXH \times ROA$ | - 0.844 *** <br> ( - 4.07) | - 0.532 ** <br> ( - 2.32) | - 1.256 *** <br> ( - 2.61) |

续表

| 变量 | Over | | |
| --- | --- | --- | --- |
| | （1） | （2） | （3） |
| | 全样本 | 非国有企业组 | 国有企业组 |
| SOE | -0.114 *** <br> （-4.96） | | |
| ROA | 1.776 *** <br> （13.40） | 1.463 *** <br> （9.62） | 2.329 *** <br> （9.56） |
| DUAL | 0.058 *** <br> （3.02） | 0.051 ** <br> （2.35） | 0.051 <br> （1.33） |
| SIZE | 0.028 *** <br> （2.88） | 0.067 *** <br> （5.06） | 0.001 <br> （0.10） |
| LEV | -0.039 <br> （-0.74） | -0.003 <br> （-0.05） | -0.206 ** <br> （-2.52） |
| TOP1 | -0.003 *** <br> （-4.54） | -0.001 <br> （-0.93） | -0.005 *** <br> （-4.64） |
| Growth | -0.058 *** <br> （-4.90） | -0.071 *** <br> （-4.83） | -0.037 * <br> （-1.94） |
| INDIR | -0.150 <br> （-0.85） | 0.324 <br> （1.36） | -0.384 <br> （-1.58） |
| MRS | -0.126 ** <br> （-1.96） | -0.049 <br> （-0.74） | 1.915 *** <br> （2.73） |
| BSIZE | 0.116 ** <br> （2.14） | 0.215 *** <br> （2.95） | 0.050 <br> （0.65） |
| IA | 0.061 <br> （0.34） | 0.133 <br> （0.52） | 0.034 <br> （0.13） |
| Violate | -0.017 <br> （-1.18） | -0.016 <br> （-0.90） | -0.040 * <br> （-1.74） |
| Opinion | 0.073 * <br> （1.67） | 0.120 ** <br> （2.39） | -0.066 <br> （-0.92） |

续表

| 变量 | Over | | |
|---|---|---|---|
| | （1） | （2） | （3） |
| | 全样本 | 非国有企业组 | 国有企业组 |
| 常数项 | − 0. 688<br>（− 1. 09） | − 1. 729 ***<br>（− 5. 69） | 0. 656 **<br>（2. 00） |
| *Industry* | Control | Control | Control |
| *Year* | Control | Control | Control |
| 样本数 | 16382 | 10699 | 5683 |
| R-squared | 0. 054 | 0. 062 | 0. 110 |

注：***、**、*分别表示在 1%、5% 和 10% 的水平上显著；括号内的数据为 t 值；第（2）列与第（3）列的 $CL \times ROA$ 回归系数的 t 值比较：$chi^2 = 22.304$，$Prob > chi^2 = 0.000$。

在表 6 - 6 的第（1）列中，财务报告问询函与经营业绩的交乘项（$WXH \times ROA$）的回归系数分别为 − 0. 844，且在 1% 的水平上显著，回归结果表明财务报告问询函显著抑制了高管借助超额薪酬 - 业绩敏感性实现"结果正当性"的薪酬辩护行为。

在表 6 - 6 的第（2）列与第（3）列中，财务报告问询函与经营业绩的交乘项（$WXH \times ROA$）的回归系数分别为 − 0. 532 和 − 1. 256，且分别在 5% 或 1% 的水平上显著。其中，第（2）列的回归系数分别显著小于第（3）列的回归系数。上述回归结果表明相对于非国有企业而言，财务报告问询函对国有企业高管超额薪酬 - 业绩敏感性的抑制作用更强。

### 6.4.3  降低内生性问题

本研究参考陈运森等（2018，2019）以及李晓溪等（2019）等文章的研究方法，运用 PSM 研究方法，重新相关结果具体如表 6 - 7 所示。

表 6 - 7　　　　　　　　　　　　　　PSM 回归结果

| 变量 | Overpay | | | | | | | | |
|---|---|---|---|---|---|---|---|---|---|
| | (1) | (2) | (3) | (4) | (5) | (6) | (7) | (8) | (9) |
| | 全样本 | | | 非国有企业组 | | | 国有企业组 | | |
| $CL$ | -0.149***<br>(-4.56) | | | -0.093***<br>(-4.30) | | | -0.160**<br>(-2.26) | | |
| $CL \times ROA$ | -0.130**<br>(-2.31) | | | 0.031<br>(0.07) | | | -0.201**<br>(-2.10) | | |
| $CLleg$ | | -0.007*<br>(-1.82) | | | -0.006<br>(-1.41) | | | -0.009*<br>(-1.71) | |
| $CLleg \times ROA$ | | -0.112**<br>(-2.47) | | | -0.102<br>(-1.14) | | | -0.148*<br>(-1.85) | |
| $CLRleg$ | | | -0.006*<br>(-1.91) | | | -0.006<br>(-1.57) | | | -0.007<br>(-0.98) |
| $CLRleg \times ROA$ | | | -0.091**<br>(-2.50) | | | -0.084<br>(-1.20) | | | -0.127**<br>(-2.09) |
| $ROA$ | 1.095***<br>(4.94) | 1.333***<br>(6.21) | 1.343***<br>(6.22) | 0.852***<br>(3.51) | 1.149***<br>(4.88) | 1.159***<br>(4.89) | 2.437***<br>(4.68) | 2.503***<br>(4.82) | 2.495***<br>(4.82) |
| $SOE$ | -0.178***<br>(-6.85) | -0.162***<br>(-6.27) | -0.162***<br>(-6.27) | | | | | | |
| $DUAL$ | 0.030<br>(1.25) | 0.032<br>(1.33) | 0.032<br>(1.34) | 0.021<br>(0.81) | 0.024<br>(0.90) | 0.024<br>(0.91) | 0.024<br>(0.44) | 0.022<br>(0.41) | 0.022<br>(0.42) |
| $SIZE$ | 0.042***<br>(3.96) | 0.042***<br>(3.92) | 0.042***<br>(3.94) | 0.069***<br>(4.92) | 0.068***<br>(4.85) | 0.068***<br>(4.86) | 0.018<br>(1.12) | 0.021<br>(1.27) | 0.021<br>(1.28) |
| $LEV$ | -0.077<br>(-1.14) | -0.084<br>(-1.23) | -0.084<br>(-1.23) | -0.032<br>(-0.37) | -0.039<br>(-0.46) | -0.039<br>(-0.45) | -0.198*<br>(-1.77) | -0.217*<br>(-1.92) | -0.217*<br>(-1.92) |
| $TOP1$ | -0.003***<br>(-4.31) | -0.003***<br>(-4.16) | -0.003***<br>(-4.17) | -0.002*<br>(-1.68) | -0.001<br>(-1.53) | -0.001<br>(-1.54) | -0.005***<br>(-4.26) | -0.005***<br>(-4.21) | -0.005***<br>(-4.21) |
| $Growth$ | 0.018<br>(0.57) | 0.019<br>(0.58) | 0.019<br>(0.58) | -0.008<br>(-0.21) | -0.006<br>(-0.17) | -0.006<br>(-0.17) | 0.074<br>(1.16) | 0.072<br>(1.13) | 0.072<br>(1.13) |

续表

| 变量 | Overpay | | | | | | | | |
| | (1) | (2) | (3) | (4) | (5) | (6) | (7) | (8) | (9) |
| | 全样本 | | | 非国有企业组 | | | 国有企业组 | | |
|---|---|---|---|---|---|---|---|---|---|
| INDIR | -0.282 | -0.279 | -0.279 | 0.141 | 0.132 | 0.133 | -0.502 | -0.516 | -0.517 |
| | (-1.22) | (-1.21) | (-1.21) | (0.46) | (0.43) | (0.44) | (-1.43) | (-1.47) | (-1.47) |
| MRS | -0.048 | -0.036 | -0.036 | 0.018 | 0.031 | 0.030 | 2.115*** | 1.975** | 1.972** |
| | (-0.59) | (-0.44) | (-0.45) | (0.22) | (0.37) | (0.36) | (2.68) | (2.54) | (2.53) |
| BSIZE | 0.045 | 0.048 | 0.046 | 0.122 | 0.125 | 0.124 | -0.011 | -0.018 | -0.018 |
| | (0.68) | (0.71) | (0.70) | (1.38) | (1.41) | (1.39) | (-0.11) | (-0.18) | (-0.18) |
| IA | -0.032 | -0.002 | -0.004 | -0.278 | -0.228 | -0.230 | 0.283 | 0.299 | 0.299 |
| | (-0.14) | (-0.01) | (-0.02) | (-0.85) | (-0.70) | (-0.71) | (0.89) | (0.94) | (0.94) |
| Violate | 0.025 | 0.016 | 0.017 | 0.023 | 0.012 | 0.013 | -0.000 | -0.005 | -0.005 |
| | (0.82) | (0.52) | (0.54) | (0.67) | (0.34) | (0.37) | (-0.00) | (-0.09) | (-0.09) |
| Opinion | 0.023 | -0.020 | -0.019 | 0.020 | -0.028 | -0.027 | 0.143 | 0.126 | 0.128 |
| | (0.36) | (-0.32) | (-0.31) | (0.30) | (-0.42) | (-0.40) | (0.90) | (0.75) | (0.76) |
| 常数项 | -0.492* | -0.569* | -0.568* | -1.364*** | -1.321*** | -1.322*** | -0.074 | -0.109 | -0.109 |
| | (-1.89) | (-1.73) | (-1.73) | (-3.89) | (-3.68) | (-3.69) | (-0.16) | (-0.24) | (-0.24) |
| Industry | Control | Control | Control | Control | Control | Control | Control | Control | Control |
| Year | Control | Control | Control | Control | Control | Control | Control | Control | Control |
| 样本数 | 3181 | 3181 | 3181 | 2195 | 2195 | 2195 | 986 | 986 | 986 |
| R-squared | 0.059 | 0.055 | 0.056 | 0.063 | 0.058 | 0.058 | 0.105 | 0.103 | 0.103 |

在表6-7的第（1）~（3）列中，财务报告问询函与经营业绩的交乘项（$CL \times ROA$、$CLleg \times ROA$ 和 $CLRleg \times ROA$）的回归系数分别为 -0.130、-0.112 和 -0.091，且均在5%的水平上显著，回归结果表明财务报告问询函显著抑制了高管借助超额薪酬-业绩敏感性实现"结果正当性"的薪酬辩护行为。

在表6-7的第（4）~（9）列中，财务报告问询函与经营业绩的交乘项（$CL \times ROA$、$CLleg \times ROA$ 和 $CLRleg \times ROA$）的回归系数分别为 0.031、

-0.102、-0.084、-0.201、-0.148 和 -0.127，但第（4）~（6）列的回归系数并不显著，而第（7）~（9）列的回归系数均分别在 5% 或 10% 的水平上显著。上述回归结果表明相对于非国有企业而言，财务报告问询函对国有企业高管超额薪酬-业绩敏感性的抑制作用更强。

## 6.4.4 变更样本量

为进一步提升研究设计的严谨性，本章参考陈运森等（2019）以及李晓溪等（2019）等相关文献的研究方法，剔除季报与半年报等财务报告问询函，重新借助模型（5-3）重新检验假设 6-1 以及假设 6-2 的假设内容，相关结果具体如表 6-8 所示。

表 6-8　　　　　　　　　　变更样本量的回归结果

| 变量 | *Overpay* | | | | | | | | |
| --- | --- | --- | --- | --- | --- | --- | --- | --- | --- |
| | （1） | （2） | （3） | （4） | （5） | （6） | （7） | （8） | （9） |
| | 全样本 | | | 非国有企业组 | | | 国有企业组 | | |
| *CL* | -0.125 *** (-5.43) | | | -0.123 *** (-4.56) | | | -0.154 *** (-3.51) | | |
| *CL × ROA* | -1.079 *** (-4.08) | | | -0.692 ** (-2.44) | | | -1.727 ** (-2.50) | | |
| *CLleg* | | -0.006 ** (-2.16) | | | -0.004 (-1.37) | | | -0.010 ** (-2.04) | |
| *CLleg × ROA* | | -0.175 *** (-6.18) | | | -0.105 *** (-4.34) | | | -0.222 *** (-3.04) | |
| *CLRleg* | | | -0.004 * (-1.77) | | | -0.004 (-1.41) | | | -0.005 * (-1.70) |
| *CLRleg × ROA* | | | -0.141 *** (-6.14) | | | -0.093 *** (-4.46) | | | -0.160 ** (-2.43) |
| *ROA* | 1.720 *** (12.59) | 1.865 *** (13.64) | 1.866 *** (13.61) | 1.410 *** (9.13) | 1.573 *** (10.11) | 1.578 *** (10.11) | 2.318 *** (8.94) | 2.373 *** (9.23) | 2.361 *** (9.16) |

续表

| 变量 | Overpay | | | | | | | | |
|---|---|---|---|---|---|---|---|---|---|
| | (1) | (2) | (3) | (4) | (5) | (6) | (7) | (8) | (9) |
| | 全样本 | | | 非国有企业组 | | | 国有企业组 | | |
| *SOE* | −0.124*** | −0.119*** | −0.119*** | | | | | | |
| | (−5.34) | (−5.14) | (−5.12) | | | | | | |
| *DUAL* | 0.054*** | 0.054*** | 0.054*** | 0.047** | 0.048** | 0.049** | 0.041 | 0.044 | 0.043 |
| | (2.74) | (2.77) | (2.76) | (2.11) | (2.10) | (2.07) | (1.15) | (1.12) | (1.10) |
| *SIZE* | 0.025** | 0.026*** | 0.026*** | 0.060*** | 0.061*** | 0.061*** | 0.002 | 0.003 | 0.003 |
| | (2.57) | (2.63) | (2.64) | (4.53) | (4.59) | (4.59) | (0.15) | (0.18) | (0.20) |
| *LEV* | −0.021 | −0.022 | −0.021 | 0.030 | 0.030 | 0.031 | −0.207** | −0.215** | −0.218** |
| | (−0.39) | (−0.41) | (−0.39) | (0.43) | (0.43) | (0.45) | (−2.46) | (−2.54) | (−2.55) |
| *TOP*1 | −0.003*** | −0.003*** | −0.003*** | −0.001 | −0.001 | −0.001 | −0.005*** | −0.005*** | −0.005*** |
| | (−4.50) | (−4.52) | (−4.52) | (−0.96) | (−1.00) | (−1.01) | (−4.74) | (−4.69) | (−4.67) |
| *Growth* | −0.056*** | −0.057*** | −0.057*** | −0.069*** | −0.071*** | −0.071*** | −0.035* | −0.035* | −0.036* |
| | (−4.52) | (−4.58) | (−4.62) | (−4.57) | (−4.62) | (−4.64) | (−1.67) | (−1.68) | (−1.68) |
| *INDIR* | −0.086 | −0.094 | −0.088 | 0.401 | 0.386 | 0.392 | −0.360 | −0.359 | −0.354 |
| | (−0.47) | (−0.51) | (−0.48) | (1.61) | (1.55) | (1.58) | (−1.43) | (−1.42) | (−1.40) |
| *MRS* | −0.124* | −0.122* | −0.120* | −0.050 | −0.047 | −0.047 | 1.776** | 1.720** | 1.724** |
| | (−1.89) | (−1.86) | (−1.83) | (−0.74) | (−0.70) | (−0.69) | (2.50) | (2.43) | (2.43) |
| *BSIZE* | 0.119** | 0.124** | 0.123** | 0.221*** | 0.225*** | 0.224*** | 0.041 | 0.046 | 0.047 |
| | (2.14) | (2.23) | (2.22) | (2.97) | (3.01) | (3.00) | (0.51) | (0.58) | (0.60) |
| *IA* | 0.027 | 0.028 | 0.029 | 0.057 | 0.053 | 0.052 | 0.044 | 0.051 | 0.056 |
| | (0.14) | (0.15) | (0.15) | (0.21) | (0.20) | (0.19) | (0.17) | (0.20) | (0.21) |
| *Violate* | −0.006 | −0.013 | −0.014 | −0.006 | −0.015 | −0.015 | −0.034 | −0.036 | −0.039 |
| | (−0.42) | (−0.87) | (−0.92) | (−0.33) | (−0.84) | (−0.82) | (−1.36) | (−1.42) | (−1.56) |
| *Opinion* | 0.065 | 0.035 | 0.039 | 0.100* | 0.068 | 0.070 | −0.075 | −0.085 | −0.078 |
| | (1.41) | (0.76) | (0.84) | (1.93) | (1.27) | (1.33) | (−0.96) | (−1.10) | (−1.02) |
| 常数项 | −0.429** | −0.646** | −0.652** | −1.619*** | −1.398*** | −1.401*** | 0.696** | 0.176 | 0.165 |
| | (−1.98) | (−2.14) | (−2.16) | (−5.26) | (−4.09) | (−4.10) | (2.01) | (0.48) | (0.45) |

续表

| 变量 | Overpay | | | | | | | | |
|---|---|---|---|---|---|---|---|---|---|
| | (1) | (2) | (3) | (4) | (5) | (6) | (7) | (8) | (9) |
| | 全样本 | | | 非国有企业组 | | | 国有企业组 | | |
| *Industry* | Control | Control | Control | Control | Control | Control | Control | Control | Control |
| *Year* | Control | Control | Control | Control | Control | Control | Control | Control | Control |
| 样本数 | 14128 | 14128 | 14128 | 9365 | 9354 | 9354 | 4774 | 4774 | 4774 |
| R-squared | 0.053 | 0.054 | 0.054 | 0.059 | 0.060 | 0.060 | 0.108 | 0.108 | 0.107 |

注：\*\*\*、\*\*、\*分别表示在1%、5%和10%的水平上显著；括号内的数据为t值；第（4）列与第（7）列的 $CL \times ROA$ 回归系数的t值比较：$chi^2 = 17.395$，$Prob > chi^2 = 0.000$；第（5）列与第（8）列的 $CLleg \times ROA$ 回归系数的t值比较：$chi^2 = 19.339$，$Prob > chi^2 = 0.000$；第（6）列与第（9）列的 $CLRleg \times ROA$ 回归系数的t值比较：$chi^2 = 19.294$，$Prob > chi^2 = 0.000$。

在表6-8的第（1）~（3）列中，财务报告问询函与经营业绩的交乘项（$CL \times ROA$、$CLleg \times ROA$ 和 $CLRleg \times ROA$）的回归系数分别为 -1.079、-0.175和-0.141，且均在1%的水平上显著，回归结果表明财务报告问询函显著抑制了高管借助超额薪酬-业绩敏感性实现"结果正当性"的薪酬辩护行为。

表6-8的第（4）~（9）列中，财务报告问询函与经营业绩的交乘项（$CL \times ROA$、$CLleg \times ROA$ 与 $CLRleg \times ROA$）的回归系数分别为 -0.692、-0.105、-0.093、-1.727、-0.222和-0.160，且分别在5%或1%的水平上显著。其中，第（3）~（6）列的回归系数分别显著小于第（7）~（9）列中的回归系数。上述回归结果表明相对于非国有企业而言，财务报告问询函对国有企业高管超额薪酬-业绩敏感性的抑制作用更强。

## 6.5　本章小结

本章深入探讨财务报告问询函对企业高管薪酬辩护的影响，并借助中国沪深A股2014~2019年的上市公司数据，实证检验本章的研究假设。首先，本章探讨财务报告问询函对企业高管薪酬辩护的影响；其次，本章进一步深入理论分析国有产权性质在财务报告问询函对高管借助经营业绩的提升实施"结果正当性"薪酬辩护的调节效应；再次，实证检验本章的研究假设；最后，本章通过稳健性检验增强本章研究设计的分析结果。

本章研究结论表明，财务报告问询函显著加剧了企业高管借助超额薪酬 – 业绩敏感性实施"结果正当性"的薪酬辩护行为。本章的研究结论印证了财务报告问询函缓解企业委托代理问题与信息不对称性的作用也会对高管薪酬激励产生重要的影响，能够显著抑制高管通过提升经营业绩实施"结果正当性"的薪酬辩护行为。在此基础上，本章进一步深入探讨了国有产权性质在财务报告问询函对企业高管借助经营业绩提升实施薪酬辩护的影响，研究发现国有产权性质在财务问询函的上述影响中存在显著的正向调节效应。

# 7

# 薪酬委员会在财务报告问询函对超额薪酬与薪酬辩护影响中的调节效应

本章将探讨薪酬委员会在财务报告问询函对超额薪酬与薪酬辩护影响中的调节作用，并实证检验相关的研究假设内容。首先，本章围绕薪酬委员会独立性以及薪酬委员会与审计委员会交叠的两个特点，理论分析企业薪酬委员会在财务报告问询函对企业高管超额薪酬与薪酬辩护影响中的调节作用，提出研究假设；其次，实证检验研究假设，即以分组检验的研究方法，检验薪酬委员会上述两个特征的调节效应；最后，借助相关的稳健性检验，增强本章研究结论的稳健性。

## 7.1 理论分析与研究假设

《上市公司治理准则》提出上市公司应建立薪酬委员会，但并未详尽地规定其成员的具体任职条件，也未明确薪酬委员会与董事会其他部门人员的交叠程度。现有部分相关学者认为这一制度背景在中国并不具备。中国部分上市公司的董事长或总经理在薪酬委员会兼职，甚至成为该委员会主任；同时，也出现薪酬委员会与董事会其他部门成员交叠的情形。在此背景下，薪酬委员会独立性以及薪酬委员会与其他部门成员的交叠能否有效发挥高管薪酬的治理作用引起相关学者的广泛关注。有鉴于此，本节主要从薪酬委员会独立性及其与审计委员会的交叠两个特征为研究视角，探讨薪酬委员会在财务报告问询函对超额薪酬及薪酬辩护影响中的作用。

## 7.1.1 薪酬委员会独立性调节效应的理论分析与研究假设

薪酬委员会独立性能够加强财务报告问询函抑制高管摄取超额薪酬，及其借助经营业绩的提升实施"结果正当性"的薪酬辩护行为。企业薪酬委员会独立性的增强不仅能够缓解企业高管借助权力与影响的增加来俘获董事会，而且能够改善企业的信息环境，从而降低企业高管摄取私有收益的行为。企业高管摄取超额薪酬与实施薪酬辩护的根本原因在于其能够干预自身薪酬契约的制定与执行。随着财务报告问询函，企业高管的权力不断加大，企业的信息环境所承受的不利影响也逐步增加，从而为企业高管摄取超额收益以及实施薪酬辩护的行为提供了机会。

薪酬委员会在设计高管人员的薪酬合约时充当监督人角色，从而能够比所有者更有效地约束高管摄取私有收益的行为（Tirole，1986）。薪酬委员会作为董事会按照股东大会决议而常设的专门委员会，其成员往往由独立董事兼任，负责公司董事及高管人员的考核并制定薪酬方案，从薪酬委员会行为可以分析出高管超额薪酬以及薪酬辩护的形成路径。因而，在现代企业制度下，董事会在平衡最终控制人与企业高管的利益方面扮演着至关重要的决策，薪酬委员会作为董事会中制定与执行企业高管薪酬契约的部门，对抑制企业高管摄取私有收益的行为发挥着关键作用。

在委托人—监督者—代理人的三层次代理模型中，独立董事的增加能够有效提升薪酬委员会的独立性，从而有助于薪酬委员会加强财务报告问询函抑制企业委托代理问题以及改善信息不对称性的作用。保持薪酬董事会的独立性有利于抑制高管摄取私有收益，改善高管薪酬契约的制定与执行（Bebchuk et al.，2002）。相对于企业的内部董事而言，独立董事为了在职业市场上的声誉及其未来的报酬收入，即使缺乏显性激励，但其也仍然会积极努力地工作（Fama，1980；Fama and Jensen，1983）。在中国制度背景下，唐清泉和罗党论（2006）认为中国上市公司的独立董事大部分为社会知名人士，在职业市场中会十分注重个人的声誉，会出于对个人声誉的考虑，借助其在公司治理的作用传达他们是具有专业的决策控制专家的动机更强。同时，相对于独立董事而言，内部董事的人选直接受制于企业最终控制人，也会受到企业高管较大的影响。

有鉴于此，独立董事能更客观地监督企业高管的行为，以及向最终控制人传递更多的信息改善企业的信息环境；从而使企业高管薪酬契约的设计更公正，以缓解企业高管借助层级摄取超额薪酬及其实施薪酬辩护的行为。在此背景下，相对于内部董事而言，薪酬委员会中的独立董事能够在一定程度上制衡企业内部董事会对高管薪酬的影响。因而，独立董事在薪酬委员会中占据重要的地位，独立董事的数量的增加会使薪酬委员会职责履行越客观、控制能力越强；从而独立董事的增加会提升薪酬委员会独立性。

由本研究的第4章至第6章的分析内容可知，财务报告问询函不仅会抑制企业的委托代理问题及其信息不对称性，而且会引起其他治理主体的关注，从而会有助于缓解高管借助自身权力及其影响摄取超额薪酬与实施"结果正当性"薪酬辩护的行为。企业薪酬委员会独立性的加强会加强对高管的监督，维护最终控制人的利益目标，从而会抑制高管利用自身权力来摄取超额薪酬。同时，企业薪酬委员会独立性的加强也有助于改善企业的信息环境，缓解高管倚靠自身的信息优势过分夸大经营困难与为其经营决策失败寻求借口来摄取超额薪酬。有鉴于此，当企业收到证券交易所出具的财务报告问询函后，独立性较强的薪酬委员会能够根据财务报告问询函的问题展开对高管的调查，加强对高管的监管，从而抑制高管借助自身权力及其影响摄取超额薪酬以及实施"结果正当性"的薪酬辩护行为。

同时，企业薪酬委员会独立性也会加强财务报告问询函缓解企业信息不对称性的作用，例如，限制高管借助真实盈余管理等行为实施"结果正当性"的薪酬辩护。当企业收到证券交易所出具的财务报告问询函后，企业薪酬委员会独立性的提升有助于揭开企业经营业绩增长的动因，防止高管利用真实盈余管理等行为，粉饰短期经营业绩来为其摄取的超额薪酬提供合理化理由。因而，薪酬委员会独立性能够抑制企业高管借助自身权力及其影响摄取超额薪酬与实施薪酬辩护来满足私有收益的行为。据此，本章提出假设7-1与假设7-2：

假设7-1：薪酬委员会独立性在财务报告问询函对企业高管超额薪酬的

影响中存在显著的正向调节效应。

假设 7 - 2：薪酬委员会独立性在财务报告问询函对企业高管超额薪酬 - 业绩敏感性的影响中存在显著的正向调节效应。

### 7.1.2 薪酬委员会与审计委员会的交叠调节效应的理论分析与研究假设

企业薪酬委员会与审计委员会的交叠会降低高管运用自身的权力干预其薪酬契约订立与执行中的难度。薪酬委员会与审计委员会的交叠在一定程度上也可能会促进两个专业委员会的协调与专业性的提升，从而会有助于对高管薪酬契约制定与执行的监督。

企业高管借助自身的权力俘获董事会成为其摄取超额薪酬与实施"结果正当性"薪酬辩护的重要方式。若企业收到证券交易所出具的财务报告问询函，则表明企业在信息披露过程中存在着证券交易所质疑或需要企业进行补充说明的问题。而审计委员会则必然会根据财务报告问询函的问题展开深入调查。为此，企业的审计委员会则在一定程度上能够补充薪酬委员会对其高管监督的失效之处，从而会增强对其高管摄取超额薪酬的制衡。然而，若上述两个委员会交叠的程度较大，则降低了企业高管通过俘获董事会以及薪酬委员会的难度。因而，两个委员会的交叠会不利于财务报告问询函对高管摄取超额薪酬与实施薪酬辩护的抑制作用。

同时，企业薪酬委员会与审计委员会的交叠也会加剧企业信息环境的恶化。在信息不对称的情况下，盈余管理行为是企业高管操控薪酬契约的重要方式（Balsam，1998；李延喜等，2007）。因而，若会计业绩成为高管薪酬的重要标准，则高管会设法借助盈余管理粉饰经营业绩，来摄取超额薪酬以及进行"结果正当性"的薪酬辩护。然而，薪酬委员会必然会深入判断企业的经营业绩，权衡操纵性盈余与非操纵性盈余对其经营业绩产生的影响。薪酬委员会意识到自愿离职的高管更可能在离职前从事以薪酬为目的的盈余操纵，基于这一判断，他们在高管离任前一年采取了相应的对策，导致现金薪酬与操纵性应计利润的正向关系显著降低（Huson et al.，2012）。

有鉴于此，尽管企业高管会借助层级所增加的权力与影响以及企业信息环境的恶化实现上述结果，仍然需要在薪酬委员会推出一个利己的薪酬方案，并且需要审计委员会对其盈余管理行为不能持有否定的态度。而对于企业的审计委员会而言，即使在形式上的独立也并非能够代表着其实质上的独立性，高管仍能够借助其自身的权力与影响干预审计委员会的监督活动（王守海和李云，2012）。当高管权力的增加时，其更倾向于利用盈余操纵获取绩效薪酬（权小锋等，2010；谢德仁等，2012），这表明薪酬委员会畏惧高管的权力，在谈判中表现为弱势。在此背景下，对于企业高管而言，若其能够同时获得薪酬委员会与审计委员会的董事的认可，则其摄取私有收益的行为则会更加容易。

审计委员会与薪酬委员会的交叠则恰好给企业高管营造了摄取超额薪酬与实施薪酬辩护的良好机会。高管在向董事会施加影响的过程中，在委员会间交叉任职的董事可能是他们重点拉拢的对象。网络当中的成员可能会彼此偏爱甚至"合谋"（Hwang and Kim，2009）。无论从经济利益还是社会关系的角度来看，这些董事都具有被俘获的可能。以盈余管理为手段的薪酬操纵第一环节是需要高管通过与交叉任职的董事形成合谋能够更多地从事盈余操纵。相比在激励与监督两边分别施加影响，高管对交叠任职的董事进行收买与俘获显然是一种低成本的策略，能达到"一石二鸟"的效果。

在这一情形下，交叉任职的董事的态度至关重要。从专业知识的角度，他们更有能力识别盈余成分的差异，但如果这些董事采取了迎合的态度，高管将能更轻易地实现薪酬操纵。同时，两个委员会的交叠会进一步恶化企业的信息环境。两个委员会的交叠也会进一步阻碍薪酬委员会对企业高管薪酬契约有效性的提升，并不会有助于财务报告问询函抑制企业高管摄取超额薪酬，以及进行"结果正当性"的薪酬辩护的作用。

然而，企业薪酬委员会与审计委员会的交叠也可能会存在提升两个专业委员会的协调与专业性的情况。上述两个委员会的交叠可能会促进彼此之间信息的沟通，以及对企业经营管理更加深入的了解，从而可能会提升两个专业委员会的协调与专业性。在此背景下，薪酬委员会与审计委员会的交叠则将会增进对企业高管薪酬契约的治理效果，即能够显著缓解层级对企业高管超额薪酬与薪酬辩护的影响。

因而，基于上述分析，薪酬委员会与审计委员会的交叠对薪酬委员会在企业高管薪酬契约中的治理作用既有可能降低也有可能会加强。据此，本章提出假设7－3a与假设7－3b以及假设7－4a、假设7－4b：

假设7－3a：薪酬委员会与审计委员会的交叠在财务报告问询函对企业高管超额薪酬的影响中存在显著的正向调节效应。

假设7－3b：薪酬委员会与审计委员会的交叠在财务报告问询函对企业高管超额薪酬的影响中存在显著的负向调节效应。

假设7－4a：薪酬委员会与审计委员会的交叠在财务报告问询函对企业高管超额薪酬－业绩敏感性的影响中存在显著的正向调节效应。

假设7－4b：薪酬委员会与审计委员会的交叠在财务报告问询函对企业高管超额薪酬－业绩敏感性的影响中存在显著的负向调节效应。

## 7.2　研究设计

本章的研究设计具体包括样本数据、变量定义以及模型设计，形成上述研究假设实证检验的基础。

### 7.2.1　样本数据

样本数据筛选的方式与第五章的样本数据内容一致，不再做重复性的叙述。

### 7.2.2　变量定义

#### 7.2.2.1　薪酬委员会独立性

本章参考谢德仁等（2012）、江伟等（2013）与叶建宏和汪炜（2015）等相关文献的研究方法，以薪酬委员会中独立董事比例（$CCIn$）度量薪酬委员会独立性。

#### 7.2.2.2 薪酬委员会与审计委员会的交叠

本章参考邓晓岚等（2014）等相关文献的研究方法，以在薪酬委员会与审计委员会交叉任职的董事人数占两个委员会总人数的比例（*Olvp*）度量薪酬委员会与审计委员会的交叠。

#### 7.2.2.3 控制变量

控制变量同第 5 章变量定义中的相关相似，因此，不再做重复性的叙述，具体如表 7 - 1 所示。

表 7 - 1 　　　　　　　　　　　　　变量定义

| 变量类型 | 变量名称 | 变量符号 | 具体定义 |
|---|---|---|---|
| 被解释变量 | 高管绝对薪酬 | *CEOpay* | 企业前三名高管的薪酬总额取自然对数 |
| | 高管超额薪酬 | *Overpay* | 高管的绝对薪酬与预期薪酬之差 |
| 解释变量 | 财务报告问询函 | *CLamu* | *t* 年收到的财务报告问询函总数加 1 取自然对数 |
| | | *CLqnum* | *t* 年收到财务报告问询函的问题数量加 1 取自然对数 |
| | | *CLleg* | *t* 年收到财务报告问询函的文本字符数量加 1 取自然对数 |
| 调节变量 | 薪酬委员会独立性 | *CCIn* | 薪酬委员会中独立董事人数/薪酬委员会总人数 |
| | 审计委员会与薪酬委员会的交叠 | *Olvp* | 在薪酬委员会与审计委员会交叉任职的董事人数（不包含交叉任职的 CEO）/薪酬委员会与审计委员会的总人数 |
| 控制变量 | 两职合一 | *DUAL* | 若董事长与总经理为同一人，赋值为 1，否则，赋值为 0 |
| | 国有产权性质 | *SOE* | 样本企业为国有企业时，赋值为 1，否则，赋值为 0 |
| | 公司规模 | *SIZE* | 上市公司当年总收入的自然对数 |
| | 财务杠杆 | *LEV* | 负债账面价值与总资产账面价值之比 |
| | 第一大股东持股比例 | *TOP1* | 第一大股东的持股比例 |

续表

| 变量类型 | 变量名称 | 变量符号 | 具体定义 |
|---|---|---|---|
| 控制变量 | 资产收益率 | *ROA* | 净利润/总资产×100% |
| | 成长性 | *Growth* | (当期营业收入－上期营业收入)/上期营业收入×100% |
| | 独立董事比率 | *INDIR* | 独立董事人数与董事会总人数之比 |
| | 高管持股比例 | *MRS* | 高管持股数量与总股数之比 |
| | 董事会规模 | *BSIZE* | 董事会董事人数的自然对数 |
| | 无形资产比 | *IA* | 无形资产与总资产之比 |
| | 处罚性监管 | *Violate* | 若受到监管处罚，赋值为1，否则，赋值为0 |
| | 审计意见 | *Opinion* | 若财务报告的审计意见为"标准无保留意见"，赋值为1，否则，赋值为0 |
| | 行业虚拟变量 | *Industry* | 依据2012年证监会行业分类，制造业细分至二级类，共计21个行业，故设20个虚拟变量 |
| | 年度虚拟变量 | *Year* | 2014～2019年度，故设5个虚拟变量 |

### 7.2.3 模型设计

本章参考现有相关文献的研究方法，借助模型（5-3）与模型（6-1），分别按照薪酬委员会独立性以及薪酬委员会与审计委员会的交叠的"年度-行业"的中位数进行分析，在此基础上，以分组检验的方法验证本章假设。

## 7.3 实证结果与分析

本节主要分析本章研究假设的研究设计结果，具体包括描述性统计分析、相关性系数以及统计结果分析。

### 7.3.1 描述性统计分析

本章相关变量的统计性描述结果如表7-2所示。

表 7 - 2 描述性统计结果

| 变量 | 样本量 | 均值 | 标准差 | 最小值 | 25% | 中位数 | 75% | 最大值 |
|------|--------|------|--------|--------|-----|--------|------|--------|
| *Overpay* | 16382 | 0.012 | 0.559 | −1.344 | −0.351 | 0.007 | 0.360 | 1.483 |
| *CL* | 16382 | 0.073 | 0.223 | 0.000 | 0.000 | 0.000 | 0.000 | 1.609 |
| *CLleg* | 16382 | 0.719 | 2.292 | 0.000 | 0.000 | 0.000 | 0.000 | 8.690 |
| *CLRleg* | 16382 | 0.800 | 2.700 | 0.000 | 0.000 | 0.000 | 0.000 | 10.50 |
| *CCIn* | 16382 | 0.589 | 0.201 | 0.000 | 0.333 | 0.600 | 0.750 | 1.000 |
| *Olvp* | 16382 | 0.215 | 0.211 | 0.000 | 0.170 | 0.350 | 0.450 | 1.000 |
| *SOE* | 16382 | 0.347 | 0.476 | 0.000 | 0.000 | 0.000 | 1.000 | 1.000 |
| *DUAL* | 16382 | 0.275 | 0.447 | 0.000 | 0.000 | 0.000 | 1.000 | 1.000 |
| *SIZE* | 16382 | 22.208 | 1.288 | 19.937 | 21.361 | 22.107 | 23.180 | 26.214 |
| *LEV* | 16382 | 0.423 | 0.202 | 0.060 | 0.261 | 0.412 | 0.572 | 0.891 |
| *TOP*1 | 16382 | 34.152 | 14.563 | 8.448 | 22.772 | 32.167 | 43.812 | 73.134 |
| *ROA* | 16382 | 0.036 | 0.061 | −0.276 | 0.014 | 0.035 | 0.065 | 0.191 |
| *Growth* | 16382 | 0.187 | 0.460 | −0.561 | −0.018 | 0.105 | 0.267 | 3.051 |
| *INDIR* | 16382 | 0.377 | 0.054 | 0.333 | 0.333 | 0.364 | 0.429 | 0.571 |
| *MRS* | 16382 | 0.072 | 0.137 | 0.000 | 0.000 | 0.002 | 0.069 | 0.598 |
| *BSIZE* | 16382 | 2.119 | 0.200 | 1.609 | 1.946 | 2.197 | 2.197 | 2.708 |
| *IA* | 16382 | 0.047 | 0.051 | 0.000 | 0.017 | 0.034 | 0.057 | 0.330 |
| *Violate* | 16382 | 0.135 | 0.342 | 0.000 | 0.000 | 0.000 | 0.000 | 1.000 |
| *Opinion* | 16382 | 0.028 | 0.166 | 0.000 | 0.000 | 0.000 | 0.000 | 1.000 |

变量的 *Overpay* 以及 *Layer* 的描述性统计结果已在第 5 章分析，进而不再重复。由表 7 - 2 可知，变量 *CCIn* 的均值与中位数分别为 0.589 与 0.600，且标准差为 0.201，表明企业薪酬委员会的独立董事较多，且其分布情况比较平缓；同时，变量 *Olvp* 的均值与中位数分别为 0.215 与 0.350，标准差为 0.211，表明大部分企业的薪酬委员会与审计委员会存在一定程度上的交叠。上述变量的统计结果与相关研究基本一致。

## 7.3.2　相关性系数分析

本章相关变量 Pearson 相关性检验的结果如表 7 - 3 所示。

表 7 – 3

**相关性系数分析**

| 变量 | Overpay | CL | CLleg | CLRleg | CCln | Olep | SOE | DUAL | SIZE | LEV | TOP1 | ROA | Growth | INDIR | MRS | BSIZE | IA | Violate | Opinion |
|---|---|---|---|---|---|---|---|---|---|---|---|---|---|---|---|---|---|---|---|
| Overpay | 1 | | | | | | | | | | | | | | | | | | |
| CL | -0.053*** | 1 | | | | | | | | | | | | | | | | | |
| CLleg | -0.052*** | 0.984*** | 1 | | | | | | | | | | | | | | | | |
| CLRleg | -0.021** | 0.799*** | 0.792*** | 1 | | | | | | | | | | | | | | | |
| CCln | -0.204*** | -0.155*** | -0.152*** | -0.148*** | 1 | | | | | | | | | | | | | | |
| Olep | 0.073*** | -0.103*** | -0.099*** | -0.088*** | 0.473*** | 1 | | | | | | | | | | | | | |
| SOE | -0.085*** | -0.077*** | -0.080*** | -0.074*** | -0.045*** | 0.074*** | 1 | | | | | | | | | | | | |
| DUAL | 0.044*** | 0.01 | 0.011 | 0.026 | 0.012 | -0.054*** | -0.292*** | 1 | | | | | | | | | | | |
| SIZE | 0.026*** | -0.030*** | -0.033*** | -0.043*** | 0.374*** | 0.293*** | 0.367*** | -0.183*** | 1 | | | | | | | | | | |
| LEV | -0.057*** | 0.072*** | 0.070*** | 0.062*** | 0.008 | 0.086*** | 0.271*** | -0.123*** | 0.124*** | 1 | | | | | | | | | |
| TOP1 | -0.055*** | -0.100*** | -0.101*** | -0.099*** | 0.049*** | -0.037 | 0.246*** | -0.044*** | 0.204*** | 0.071*** | 1 | | | | | | | | |
| ROA | 0.173*** | -0.171*** | -0.172*** | -0.189*** | 0.346*** | 0.125*** | -0.077*** | 0.040*** | -0.002 | -0.338*** | 0.124*** | 1 | | | | | | | |
| Growth | -0.004 | -0.017 | -0.018* | -0.008 | 0.111*** | 0.077*** | -0.090*** | 0.033** | 0.043*** | 0.029*** | -0.021** | 0.185*** | 1 | | | | | | |
| INDIR | -0.040*** | 0.034*** | 0.033** | 0.036*** | 0 | -0.013* | -0.057*** | 0.117*** | -0.009 | 0.001 | 0.035*** | -0.034*** | 0.004 | 1 | | | | | |
| MRS | 0.020** | -0.029*** | -0.027*** | -0.023** | 0.049*** | -0.094*** | -0.366*** | 0.478*** | -0.294*** | -0.233*** | -0.046*** | 0.118*** | 0.058*** | 0.089*** | 1 | | | | |
| BSIZE | 0.044*** | -0.059*** | -0.060*** | -0.059*** | 0.096*** | 0.089*** | 0.260*** | -0.183*** | 0.270*** | 0.138*** | 0.032*** | 0.030*** | -0.023** | -0.574*** | -0.161*** | 1 | | | |
| IA | -0.006 | -0.013* | -0.011 | -0.008 | 0.017 | 0.014* | 0.065*** | -0.045*** | 0.020** | -0.007 | 0.021** | -0.048*** | -0.01 | -0.019** | -0.055*** | 0.057*** | 1 | | |
| Violate | -0.028*** | 0.143*** | 0.146*** | 0.158*** | -0.077*** | -0.003 | -0.037*** | 0.009 | -0.016 | 0.082*** | -0.074*** | -0.136*** | -0.020** | -0.001 | -0.035*** | -0.004 | 0.015* | 1 | |
| Opinion | -0.025*** | 0.167*** | 0.173*** | 0.188*** | -0.106*** | -0.056*** | -0.042*** | -0.004 | -0.056*** | 0.119*** | -0.082*** | -0.285*** | -0.053*** | 0.014* | -0.033*** | -0.030*** | 0.014* | 0.125*** | 1 |

注：***、** 和 * 分别表示在1%、5%和10%的水平上显著。

由表 7 - 3 可知，变量 *Overpay* 与变量 *CCIn* 的相关性系数为 - 0.204，且在 1% 的水平上显著，初步表明薪酬委员会的独立性能够抑制企业高管的超额薪酬；而变量 *Overpay* 与变量 *Olvp* 的相关性系数却为 0.073，且在 1% 的水平上显著，初步验证了薪酬委员会与审计委员会的交叠程度高会增加企业高管的超额薪酬。

## 7.3.3 统计结果分析

### 7.3.3.1 薪酬委员会的独立性在财务报告问询函对超额薪酬及薪酬辩护影响中的作用

表 7 - 4 报告了借助模型（5 - 3），分组检验假设 7 - 1 的回归结果，其中，被解释变量分别为 *Overpay*，解释变量分别为 *CL*、*CLleg* 和 *CLRleg*，具体如表 7 - 4 所示。

表 7 - 4　　　　　　　　模型（5 - 3）的分组回归结果（1）

| 变量 | Overpay | | | | | | | | |
|---|---|---|---|---|---|---|---|---|---|
| | （1） | （2） | （3） | （4） | （5） | （6） | （7） | （8） | （9） |
| | 全样本 | | | 独立性高组 | | | 独立性低组 | | |
| CL | - 0.055 ** （ - 2.50） | | | - 0.102 ** （ - 2.54） | | | - 0.054 * （ - 1.91） | | |
| CLleg | | - 0.003 * （ - 1.82） | | | - 0.004 * （ - 1.93） | | | - 0.004 （ - 1.29） | |
| CLRleg | | | - 0.003 * （ - 1.86） | | | - 0.002 * （ - 1.81） | | | - 0.004 （ - 1.44） |
| CCIn | - 0.086 *** （ - 11.23） | - 0.088 *** （ - 11.44） | - 0.088 *** （ - 11.45） | | | | | | |
| SOE | - 0.084 *** （ - 3.70） | - 0.081 *** （ - 3.57） | - 0.081 *** （ - 3.55） | - 0.118 *** （ - 3.54） | - 0.117 *** （ - 3.51） | - 0.117 *** （ - 3.51） | - 0.070 *** （ - 2.62） | - 0.065 ** （ - 2.47） | - 0.065 ** （ - 2.46） |

续表

| 变量 | Overpay | | | | | | | | |
|------|------|------|------|------|------|------|------|------|------|
| | (1) | (2) | (3) | (4) | (5) | (6) | (7) | (8) | (9) |
| | 全样本 | | | 独立性高组 | | | 独立性低组 | | |
| DUAL | 0.057*** | 0.057*** | 0.057*** | 0.059** | 0.059** | 0.059** | 0.051** | 0.051** | 0.051** |
| | (3.01) | (3.02) | (3.01) | (2.11) | (2.11) | (2.11) | (2.35) | (2.37) | (2.36) |
| SIZE | -0.017 | -0.017 | -0.017 | 0.017 | 0.017 | 0.017 | -0.023* | -0.023* | -0.023* |
| | (-1.61) | (-1.63) | (-1.63) | (1.14) | (1.15) | (1.15) | (-1.78) | (-1.77) | (-1.77) |
| LEV | -0.013 | -0.016 | -0.016 | 0.145* | 0.145* | 0.143* | -0.106* | -0.112* | -0.111* |
| | (-0.25) | (-0.31) | (-0.31) | (1.79) | (1.78) | (1.77) | (-1.72) | (-1.80) | (-1.79) |
| TOP1 | -0.003*** | -0.003*** | -0.003*** | -0.004*** | -0.004*** | -0.004*** | -0.002** | -0.002** | -0.002** |
| | (-4.06) | (-3.98) | (-3.97) | (-4.31) | (-4.34) | (-4.33) | (-2.50) | (-2.39) | (-2.38) |
| ROA | 1.196*** | 1.239*** | 1.243*** | 2.403*** | 2.436*** | 2.439*** | 0.853*** | 0.906*** | 0.909*** |
| | (9.80) | (10.11) | (10.14) | (10.50) | (10.58) | (10.60) | (6.42) | (6.76) | (6.77) |
| Growth | -0.060*** | -0.061*** | -0.062*** | -0.077*** | -0.077*** | -0.077*** | -0.042*** | -0.044*** | -0.044*** |
| | (-5.15) | (-5.26) | (-5.29) | (-3.81) | (-3.79) | (-3.80) | (-3.12) | (-3.26) | (-3.28) |
| INDIR | -0.163 | -0.170 | -0.170 | -0.055 | -0.053 | -0.053 | -0.291 | -0.301 | -0.301 |
| | (-0.95) | (-0.99) | (-0.99) | (-0.23) | (-0.22) | (-0.22) | (-1.39) | (-1.44) | (-1.44) |
| MRS | -0.182*** | -0.178*** | -0.178*** | -0.287*** | -0.286*** | -0.285*** | -0.033 | -0.028 | -0.028 |
| | (-2.85) | (-2.78) | (-2.77) | (-3.22) | (-3.18) | (-3.18) | (-0.43) | (-0.37) | (-0.36) |
| BSIZE | 0.109** | 0.112** | 0.112** | 0.098 | 0.100 | 0.101 | 0.121* | 0.124** | 0.124** |
| | (2.05) | (2.08) | (2.08) | (1.29) | (1.32) | (1.33) | (1.94) | (1.97) | (1.96) |
| IA | 0.036 | 0.040 | 0.041 | 0.235 | 0.242 | 0.242 | -0.039 | -0.034 | -0.034 |
| | (0.20) | (0.23) | (0.23) | (0.95) | (0.98) | (0.98) | (-0.19) | (-0.16) | (-0.16) |
| Violate | -0.009 | -0.015 | -0.016 | -0.008 | -0.010 | -0.011 | -0.017 | -0.026 | -0.026 |
| | (-0.62) | (-1.07) | (-1.11) | (-0.37) | (-0.44) | (-0.48) | (-0.95) | (-1.45) | (-1.47) |
| Opinion | 0.074* | 0.063 | 0.062 | 0.067 | 0.054 | 0.052 | 0.076* | 0.065 | 0.065 |
| | (1.73) | (1.45) | (1.42) | (0.70) | (0.55) | (0.53) | (1.67) | (1.41) | (1.40) |

续表

| 变量 | Overpay | | | | | | | | |
| | (1) | (2) | (3) | (4) | (5) | (6) | (7) | (8) | (9) |
|---|---|---|---|---|---|---|---|---|---|
| | 全样本 | | | 独立性高组 | | | 独立性低组 | | |
| 常数项 | 0.204 (0.53) | 0.153 (0.52) | 0.152 (0.52) | −0.416 (−1.02) | −0.434 (−1.07) | −0.436 (−1.07) | 0.354 (0.95) | 0.352 (0.94) | 0.351 (0.94) |
| Industry | Control | Control | Control | Control | Control | Control | Control | Control | Control |
| Year | Control | Control | Control | Control | Control | Control | Control | Control | Control |
| 样本数 | 16382 | 16382 | 16382 | 7847 | 7847 | 7847 | 8535 | 8535 | 8535 |
| R-squared | 0.075 | 0.075 | 0.075 | 0.065 | 0.065 | 0.065 | 0.040 | 0.040 | 0.040 |

注：*** 、** 和 * 分别表示在 1%、5% 和 10% 的水平上显著；括号内的数据为 t 值；第（4）列与第（7）列的 CL 回归系数的 t 值比较：$chi^2 = 18.130$，$Prob > chi^2 = 0.000$。

由表 7 - 4 可知，薪酬委员会独立性的增强显著加强了财务报告问询函对高管摄取超额薪酬行为的抑制作用，验证了假设 7 - 1 的内容。表 7 - 4 中，第（1）~（3）列中，财务报告问询函（CL、CLleg 和 CLRleg）的回归系数分别为 −0.055、−0.003 和 −0.003，且均在 5% 或 10% 的水平上显著；在第（4）~（6）列中，财务报告问询函（CL、CLleg 和 CLRleg）的回归系数分别为 −0.102、−0.004 与 −0.002，且均在 5% 或 10% 的水平上显著；而在第（7）~（9）列中，财务报告问询函（CL、CLleg 和 CLRleg）的回归系数分别为 −0.054、−0.004 和 −0.004，仅第（7）列的回归系数在 10% 的水平上显著，第（8）列与第（9）列的回归系数并不显著；同时，第（4）列的 CL 系数分别显著大于第（7）列中变量 CL 的系数。上述结果表明薪酬委员会独立性越强，独立董事对企业高管的薪酬契约的治理作用越强，从而有助于增强财务报告问询函对高管摄取超额薪酬的行为的抑制作用，验证了假设 7 - 1 的内容。

表 7 - 5 报告了借助模型（5 - 3），分组检验假设 7 - 2 的回归结果，被解释变量分别为 Overpay，解释变量分别为 CL、CLleg 和 CLRleg，具体如表 7 - 5 所示。

表 7 - 5　　　　　　　　　　模型（5 - 3）的分组回归结果（2）

| 变量 | Overpay | | | | | | | | |
|---|---|---|---|---|---|---|---|---|---|
| | (1) | (2) | (3) | (4) | (5) | (6) | (7) | (8) | (9) |
| | 全样本 | | | 独立性高组 | | | 独立性低组 | | |
| CL | -0.074***<br>(-3.23) | | | -0.101**<br>(-2.54) | | | -0.062**<br>(-2.15) | | |
| CL×ROA | -0.748***<br>(-2.98) | | | -1.689***<br>(-3.57) | | | -0.214<br>(-0.72) | | |
| CLleg | | -0.001<br>(-0.25) | | | -0.004<br>(-0.94) | | | 0.001<br>(0.02) | |
| CLleg×ROA | | -0.131***<br>(-4.84) | | | -0.194***<br>(-3.37) | | | -0.093***<br>(-3.01) | |
| CLRleg | | | 0.000<br>(0.06) | | | -0.002<br>(-0.59) | | | 0.001<br>(0.21) |
| CLRleg×ROA | | | -0.105***<br>(-4.75) | | | -0.176***<br>(-3.74) | | | -0.072***<br>(-2.84) |
| ROA | 0.085***<br>(11.05) | 0.085***<br>(11.04) | 0.085***<br>(11.06) | 2.409***<br>(10.51) | 2.422***<br>(10.55) | 2.430***<br>(10.58) | 0.879***<br>(6.16) | 1.050***<br>(7.28) | 1.041***<br>(7.21) |
| CCIn | -0.159***<br>(-9.78) | -0.172***<br>(-10.65) | -0.172***<br>(-10.63) | | | | | | |
| SOE | -0.084***<br>(-3.68) | -0.080***<br>(-3.52) | -0.080***<br>(-3.50) | -0.117***<br>(-3.51) | -0.116***<br>(-3.47) | -0.115***<br>(-3.45) | -0.069***<br>(-2.62) | -0.064**<br>(-2.43) | -0.064**<br>(-2.42) |
| DUAL | 0.057***<br>(3.01) | 0.057***<br>(3.02) | 0.057***<br>(3.01) | 0.058**<br>(2.09) | 0.058**<br>(2.09) | 0.058**<br>(2.08) | 0.051**<br>(2.35) | 0.052**<br>(2.39) | 0.052**<br>(2.38) |
| SIZE | -0.017<br>(-1.58) | -0.016<br>(-1.54) | -0.016<br>(-1.55) | 0.017<br>(1.13) | 0.017<br>(1.16) | 0.017<br>(1.16) | -0.023*<br>(-1.78) | -0.022*<br>(-1.75) | -0.022*<br>(-1.75) |
| LEV | -0.009<br>(-0.17) | -0.009<br>(-0.17) | -0.008<br>(-0.15) | 0.150*<br>(1.85) | 0.148*<br>(1.82) | 0.148*<br>(1.82) | -0.105*<br>(-1.70) | -0.106*<br>(-1.72) | -0.105*<br>(-1.70) |
| TOP1 | -0.003***<br>(-4.12) | -0.003***<br>(-4.12) | -0.003***<br>(-4.11) | -0.004***<br>(-4.35) | -0.004***<br>(-4.37) | -0.004***<br>(-4.38) | -0.002**<br>(-2.51) | -0.002**<br>(-2.49) | -0.002**<br>(-2.48) |
| Growth | -0.059***<br>(-5.11) | -0.061***<br>(-5.19) | -0.061***<br>(-5.23) | -0.076***<br>(-3.74) | -0.076***<br>(-3.70) | -0.076***<br>(-3.71) | -0.042***<br>(-3.11) | -0.044***<br>(-3.27) | -0.045***<br>(-3.30) |

续表

| 变量 | Overpay | | | | | | | | |
|---|---|---|---|---|---|---|---|---|---|
| | (1) | (2) | (3) | (4) | (5) | (6) | (7) | (8) | (9) |
| | 全样本 | | | 独立性高组 | | | 独立性低组 | | |
| INDIR | -0.160<br>(-0.93) | -0.167<br>(-0.97) | -0.162<br>(-0.94) | -0.049<br>(-0.21) | -0.050<br>(-0.21) | -0.044<br>(-0.19) | -0.289<br>(-1.38) | -0.297<br>(-1.41) | -0.293<br>(-1.40) |
| MRS | -0.183***<br>(-2.87) | -0.181***<br>(-2.83) | -0.180***<br>(-2.81) | -0.287***<br>(-3.22) | -0.284***<br>(-3.16) | -0.282***<br>(-3.15) | -0.034<br>(-0.45) | -0.036<br>(-0.47) | -0.035<br>(-0.45) |
| BSIZE | 0.111**<br>(2.07) | 0.114**<br>(2.14) | 0.114**<br>(2.13) | 0.100<br>(1.32) | 0.102<br>(1.35) | 0.103<br>(1.36) | 0.122*<br>(1.94) | 0.127**<br>(2.02) | 0.126**<br>(2.00) |
| IA | 0.034<br>(0.19) | 0.035<br>(0.20) | 0.036<br>(0.20) | 0.229<br>(0.93) | 0.234<br>(0.95) | 0.236<br>(0.96) | -0.040<br>(-0.19) | -0.041<br>(-0.19) | -0.040<br>(-0.19) |
| Violate | -0.009<br>(-0.65) | -0.015<br>(-1.08) | -0.016<br>(-1.11) | -0.010<br>(-0.45) | -0.011<br>(-0.51) | -0.013<br>(-0.57) | -0.017<br>(-0.93) | -0.024<br>(-1.36) | -0.025<br>(-1.37) |
| Opinion | 0.063<br>(1.45) | 0.040<br>(0.90) | 0.043<br>(0.97) | 0.038<br>(0.39) | 0.021<br>(0.21) | 0.019<br>(0.19) | 0.074<br>(1.59) | 0.052<br>(1.10) | 0.054<br>(1.16) |
| 常数项 | 0.193<br>(0.43) | 0.125<br>(0.42) | 0.123<br>(0.42) | -0.452<br>(-1.11) | -0.462<br>(-1.14) | -0.469<br>(-1.15) | 0.352<br>(0.94) | 0.341<br>(0.91) | 0.339<br>(0.91) |
| Industry | Control | Control | Control | Control | Control | Control | Control | Control | Control |
| Year | Control | Control | Control | Control | Control | Control | Control | Control | Control |
| 样本数 | 16382 | 16382 | 16382 | 7847 | 7847 | 7847 | 8535 | 8535 | 8535 |
| R-squared | 0.076 | 0.077 | 0.077 | 0.066 | 0.066 | 0.066 | 0.040 | 0.042 | 0.042 |

注：***、** 和 * 分别表示在 1%、5% 和 10% 的水平上显著；括号内的数据为 t 值；第（5）列与第（8）列的 $CLleg \times ROA$ 回归系数的 t 值比较：$chi^2 = 19.294$，$Prob > chi^2 = 0.000$；第（6）列与第（9）列的 $CLRleg \times ROA$ 回归系数的 t 值比较：$chi^2 = 19.940$，$Prob > chi^2 = 0.000$。

由表 7-5 可知，薪酬委员会独立性的增强能够显著加强财务报告问询函对企业高管实施"结果正当性"的薪酬辩护，验证了假设 7-2 的研究内容。表 7-5 中，第（1）~（3）列中，财务报告问询函（CL、CLleg 与 CLRleg）与经营业绩（ROA）交乘项（$CL \times ROA$、$CLleg \times ROA$ 与 $CLRleg \times ROA$）的回归系数分别为 -0.748、-0.131 与 -0.105，且均在 1% 的水平上显著；表 7-5 的第（4）~（6）列中，交乘项（$CL \times ROA$、$CLleg \times ROA$ 与 $CLRleg \times ROA$）

的回归系数分别为 −1.689、−0.194 和 −0.176，且均在 1% 的水平上显著；第（7）~（9）列中，交乘项（$CL \times ROA$、$CLleg \times ROA$ 和 $CLRleg \times ROA$）的回归系数分别为 −0.214、−0.093 和 −0.072，且除了第（7）列的回归系数不显著，其他均在 1% 的水平上显著，同时，第（8）列与第（9）列的交乘项（$CLleg \times ROA$ 与 $CLRleg \times ROA$）的系数显著分别小于第（5）列与第（6）列的回归系数。上述结果表明，企业薪酬委员会独立性的增强能够发挥独立董事对企业高管薪酬契约的治理作用，从而显著加强财务报告问询函抑制高管利用经营业绩的提升实施"结果正当性"的薪酬辩护行为，即验证了假设 7−2 的内容。

### 7.3.3.2 薪酬委员会与审计委员会的交叠在财务报告问询函对超额薪酬及薪酬辩护影响中的作用

表 7−6 报告了借助模型（5−3），分组检验假设 7−3a 与假设 7−3b 的回归结果，其中，被解释变量分别为 $Overpay$，解释变量分别为 $CL$、$CLleg$ 以及 $CLRleg$，具体如表 7−6 所示。

表 7−6　　　　　　　　模型（5−3）的分组回归结果（3）

| 变量 | Overpay | | | | | | | | |
|---|---|---|---|---|---|---|---|---|---|
| | (1) | (2) | (3) | (4) | (5) | (6) | (7) | (8) | (9) |
| | 全样本 | | | 交叠程度高组 | | | 交叠程度低组 | | |
| $CL$ | −0.093 ***<br>(−4.15) | | | −0.095<br>(−1.26) | | | −0.078 **<br>(−2.51) | | |
| $CLleg$ | | −0.001 **<br>(−2.13) | | | −0.001<br>(−1.07) | | | −0.001 *<br>(−1.73) | |
| $CLRleg$ | | | −0.001 **<br>(2.34) | | | −0.001<br>(−1.47) | | | −0.001 *<br>(−1.79) |
| $Olvp$ | 0.011 ***<br>(3.33) | 0.012 ***<br>(3.42) | 0.012 ***<br>(3.43) | | | | | | |
| $SOE$ | −0.112 ***<br>(−4.86) | −0.109 ***<br>(−4.74) | −0.109 ***<br>(−4.72) | −0.100 ***<br>(−3.65) | −0.097 ***<br>(−3.56) | −0.097 ***<br>(−3.55) | −0.134 ***<br>(−4.49) | −0.131 ***<br>(−4.38) | −0.131 ***<br>(−4.38) |

续表

| 变量 | Overpay | | | | | | | | |
|---|---|---|---|---|---|---|---|---|---|
| | (1) | (2) | (3) | (4) | (5) | (6) | (7) | (8) | (9) |
| | 全样本 | | | 交叠程度高组 | | | 交叠程度低组 | | |
| DUAL | 0.058 *** | 0.058 *** | 0.058 *** | 0.063 *** | 0.064 *** | 0.063 *** | 0.046 * | 0.046 * | 0.046 * |
| | (3.00) | (3.02) | (3.02) | (2.65) | (2.66) | (2.66) | (1.89) | (1.91) | (1.91) |
| SIZE | 0.020 ** | 0.021 ** | 0.021 ** | 0.019 | 0.020 * | 0.020 * | 0.016 | 0.016 | 0.016 |
| | (2.02) | (2.04) | (2.05) | (1.63) | (1.69) | (1.70) | (1.18) | (1.19) | (1.20) |
| LEV | −0.042 | −0.045 | −0.046 | 0.042 | 0.037 | 0.037 | −0.153 ** | −0.155 ** | −0.155 ** |
| | (−0.78) | (−0.84) | (−0.85) | (0.65) | (0.56) | (0.56) | (−2.22) | (−2.24) | (−2.24) |
| TOP1 | −0.003 *** | −0.003 *** | −0.003 *** | −0.004 *** | −0.004 *** | −0.004 *** | −0.001 | −0.001 | −0.001 |
| | (−4.20) | (−4.12) | (−4.11) | (−4.65) | (−4.57) | (−4.56) | (−1.19) | (−1.16) | (−1.15) |
| ROA | 1.677 *** | 1.728 *** | 1.733 *** | 2.048 *** | 2.085 *** | 2.091 *** | 1.098 *** | 1.159 *** | 1.161 *** |
| | (13.21) | (13.56) | (13.59) | (12.23) | (12.42) | (12.44) | (7.25) | (7.57) | (7.59) |
| Growth | −0.058 *** | −0.060 *** | −0.060 *** | −0.062 *** | −0.063 *** | −0.063 *** | −0.054 *** | −0.054 *** | −0.054 *** |
| | (−4.90) | (−5.00) | (−5.01) | (−4.07) | (−4.15) | (−4.17) | (−2.88) | (−2.91) | (−2.91) |
| INDIR | −0.148 | −0.154 | −0.155 | −0.095 | −0.093 | −0.093 | −0.279 | −0.294 | −0.295 |
| | (−0.84) | (−0.87) | (−0.87) | (−0.44) | (−0.43) | (−0.43) | (−1.24) | (−1.31) | (−1.31) |
| MRS | −0.125 * | −0.120 * | −0.120 * | −0.218 *** | −0.210 ** | −0.209 ** | 0.005 | 0.007 | 0.007 |
| | (−1.94) | (−1.87) | (−1.85) | (−2.66) | (−2.56) | (−2.54) | (0.06) | (0.09) | (0.09) |
| BSIZE | 0.113 ** | 0.115 ** | 0.115 ** | 0.115 * | 0.119 * | 0.119 * | 0.111 * | 0.111 * | 0.111 * |
| | (2.08) | (2.12) | (2.12) | (1.75) | (1.80) | (1.81) | (1.69) | (1.69) | (1.69) |
| IA | 0.046 | 0.052 | 0.053 | 0.184 | 0.192 | 0.193 | −0.037 | −0.036 | −0.036 |
| | (0.26) | (0.29) | (0.29) | (0.80) | (0.84) | (0.85) | (−0.17) | (−0.16) | (−0.16) |
| Violate | −0.013 | −0.019 | −0.020 | −0.036 ** | −0.041 ** | −0.042 ** | 0.010 | 0.002 | 0.001 |
| | (−0.92) | (−1.34) | (−1.40) | (−2.05) | (−2.33) | (−2.37) | (0.44) | (0.08) | (0.06) |
| Opinion | 0.095 ** | 0.084 * | 0.082 * | 0.108 * | 0.094 | 0.091 | 0.065 | 0.057 | 0.057 |
| | (2.15) | (1.88) | (1.84) | (1.77) | (1.53) | (1.49) | (1.29) | (1.10) | (1.09) |
| 常数项 | −0.548 | −0.527 * | −0.529 * | −0.409 | −0.432 | −0.434 | −0.270 | −0.254 | −0.253 |
| | (−1.60) | (−1.77) | (−1.78) | (−1.15) | (−1.21) | (−1.22) | (−0.95) | (−0.90) | (−0.89) |
| Industry | Control | Control | Control | Control | Control | Control | Control | Control | Control |
| Year | Control | Control | Control | Control | Control | Control | Control | Control | Control |
| 样本数 | 16382 | 16382 | 16382 | 8095 | 8095 | 8095 | 8287 | 8287 | 8287 |
| R-squared | 0.054 | 0.054 | 0.054 | 0.060 | 0.059 | 0.059 | 0.056 | 0.055 | 0.055 |

注: *** 、** 和 * 分别表示在1%、5%和10%的水平上显著;括号内的数据为 t 值。

由表7-6可知，企业薪酬委员会与审计委员会的交叠抑制了财务报告问询函缓解企业高管超额薪酬的作用，验证了假设7-3b的内容。表7-6中，第（1）~（3）列中，财务报告问询函（CL、CLleg和CLRleg）的回归系数分别为-0.093、-0.001和-0.001，且均在1%或5%的水平上显著；在第（4）~（5）列中，财务报告问询函（CL、CLleg和CLRleg）的回归系数分别为-0.095、-0.001和-0.001，且均不显著；而在第（7）~（9）列中，财务报告问询函（CL、CLleg和CLRleg）的回归系数分别为-0.078、-0.001和-0.001，且均在5%或10%的水平上显著。上述结果表明薪酬委员会与审计委员会的交叠程度越高，越不利于财务报告问询函对高管摄取超额薪酬的行为的抑制作用，验证了假设7-3b的研究内容。

表7-7报告了借助模型（6-1），分组检验假设7-4a与假设7-4b的回归结果，其中，被解释变量分别为 Overpay；解释变量分别为 CL、CLleg 和 CLRleg，具体如表7-7所示。

表7-7　　　　　　　　　模型（6-1）的分组回归结果（2）

| 变量 | Overpay | | | | | | | | |
|---|---|---|---|---|---|---|---|---|---|
| | （1） | （2） | （3） | （4） | （5） | （6） | （7） | （8） | （9） |
| | 全样本 | | | 交叠程度高组 | | | 交叠程度低组 | | |
| CL | -0.074\*\*\*<br>（-3.23） | | | -0.142\*<br>（-1.81） | | | -0.082\*\*\*<br>（-2.80） | | |
| CL×ROA | -0.748\*\*\*<br>（-2.98） | | | -1.167<br>（-1.57） | | | -0.856\*\*\*<br>（-2.71） | | |
| CLleg | | -0.001<br>（-0.25） | | | -0.005<br>（-1.25） | | | -0.003<br>（-0.99） | |
| CLleg×ROA | | -0.131\*\*\*<br>（-4.84） | | | -0.229<br>（-1.50） | | | -0.131\*\*\*<br>（-3.99） | |
| CLRleg | | | 0.000<br>（0.06） | | | -0.003<br>（-0.79） | | | -0.003<br>（-0.89） |
| CLRleg×ROA | | | -0.105\*\*\*<br>（-4.75） | | | -0.182<br>（-1.35） | | | -0.108\*\*\*<br>（-4.07） |

续表

| 变量 | Overpay | | | | | | | | |
|---|---|---|---|---|---|---|---|---|---|
| | (1) | (2) | (3) | (4) | (5) | (6) | (7) | (8) | (9) |
| | 全样本 | | | 交叠程度高组 | | | 交叠程度低组 | | |
| ROA | 1.259*** | 1.372*** | 1.372*** | 2.392*** | 2.510*** | 2.519*** | 1.223*** | 1.341*** | 1.342*** |
| | (9.78) | (10.65) | (10.63) | (11.30) | (11.76) | (11.70) | (8.20) | (9.02) | (9.03) |
| Olvp | 0.085*** | 0.085*** | 0.085*** | | | | | | |
| | (11.05) | (11.04) | (11.06) | | | | | | |
| SOE | −0.084*** | −0.080*** | −0.080*** | −0.089*** | −0.085*** | −0.084*** | −0.130*** | −0.126*** | −0.126*** |
| | (−3.68) | (−3.52) | (−3.50) | (−2.90) | (−2.75) | (−2.73) | (−4.96) | (−4.82) | (−4.82) |
| DUAL | 0.057*** | 0.057*** | 0.057*** | 0.062** | 0.062** | 0.063** | 0.049** | 0.049** | 0.049** |
| | (3.01) | (3.02) | (3.01) | (2.31) | (2.32) | (2.32) | (2.24) | (2.25) | (2.25) |
| SIZE | −0.017 | −0.016 | −0.016 | 0.016 | 0.017 | 0.017 | 0.019* | 0.020* | 0.020* |
| | (−1.58) | (−1.54) | (−1.55) | (1.18) | (1.21) | (1.22) | (1.67) | (1.71) | (1.72) |
| LEV | −0.009 | −0.009 | −0.008 | 0.079 | 0.082 | 0.081 | −0.116* | −0.117* | −0.115* |
| | (−0.17) | (−0.17) | (−0.15) | (1.06) | (1.09) | (1.09) | (−1.87) | (−1.88) | (−1.85) |
| TOP1 | −0.003*** | −0.003*** | −0.003*** | −0.005*** | −0.005*** | −0.005*** | −0.001 | −0.001 | −0.001 |
| | (−4.12) | (−4.12) | (−4.11) | (−5.16) | (−5.18) | (−5.18) | (−1.24) | (−1.28) | (−1.28) |
| Growth | −0.059*** | −0.061*** | −0.061*** | −0.067*** | −0.068*** | −0.069*** | −0.046*** | −0.047*** | −0.047*** |
| | (−5.11) | (−5.19) | (−5.23) | (−3.89) | (−3.95) | (−3.98) | (−2.91) | (−2.96) | (−2.99) |
| INDIR | −0.160 | −0.167 | −0.162 | −0.011 | −0.008 | −0.001 | −0.314 | −0.325 | −0.319 |
| | (−0.93) | (−0.97) | (−0.94) | (−0.05) | (−0.04) | (−0.01) | (−1.50) | (−1.55) | (−1.52) |
| MRS | −0.183*** | −0.181*** | −0.180*** | −0.245*** | −0.237** | −0.235** | −0.025 | −0.028 | −0.027 |
| | (−2.87) | (−2.83) | (−2.81) | (−2.61) | (−2.52) | (−2.50) | (−0.36) | (−0.39) | (−0.38) |
| BSIZE | 0.111** | 0.114** | 0.114** | 0.113 | 0.120* | 0.121* | 0.118* | 0.121* | 0.120* |
| | (2.07) | (2.14) | (2.13) | (1.58) | (1.67) | (1.69) | (1.86) | (1.90) | (1.88) |
| IA | 0.034 | 0.035 | 0.036 | 0.310 | 0.330 | 0.336 | −0.083 | −0.094 | −0.094 |
| | (0.19) | (0.20) | (0.20) | (1.20) | (1.27) | (1.30) | (−0.41) | (−0.46) | (−0.47) |
| Violate | −0.009 | −0.015 | −0.016 | −0.040** | −0.047** | −0.048** | 0.001 | −0.004 | −0.004 |
| | (−0.65) | (−1.08) | (−1.11) | (−2.00) | (−2.33) | (−2.40) | (0.07) | (−0.20) | (−0.19) |
| Opinion | 0.063 | 0.040 | 0.043 | 0.118 | 0.081 | 0.082 | 0.040 | 0.023 | 0.027 |
| | (1.45) | (0.90) | (0.97) | (1.63) | (1.09) | (1.11) | (0.80) | (0.47) | (0.53) |

续表

| 变量 | *Overpay* | | | | | | | | |
| | (1) | (2) | (3) | (4) | (5) | (6) | (7) | (8) | (9) |
| | 全样本 | | | 交叠程度高组 | | | 交叠程度低组 | | |
| 常数项 | 0.193 (0.49) | 0.125 (0.42) | 0.123 (0.42) | −0.608 (−1.63) | −0.375 (−0.91) | −0.384 (−0.93) | −0.555* (−1.91) | −0.569* (−1.95) | −0.573* (−1.96) |
| *Industry* | Control | Control | Control | Control | Control | Control | Control | Control | Control |
| *Year* | Control | Control | Control | Control | Control | Control | Control | Control | Control |
| 样本数 | 16382 | 16382 | 16382 | 8095 | 8095 | 8095 | 8287 | 8287 | 8287 |
| R-squared | 0.076 | 0.077 | 0.077 | 0.070 | 0.071 | 0.071 | 0.048 | 0.050 | 0.050 |

注：***、**和*分别表示在1%、5%和10%的水平上显著；括号内的数据为t值。

薪酬委员会与审计委员会交叠的增强能够显著抑制财务报告问询函对企业高管实施"结果正当性"的薪酬辩护，验证了假设7-4b的研究内容。表7-7中，第（1）~（3）列中，财务报告问询函（*CL*、*CLleg*和*CLRleg*）与经营业绩（*ROA*）交乘项（*CL×ROA*、*CLleg×ROA*和*CLRleg×ROA*）的回归系数分别为−0.748、−0.131与−0.105，且均在1%的水平上显著；表7-7的第（4）~（6）列中，交乘项（*CL×ROA*、*CLleg×ROA*和*CLRleg×ROA*）的回归系数分别为−1.167、−0.229与−0.182，但均不显著；第（7）~（9）列中，交乘项（*CL×ROA*、*CLleg×ROA*和*CLRleg×ROA*）的回归系数分别为−0.856、−0.131与−0.108，且均在1%的水平上显著。上述结果表明，企业薪酬委员会与审计委员会的交叠会削弱对高管的监督，会抑制财务报告问询函对高管超额薪酬与薪酬辩护的治理作用，即验证了假设7-4b的内容。

# 7.4 稳健性检验

## 7.4.1 变更超额薪酬的度量方式

为了进一步强化对超额薪酬指标度量，本章借助虚拟变量的度量指标

（变量 *Over*），并以 Probit 回归的方式，重新检验了本章的研究假设，回归结果进一步支持了本章的研究假设。

借助模型（5-3）重新检验假设7-1，相关结果具体如表7-8所示。

表 7-8 　　　　　　模型（5-3）的分组 Probit 回归结果（1）

| 变量 | Over | | | | | | | | |
|---|---|---|---|---|---|---|---|---|---|
| | (1) | (2) | (3) | (4) | (5) | (6) | (7) | (8) | (9) |
| | 全样本 | | | 独立性高组 | | | 独立性低组 | | |
| CL | -0.098**<br>(-2.25) | | | -0.101**<br>(-2.31) | | | -0.011*<br>(-1.88) | | |
| CLleg | | -0.012**<br>(2.24) | | | -0.026**<br>(-2.41) | | | -0.001<br>(-1.59) | |
| CLRleg | | | -0.011*<br>(1.73) | | | -0.015**<br>(-2.32) | | | -0.004**<br>(-2.11) |
| CCIn | -0.262***<br>(-15.51) | -0.265***<br>(-15.71) | -0.265***<br>(-15.72) | | | | | | |
| SOE | -0.309***<br>(-7.47) | -0.302***<br>(-7.29) | -0.301***<br>(-7.27) | -0.192***<br>(-2.63) | -0.190***<br>(-2.59) | -0.191***<br>(-2.61) | -0.377***<br>(-5.49) | -0.368***<br>(-5.37) | -0.365***<br>(-5.33) |
| DUAL | 0.185***<br>(4.43) | 0.186***<br>(4.45) | 0.185***<br>(4.44) | 0.268***<br>(3.67) | 0.264***<br>(3.62) | 0.265***<br>(3.62) | 0.157**<br>(2.27) | 0.162**<br>(2.34) | 0.159**<br>(2.30) |
| SIZE | -0.094***<br>(-4.94) | -0.095***<br>(-4.98) | -0.095***<br>(-4.98) | -0.052*<br>(-1.67) | -0.050<br>(-1.60) | -0.050<br>(-1.60) | -0.166***<br>(-5.02) | -0.168***<br>(-5.09) | -0.169***<br>(-5.12) |
| LEV | -0.142<br>(-1.31) | -0.145<br>(-1.34) | -0.144<br>(-1.32) | 0.609***<br>(2.81) | 0.626***<br>(2.88) | 0.629***<br>(2.89) | -0.240<br>(-1.33) | -0.248<br>(-1.37) | -0.244<br>(-1.35) |
| TOP1 | -0.010***<br>(-8.15) | -0.010***<br>(-8.06) | -0.010***<br>(-8.06) | -0.017***<br>(-8.21) | -0.017***<br>(-8.32) | -0.017***<br>(-8.33) | -0.006***<br>(-2.88) | -0.006***<br>(-2.89) | -0.006***<br>(-2.87) |
| ROA | 3.402***<br>(10.04) | 3.545***<br>(10.41) | 3.549***<br>(10.42) | 7.249***<br>(10.32) | 7.492***<br>(10.58) | 7.488***<br>(10.58) | 3.194***<br>(5.67) | 3.361***<br>(5.94) | 3.394***<br>(5.99) |
| Growth | -0.145***<br>(-3.96) | -0.149***<br>(-4.05) | -0.149***<br>(-4.07) | -0.154**<br>(-2.23) | -0.149**<br>(-2.14) | -0.148**<br>(-2.12) | -0.139**<br>(-2.44) | -0.148***<br>(-2.59) | -0.150***<br>(-2.61) |

| 变量 | *Over* | | | | | | | | |
|---|---|---|---|---|---|---|---|---|---|
| | (1) | (2) | (3) | (4) | (5) | (6) | (7) | (8) | (9) |
| | 全样本 | | | 独立性高组 | | | 独立性低组 | | |
| *INDIR* | −0.733 ** | −0.757 ** | −0.756 ** | −0.307 | −0.311 | −0.316 | −1.014 | −1.012 | −1.015 |
| | (−1.96) | (−2.02) | (−2.02) | (−0.51) | (−0.51) | (−0.52) | (−1.58) | (−1.58) | (−1.58) |
| *MRS* | −0.729 *** | −0.723 *** | −0.723 *** | −0.917 *** | −0.892 *** | −0.889 *** | −0.934 *** | −0.958 *** | −0.953 *** |
| | (−5.07) | (−5.01) | (−5.01) | (−3.81) | (−3.70) | (−3.69) | (−3.87) | (−3.95) | (−3.93) |
| *BSIZE* | 0.342 *** | 0.347 *** | 0.347 *** | 0.124 | 0.133 | 0.134 | 0.423 ** | 0.441 ** | 0.443 ** |
| | (3.21) | (3.26) | (3.25) | (0.69) | (0.74) | (0.74) | (2.38) | (2.47) | (2.48) |
| *IA* | −0.256 | −0.246 | −0.246 | 1.066 * | 1.098 * | 1.093 * | −1.314 ** | −1.338 ** | −1.333 ** |
| | (−0.77) | (−0.74) | (−0.74) | (1.84) | (1.89) | (1.89) | (−2.40) | (−2.44) | (−2.43) |
| *Violate* | −0.028 | −0.044 | −0.044 | 0.035 | 0.039 | 0.038 | −0.083 | −0.099 | −0.102 |
| | (−0.59) | (−0.91) | (−0.91) | (0.39) | (0.43) | (0.42) | (−1.04) | (−1.23) | (−1.28) |
| *Opinion* | 0.172 * | 0.146 | 0.145 | 0.245 | 0.222 | 0.226 | 0.280 | 0.251 | 0.240 |
| | (1.69) | (1.39) | (1.39) | (0.82) | (0.73) | (0.75) | (1.50) | (1.33) | (1.28) |
| 常数项 | 1.880 *** | 1.915 *** | 1.916 *** | 1.015 | −0.378 | −0.376 | 3.457 *** | 3.573 *** | 3.585 *** |
| | (3.71) | (3.75) | (3.75) | (0.91) | (−0.27) | (−0.27) | (3.92) | (4.03) | (4.04) |
| *Industry* | Control | Control | Control | Control | Control | Control | Control | Control | Control |
| *Year* | Control | Control | Control | Control | Control | Control | Control | Control | Control |
| 样本数 | 16382 | 16382 | 16382 | 7847 | 7847 | 7847 | 8535 | 8535 | 8535 |
| Pseudo R² | 0.079 | 0.069 | 0.071 | 0.081 | 0.077 | 0.073 | 0.069 | 0.072 | 0.073 |

注：*** 、** 和 * 分别表示在 1% 、5% 和 10% 的水平上显著；括号内的数据为 t 值；第（4）列与第（7）列的 $CL \times ROA$ 回归系数的 t 值比较：$chi^2 = 18.235$，$Prob > chi^2 = 0.000$；第（6）列与第（9）列的 $CLRleg \times ROA$ 回归系数的 t 值比较：$chi^2 = 19.395$，$Prob > chi^2 = 0.000$。

由表 7 - 8 可知，在第（1）~（3）列中，财务报告问询函（*CL*、*CLleg* 和 *CLRleg*）的回归系数分别为 −0.098、−0.012 和 −0.011，且均在 5% 或 10% 的水平上显著；在第（4）~（6）列中，财务报告问询函（*CL*、*CLleg* 和 *CLRleg*）的回归系数分别为 −0.101、−0.026 和 −0.015，且均在 5% 的水平上显著；而在第（7）~（9）列中，财务报告问询函（*CL*、*CLleg* 和 *CLRleg*）的回归系数分别为 −0.011、−0.001 和 −0.004，仅第（8）列的回归系数不显著，第（7）列与第（9）列的回归系数分别在10%与5%的水平上显著；同时，第（4）列的 *CL* 回归系数与第（6）列的 *CLRleg* 的回归系数分别显著大于第（7）列与第（9）列中相关变量的回归系数。上述结果表明薪酬委员会独立性越强，独立董事对企业高管的薪酬契约的治理作用越强，从而有助于增强财务报告问询函对高管摄取超额薪酬的行为的抑制作用，进而增强了假设 7-1 研究结果的稳健性。

借助模型（5-3）重新检验假设 7-2，相关结果具体如表 7-9 所示。

表 7-9　　　　　　　　　模型（5-3）的分组 Probit 回归结果（2）

| 变量 | Over | | | | | | | | |
|---|---|---|---|---|---|---|---|---|---|
| | (1) | (2) | (3) | (4) | (5) | (6) | (7) | (8) | (9) |
| | 全样本 | | | 独立性高组 | | | 独立性低组 | | |
| *CL* | -0.158*<br>(-1.96) | | | -0.377**<br>(-2.15) | | | -0.096<br>(-0.71) | | |
| *CL×ROA* | -2.598***<br>(-2.89) | | | -2.030*<br>(-1.77) | | | -4.621<br>(-1.12) | | |
| *CLleg* | | -0.001<br>(-0.14) | | | -0.022<br>(-1.15) | | | 0.007<br>(0.54) | |
| *CLleg×ROA* | | -0.476***<br>(-5.46) | | | -0.399**<br>(-2.35) | | | -0.541<br>(-1.26) | |
| *CLRleg* | | | -0.001<br>(-0.11) | | | -0.021<br>(-1.30) | | | 0.011<br>(0.94) |
| *CLRleg×ROA* | | | -0.385***<br>(-5.37) | | | -0.401***<br>(-2.69) | | | -0.468<br>(-1.42) |
| *CCln* | -0.257***<br>(-15.17) | -0.255***<br>(-14.97) | -0.255***<br>(-14.98) | | | | | | |
| *ROA* | 3.628***<br>(10.39) | 4.079***<br>(11.37) | 4.075***<br>(11.36) | 7.228***<br>(10.30) | 7.421***<br>(10.48) | 7.433***<br>(10.51) | 3.526***<br>(6.07) | 3.761***<br>(6.41) | 3.843***<br>(6.51) |
| *SOE* | -0.308***<br>(-7.43) | -0.298***<br>(-7.19) | -0.297***<br>(-7.17) | -0.192***<br>(-2.62) | -0.188**<br>(-2.51) | -0.189**<br>(-2.58) | -0.373***<br>(-5.43) | -0.364***<br>(-5.31) | -0.360***<br>(-5.24) |
| *DUAL* | 0.185***<br>(4.44) | 0.186***<br>(4.45) | 0.186***<br>(4.44) | 0.267***<br>(3.65) | 0.262***<br>(3.58) | 0.262***<br>(3.59) | 0.157**<br>(2.28) | 0.165**<br>(2.37) | 0.163**<br>(2.35) |

续表

| 变量 | Over | | | | | | | | |
|---|---|---|---|---|---|---|---|---|---|
| | (1) | (2) | (3) | (4) | (5) | (6) | (7) | (8) | (9) |
| | 全样本 | | | 独立性高组 | | | 独立性低组 | | |
| SIZE | −0.093 *** | −0.092 *** | −0.092 *** | −0.052 * | −0.050 | −0.050 | −0.164 *** | −0.164 *** | −0.165 *** |
| | (−4.88) | (−4.79) | (−4.79) | (−1.67) | (−1.60) | (−1.60) | (−4.97) | (−4.95) | (−4.97) |
| LEV | −0.125 | −0.115 | −0.110 | 0.615 *** | 0.637 *** | 0.643 *** | −0.218 | −0.235 | −0.227 |
| | (−1.15) | (−1.05) | (−1.01) | (2.84) | (2.93) | (2.96) | (−1.20) | (−1.29) | (−1.25) |
| TOP1 | −0.010 *** | −0.010 *** | −0.010 *** | −0.017 *** | −0.017 *** | −0.017 *** | −0.006 *** | −0.006 *** | −0.006 *** |
| | (−8.25) | (−8.32) | (−8.33) | (−8.21) | (−8.32) | (−8.34) | (−2.98) | (−3.03) | (−3.04) |
| Growth | −0.144 *** | −0.147 *** | −0.148 *** | −0.154 ** | −0.148 ** | −0.146 ** | −0.136 ** | −0.144 ** | −0.147 ** |
| | (−3.92) | (−3.99) | (−4.02) | (−2.22) | (−2.12) | (−2.10) | (−2.39) | (−2.52) | (−2.56) |
| INDIR | −0.722 * | −0.745 ** | −0.728 * | −0.298 | −0.294 | −0.291 | −1.033 | −1.044 | −1.018 |
| | (−1.93) | (−1.99) | (−1.94) | (−0.49) | (−0.49) | (−0.48) | (−1.61) | (−1.63) | (−1.59) |
| MRS | −0.734 *** | −0.735 *** | −0.733 *** | −0.915 *** | −0.886 *** | −0.881 *** | −0.951 *** | −0.977 *** | −0.973 *** |
| | (−5.11) | (−5.09) | (−5.08) | (−3.81) | (−3.67) | (−3.65) | (−3.93) | (−4.02) | (−4.00) |
| BSIZE | 0.346 *** | 0.358 *** | 0.355 *** | 0.126 | 0.140 | 0.141 | 0.417 ** | 0.434 ** | 0.438 ** |
| | (3.25) | (3.35) | (3.33) | (0.70) | (0.78) | (0.79) | (2.35) | (2.43) | (2.45) |
| IA | −0.263 | −0.263 | −0.260 | 1.062 * | 1.089 * | 1.083 * | −1.348 ** | −1.377 ** | −1.359 ** |
| | (−0.79) | (−0.79) | (−0.78) | (1.84) | (1.88) | (1.87) | (−2.46) | (−2.51) | (−2.47) |
| Violate | −0.030 | −0.044 | −0.044 | 0.033 | 0.036 | 0.033 | −0.085 | −0.101 | −0.105 |
| | (−0.61) | (−0.91) | (−0.90) | (0.37) | (0.39) | (0.37) | (−1.07) | (−1.27) | (−1.32) |
| Opinion | 0.134 | 0.063 | 0.074 | 0.234 | 0.193 | 0.189 | 0.232 | 0.187 | 0.182 |
| | (1.28) | (0.59) | (0.70) | (0.79) | (0.64) | (0.63) | (1.24) | (0.98) | (0.96) |
| 常数项 | 1.841 *** | 1.812 *** | 1.809 *** | 0.997 | −0.421 | −0.432 | 3.451 *** | 3.513 *** | 3.506 *** |
| | (3.63) | (3.54) | (3.54) | (0.89) | (−0.30) | (−0.31) | (3.92) | (3.96) | (3.95) |
| Industry | Control | Control | Control | Control | Control | Control | Control | Control | Control |
| Year | Control | Control | Control | Control | Control | Control | Control | Control | Control |
| 样本数 | 16382 | 16382 | 16382 | 7847 | 7847 | 7847 | 8535 | 8535 | 8535 |
| Pseudo $R^2$ | 0.079 | 0.074 | 0.070 | 0.082 | 0.081 | 0.081 | 0.079 | 0.073 | 0.077 |

注：*** 、** 和 * 分别表示在 1%、5% 和 10% 的水平上显著；括号内的数据为 t 值。

在表 7 − 9 的第（1）~（3）列中，财务报告问询函（*CL*、*CLleg* 和 *CLRleg*）

与经营业绩（ROA）交乘项（CL×ROA、CLleg×ROA 和 CLRleg×ROA）的回归系数分别为 -2.598、-0.476 和 -0.385，且均在 1% 的水平上显著；表 7-9 的第（4）~（6）列中，交乘项（CL×ROA、CLleg×ROA 和 CLRleg×ROA）的回归系数分别为 -2.030、-0.399 和 -0.401，且分别在 10%、5% 和 1% 的水平上显著；第（7）~（9）列中，交乘项（CL×ROA、CLleg×ROA 和 CLRleg×ROA）的回归系数分别为 -4.621、-0.541 和 -0.468，但均不显著。上述结果表明，企业薪酬委员会独立性的增强能够发挥独立董事对企业高管薪酬契约的治理作用，从而显著加强财务报告问询函抑制高管利用经营业绩的提升实施"结果正当性"的薪酬辩护行为，即验证了假设 7-2 的内容。

借助模型（5-3）重新检验假设 7-3a 与假设 7-3b 的研究内容，相关结果具体如表 7-10 所示。

表 7-10　　　　　模型（5-3）的分组 Probit 回归结果（3）

| 变量 | Over | | | | | | | | |
|---|---|---|---|---|---|---|---|---|---|
| | （1） | （2） | （3） | （4） | （5） | （6） | （7） | （8） | （9） |
| | 全样本 | | | 交叠程度高组 | | | 交叠程度低组 | | |
| CL | -0.219*** (-2.79) | | | -0.112* (-1.76) | | | -0.287** (-2.06) | | |
| CLleg | | -0.004** (-2.02) | | | -0.005 (-0.41) | | | -0.011** (-2.13) | |
| CLRleg | | | -0.002** (-2.26) | | | -0.002 (-0.23) | | | -0.010** (-2.15) |
| Olvp | 0.043*** (4.90) | 0.044*** (5.00) | 0.044*** (5.00) | | | | | | |
| SOE | -0.381*** (-9.29) | -0.374*** (-9.11) | -0.373*** (-9.10) | -0.268*** (-4.64) | -0.262*** (-4.53) | -0.261*** (-4.52) | -0.490*** (-8.32) | -0.482*** (-8.20) | -0.482*** (-8.19) |
| DUAL | 0.185*** (4.44) | 0.187*** (4.47) | 0.186*** (4.47) | 0.212*** (3.53) | 0.211*** (3.53) | 0.211*** (3.53) | 0.146** (2.52) | 0.148** (2.55) | 0.148** (2.55) |
| SIZE | 0.011 (0.62) | 0.011 (0.64) | 0.012 (0.65) | -0.017 (-0.71) | -0.015 (-0.62) | -0.015 (-0.62) | 0.034 (1.30) | 0.034 (1.30) | 0.034 (1.30) |

续表

| 变量 | Over | | | | | | | | |
|---|---|---|---|---|---|---|---|---|---|
| | (1) | (2) | (3) | (4) | (5) | (6) | (7) | (8) | (9) |
| | 全样本 | | | 交叠程度高组 | | | 交叠程度低组 | | |
| LEV | −0.210* | −0.213* | −0.214* | 0.181 | 0.164 | 0.163 | −0.532*** | −0.530*** | −0.528*** |
| | (−1.92) | (−1.95) | (−1.96) | (1.11) | (1.01) | (1.01) | (−3.61) | (−3.59) | (−3.58) |
| TOP1 | −0.010*** | −0.010*** | −0.010*** | −0.016*** | −0.016*** | −0.016*** | −0.004*** | −0.004*** | −0.004*** |
| | (−8.32) | (−8.23) | (−8.22) | (−9.29) | (−9.23) | (−9.22) | (−2.69) | (−2.67) | (−2.67) |
| ROA | 4.897*** | 5.063*** | 5.072*** | 6.532*** | 6.641*** | 6.651*** | 3.565*** | 3.760*** | 3.761*** |
| | (14.53) | (14.93) | (14.95) | (12.57) | (12.72) | (12.73) | (8.18) | (8.57) | (8.57) |
| Growth | −0.141*** | −0.145*** | −0.145*** | −0.160*** | −0.164*** | −0.164*** | −0.111** | −0.115** | −0.115** |
| | (−3.84) | (−3.93) | (−3.93) | (−3.00) | (−3.07) | (−3.07) | (−2.22) | (−2.28) | (−2.28) |
| INDIR | −0.682* | −0.701* | −0.702* | −0.262 | −0.248 | −0.248 | −1.188** | −1.231** | −1.230** |
| | (−1.83) | (−1.87) | (−1.88) | (−0.51) | (−0.48) | (−0.48) | (−2.17) | (−2.24) | (−2.24) |
| MRS | −0.544*** | −0.537*** | −0.536*** | −0.681*** | −0.660*** | −0.659*** | −0.409** | −0.409** | −0.410** |
| | (−3.80) | (−3.74) | (−3.73) | (−3.16) | (−3.06) | (−3.05) | (−2.13) | (−2.13) | (−2.13) |
| BSIZE | 0.345*** | 0.350*** | 0.350*** | 0.211 | 0.224 | 0.224 | 0.509*** | 0.509*** | 0.507*** |
| | (3.24) | (3.28) | (3.28) | (1.42) | (1.50) | (1.51) | (3.31) | (3.29) | (3.29) |
| IA | −0.215 | −0.199 | −0.198 | 0.570 | 0.598 | 0.600 | −0.630 | −0.625 | −0.625 |
| | (−0.64) | (−0.60) | (−0.59) | (1.18) | (1.24) | (1.24) | (−1.35) | (−1.34) | (−1.34) |
| Violate | −0.033 | −0.048 | −0.049 | −0.085 | −0.095 | −0.096 | −0.032 | −0.053 | −0.052 |
| | (−0.68) | (−0.98) | (−1.01) | (−1.22) | (−1.36) | (−1.37) | (−0.48) | (−0.78) | (−0.78) |
| Opinion | 0.232** | 0.209* | 0.206* | 0.347* | 0.300 | 0.297 | 0.124 | 0.109 | 0.109 |
| | (2.16) | (1.93) | (1.90) | (1.91) | (1.64) | (1.63) | (0.96) | (0.83) | (0.83) |
| 常数项 | −0.354 | −0.352 | −0.355 | 0.153 | 0.036 | 0.031 | −0.702 | −0.695 | −0.692 |
| | (−0.73) | (−0.72) | (−0.73) | (0.22) | (0.05) | (0.04) | (−0.99) | (−0.98) | (−0.98) |
| Industry | Control | Control | Control | Control | Control | Control | Control | Control | Control |
| Year | Control | Control | Control | Control | Control | Control | Control | Control | Control |
| 样本数 | 16382 | 16382 | 16382 | 8095 | 8095 | 8095 | 8287 | 8287 | 8287 |
| Pseudo R² | 0.091 | 0.089 | 0.092 | 0.092 | 0.091 | 0.091 | 0.079 | 0.083 | 0.077 |

注：***、**和*分别表示在1%、5%和10%的水平上显著；括号内的数据为t值；第（4）列与第（7）列的 CL 回归系数的 t 值比较：chi² = 18.190，Prob > chi² = 0.000。

在表 7 – 11 的第（1）~（3）列中，财务报告问询函（*CL*、*CLleg* 和 *CLRleg*）的回归系数分别为 – 0. 219、– 0. 004 和 – 0. 002，且均在 1% 或 5% 的水平上显著；在第（4）~（6）列中，财务报告问询函（*CL*、*CLleg* 和 *CLR-leg*）的回归系数分别为 – 0. 112、– 0. 005 和 – 0. 002，除了第（4）列的回归系数在 10% 的水平上显著，其他列的回归系数并不显著；而在第（7）~（9）列中，财务报告问询函（*CL*、*CLleg* 和 *CLRleg*）的回归系数分别为 – 0. 287、– 0. 011 和 – 0. 010，且均在 5% 的水平上显著。上述结果表明薪酬委员会与审计委员会的交叠程度越高，越不利于财务报告问询函对高管摄取超额薪酬的行为的抑制作用，验证了假设 7 – 3b 的研究内容。

借助模型（5 – 3）重新检验假设 7 – 4a 与假设 7 – 4b，相关结果具体如表 7 – 11 所示。

表 7 – 11　　　　　　　模型（5 – 3）的分组 Probit 回归结果（4）

| 变量 | Over | | | | | | | | |
|---|---|---|---|---|---|---|---|---|---|
| | （1） | （2） | （3） | （4） | （5） | （6） | （7） | （8） | （9） |
| | 全样本 | | | 交叠程度高组 | | | 交叠程度低组 | | |
| *CL* | – 0. 295 *** <br>（– 3. 66） | | | – 0. 332 *** <br>（– 2. 70） | | | – 0. 208 * <br>（– 1. 96） | | |
| *CL × ROA* | – 3. 758 *** <br>（– 4. 07） | | | – 2. 103 * <br>（– 1. 73） | | | – 4. 154 *** <br>（– 3. 73） | | |
| *CLleg* | | – 0. 015 * <br>（– 1. 85） | | | – 0. 015 <br>（– 1. 19） | | | – 0. 008 <br>（– 0. 77） | |
| *CLleg × ROA* | | – 0. 609 *** <br>（– 6. 84） | | | – 0. 603 <br>（– 0. 94） | | | – 0. 611 *** <br>（– 5. 59） | |
| *CLRleg* | | | – 0. 012 * <br>（– 1. 70） | | | – 0. 012 <br>（– 1. 09） | | | – 0. 007 <br>（– 0. 74） |
| *CLRleg × ROA* | | | – 0. 499 *** <br>（– 6. 83） | | | – 0. 516 <br>（– 1. 27） | | | – 0. 480 *** <br>（– 5. 36） |
| *ROA* | 5. 177 *** <br>（14. 96） | 5. 662 *** <br>（15. 93） | 5. 671 *** <br>（15. 95） | 6. 585 *** <br>（12. 63） | 6. 950 *** <br>（13. 11） | 6. 990 *** <br>（13. 15） | 4. 038 *** <br>（8. 79） | 4. 609 *** <br>（9. 69） | 4. 563 *** <br>（9. 62） |

续表

| 变量 | Over | | | | | | | | |
|---|---|---|---|---|---|---|---|---|---|
| | (1) | (2) | (3) | (4) | (5) | (6) | (7) | (8) | (9) |
| | 全样本 | | | 交叠程度高组 | | | 交叠程度低组 | | |
| Olvp | 0.043 *** (4.82) | 0.042 *** (4.73) | 0.042 *** (4.73) | | | | | | |
| SOE | −0.377 *** (−9.18) | −0.365 *** (−8.89) | −0.364 *** (−8.86) | −0.266 *** (−4.61) | −0.255 *** (−4.41) | −0.254 *** (−4.38) | −0.483 *** (−8.20) | −0.471 *** (−7.99) | −0.471 *** (−7.99) |
| DUAL | 0.185 *** (4.44) | 0.186 *** (4.46) | 0.186 *** (4.46) | 0.211 *** (3.52) | 0.210 *** (3.50) | 0.210 *** (3.50) | 0.150 *** (2.58) | 0.152 *** (2.61) | 0.151 *** (2.60) |
| SIZE | 0.010 (0.55) | 0.010 (0.57) | 0.010 (0.58) | −0.018 (−0.74) | −0.017 (−0.71) | −0.017 (−0.70) | 0.034 (1.28) | 0.036 (1.35) | 0.036 (1.35) |
| LEV | −0.185 * (−1.69) | −0.170 (−1.55) | −0.168 (−1.53) | 0.193 (1.18) | 0.207 (1.27) | 0.210 (1.29) | −0.506 *** (−3.43) | −0.493 *** (−3.33) | −0.488 *** (−3.30) |
| TOP1 | −0.010 *** (−8.46) | −0.010 *** (−8.54) | −0.010 *** (−8.54) | −0.016 *** (−9.32) | −0.017 *** (−9.38) | −0.017 *** (−9.40) | −0.005 *** (−2.84) | −0.005 *** (−2.97) | −0.005 *** (−2.97) |
| Growth | −0.139 *** (−3.78) | −0.142 *** (−3.84) | −0.143 *** (−3.86) | −0.159 *** (−2.98) | −0.162 *** (−3.03) | −0.162 *** (−3.03) | −0.110 ** (−2.19) | −0.114 ** (−2.25) | −0.115 ** (−2.28) |
| INDIR | −0.668 * (−1.79) | −0.690 * (−1.84) | −0.674 * (−1.80) | −0.262 (−0.51) | −0.245 (−0.48) | −0.230 (−0.45) | −1.147 ** (−2.09) | −1.201 ** (−2.18) | −1.178 ** (−2.14) |
| MRS | −0.557 *** (−3.88) | −0.563 *** (−3.91) | −0.559 *** (−3.88) | −0.683 *** (−3.17) | −0.666 *** (−3.08) | −0.662 *** (−3.07) | −0.431 ** (−2.25) | −0.451 ** (−2.34) | −0.448 ** (−2.32) |
| BSIZE | 0.349 *** (3.28) | 0.359 *** (3.37) | 0.358 *** (3.36) | 0.212 (1.43) | 0.232 (1.56) | 0.234 (1.58) | 0.519 *** (3.37) | 0.524 *** (3.39) | 0.517 *** (3.35) |
| IA | −0.227 (−0.68) | −0.222 (−0.67) | −0.218 (−0.65) | 0.569 (1.17) | 0.607 (1.25) | 0.618 (1.28) | −0.663 (−1.42) | −0.698 (−1.50) | −0.695 (−1.49) |
| Violate | −0.034 (−0.71) | −0.048 (−0.98) | −0.049 (−1.00) | −0.087 (−1.25) | −0.101 (−1.45) | −0.105 (−1.50) | −0.029 (−0.43) | −0.044 (−0.65) | −0.041 (−0.62) |
| opinion | 0.177 (1.64) | 0.101 (0.93) | 0.111 (1.02) | 0.321 * (1.77) | 0.202 (1.11) | 0.199 (1.09) | 0.062 (0.47) | 0.005 (0.04) | 0.026 (0.19) |

续表

| 变量 | Over | | | | | | | | |
|------|------|------|------|------|------|------|------|------|------|
| | （1） | （2） | （3） | （4） | （5） | （6） | （7） | （8） | （9） |
| | 全样本 | | | 交叠程度高组 | | | 交叠程度低组 | | |
| 常数项 | −0.345<br>（−0.71） | −0.357<br>（−0.73） | −0.364<br>（−0.75） | 0.163<br>（0.24） | 0.055<br>（0.08） | 0.040<br>（0.06） | −0.735<br>（−1.04） | −0.770<br>（−1.09） | −0.773<br>（−1.09） |
| *Industry* | Control | Control | Control | Control | Control | Control | Control | Control | Control |
| *Year* | Control | Control | Control | Control | Control | Control | Control | Control | Control |
| 样本数 | 16382 | 16382 | 16382 | 8095 | 8095 | 8095 | 8287 | 8287 | 8287 |
| Pseudo $R^2$ | 0.093 | 0.092 | 0.094 | 0.091 | 0.090 | 0.091 | 0.089 | 0.086 | 0.087 |

注：\*\*\*、\*\* 和 \* 分别表示在1%、5%和10%的水平上显著；括号内的数据为 t 值；第（4）列与第（7）列的 $CL \times ROA$ 回归系数的 t 值比较：$chi^2 = 17.997$，$Prob > chi^2 = 0.000$。

由表 7 - 11 可知，在第（1）~（3）列中，财务报告问询函（*CL*、*CLleg* 与 *CLRleg*）的回归系数分别为 −3.758、−0.609 和 −0.499，且均在1%的水平上显著；在第（4）~（6）列中，财务报告问询函（*CL*、*CLleg* 和 *CLRleg*）的回归系数分别为 −2.103、−0.603 和 −0.516，除了第（4）列的回归系数在10%的水平上显著，其他列的回归系数均不显著；而在第（7）~（9）列中，财务报告问询函（*CL*、*CLleg* 和 *CLRleg*）的回归系数分别为 −4.154、−0.611 和 −0.480，且均在1%的水平上显著；同时，第（9）列 *CLRleg* 的回归系数显著小于第（4）列的回归系数。上述结果表明薪酬委员会与审计委员会的交叠程度越高，越不利于财务报告问询函对高管摄取超额薪酬的行为的抑制作用，增强了假设 7 -4b 的研究内容。

## 7.4.2 变换财务报告问询函的度量指标

为进一步加强对财务报告问询函的度量，本章参考张俊生等（2018）等相关文献的研究方法，形成新的变量指标（变量 *WXH*），若当年样本企业收到证券交易所出具的财务报告问询函则取值1，否则取值为0，以避免采用层级的数量度量财务报告问询函。

借助模型（5 - 3）重新检验假设 7 - 1，相关结果具体如表 7 - 12 所示。

表 7 –12　　　　　　　模型（5 –3）变换财务报告问询函度量
方式后的分组回归结果（1）

| 变量 | Overpay | | |
| --- | --- | --- | --- |
| | （1） | （2） | （3） |
| | 全样本 | 独立性高组 | 独立性低组 |
| WXH | − 0. 042 **<br>（ − 2. 56） | − 0. 123 ***<br>（ − 3. 59） | − 0. 008<br>（ − 0. 30） |
| CCln | 0. 086 ***<br>（11. 21） | | |
| SOE | − 0. 084 ***<br>（ − 3. 70） | − 0. 108 ***<br>（ − 2. 77） | − 0. 083 ***<br>（ − 2. 92） |
| DUAL | 0. 057 ***<br>（3. 01） | 0. 079 **<br>（2. 45） | 0. 044 *<br>（1. 83） |
| SIZE | − 0. 017<br>（ − 1. 61） | 0. 020<br>（1. 18） | − 0. 044 ***<br>（ − 3. 38） |
| LEV | − 0. 013<br>（ − 0. 25） | 0. 244 ***<br>（2. 63） | − 0. 070<br>（ − 0. 99） |
| TOP1 | − 0. 003 ***<br>（ − 4. 06） | − 0. 005 ***<br>（ − 4. 40） | − 0. 001<br>（ − 1. 47） |
| ROA | 1. 196 ***<br>（9. 80） | 2. 589 ***<br>（9. 35） | 1. 164 ***<br>（6. 39） |
| Growth | − 0. 060 ***<br>（ − 5. 15） | − 0. 061 ***<br>（ − 2. 69） | − 0. 050 ***<br>（ − 2. 94） |
| INDIR | − 0. 163<br>（ − 0. 95） | 0. 096<br>（0. 36） | − 0. 337<br>（ − 1. 45） |
| MRS | − 0. 182 ***<br>（ − 2. 86） | − 0. 304 ***<br>（ − 2. 99） | − 0. 153 *<br>（ − 1. 86） |
| BSIZE | 0. 109 **<br>（2. 05） | 0. 096<br>（1. 09） | 0. 125 *<br>（1. 77） |
| IA | 0. 036<br>（0. 20） | 0. 309<br>（1. 19） | − 0. 248<br>（ − 0. 96） |

续表

| 变量 | Overpay | | |
| --- | --- | --- | --- |
| | (1) | (2) | (3) |
| | 全样本 | 独立性高组 | 独立性低组 |
| Violate | -0.009<br>(-0.62) | -0.020<br>(-0.75) | 0.004<br>(0.20) |
| Opinion | 0.074 *<br>(1.73) | 0.102<br>(0.71) | 0.096<br>(1.63) |
| 常数项 | 0.204<br>(1.37) | -0.814<br>(-1.51) | 0.687 *<br>(1.90) |
| Industry | Control | Control | Control |
| Year | Control | Control | Control |
| 样本数 | 16382 | 7847 | 8535 |
| R-squared | 0.075 | 0.075 | 0.049 |

注：*** 、** 和 * 分别表示在 1% 、5% 和 10% 的水平上显著；括号内的数据为 t 值。

由表 7 - 12 可知，在第（1）~（3）列中，财务报告问询函（WXH）的回归系数分别为 -0.042、-0.123 和 -0.008。其中，第（1）列的回归系数在 5% 的水平上显著，第（2）列的回归系数在 1% 的水平上显著，第（3）列的回归系数并不显著。上述结果表明薪酬委员会独立性越强，独立董事对企业高管的薪酬契约的治理作用越强，从而有助于增强财务报告问询函对高管摄取超额薪酬的行为的抑制作用，进而增强了假设 7 - 1 研究结果的稳健性。

借助模型（5 - 3）重新检验假设 7 - 2，相关结果具体如表 7 - 13 所示。

表 7 - 13　　　模型（5 - 3）变换财务报告问询函度量
方式后的分组回归结果（2）

| 变量 | Overpay | | |
| --- | --- | --- | --- |
| | (1) | (2) | (3) |
| | 全样本 | 独立性高组 | 独立性低组 |
| WXH | -0.055 ***<br>(-3.21) | -0.113 ***<br>(-3.20) | -0.025<br>(-0.88) |

续表

| 变量 | *Overpay* | | |
| --- | --- | --- | --- |
| | (1) | (2) | (3) |
| | 全样本 | 独立性高组 | 独立性低组 |
| $WXH \times ROA$ | − 0. 730 *** <br> ( − 2. 93) | − 1. 000 ** <br> ( − 2. 42) | − 1. 011 <br> ( − 1. 29) |
| $ROA$ | 1. 258 *** <br> (9. 78) | 2. 575 *** <br> (9. 35) | 1. 231 *** <br> (6. 46) |
| $CCIn$ | 0. 085 *** <br> (11. 04) | | |
| $SOE$ | − 0. 084 *** <br> ( − 3. 68) | − 0. 107 *** <br> ( − 2. 76) | − 0. 082 *** <br> ( − 2. 88) |
| $DUAL$ | 0. 057 *** <br> (3. 01) | 0. 079 ** <br> (2. 43) | 0. 045 * <br> (1. 84) |
| $SIZE$ | − 0. 017 <br> ( − 1. 58) | 0. 020 <br> (1. 18) | − 0. 044 *** <br> ( − 3. 35) |
| $LEV$ | − 0. 009 <br> ( − 0. 16) | 0. 248 *** <br> (2. 67) | − 0. 066 <br> ( − 0. 93) |
| $TOP1$ | − 0. 003 *** <br> ( − 4. 12) | − 0. 005 *** <br> ( − 4. 40) | − 0. 001 <br> ( − 1. 52) |
| $Growth$ | − 0. 059 *** <br> ( − 5. 10) | − 0. 061 *** <br> ( − 2. 67) | − 0. 049 *** <br> ( − 2. 90) |
| $INDIR$ | − 0. 159 <br> ( − 0. 93) | 0. 101 <br> (0. 37) | − 0. 340 <br> ( − 1. 46) |
| $MRS$ | − 0. 183 *** <br> ( − 2. 88) | − 0. 303 *** <br> ( − 2. 98) | − 0. 157 * <br> ( − 1. 90) |
| $BSIZE$ | 0. 111 ** <br> (2. 07) | 0. 097 <br> (1. 10) | 0. 124 * <br> (1. 75) |
| $IA$ | 0. 033 <br> (0. 19) | 0. 307 <br> (1. 19) | − 0. 257 <br> ( − 1. 00) |
| $Violate$ | − 0. 009 <br> ( − 0. 66) | − 0. 021 <br> ( − 0. 80) | 0. 004 <br> (0. 16) |

续表

| 变量 | Overpay | | |
|---|---|---|---|
| | （1） | （2） | （3） |
| | 全样本 | 独立性高组 | 独立性低组 |
| *Opinion* | 0.063<br>（1.44） | 0.096<br>（0.67） | 0.084<br>（1.43） |
| 常数项 | 0.192<br>（1.23） | − 0.823<br>（− 1.53） | 0.685 *<br>（1.90） |
| *Industry* | Control | Control | Control |
| *Year* | Control | Control | Control |
| 样本数 | 16382 | 7847 | 8535 |
| R-squared | 0.076 | 0.076 | 0.050 |

注：***、** 和 * 分别表示在 1%、5% 和 10% 的水平上显著；括号内的数据为 t 值。

在表 7 – 13 的第（1）~（3）列中，财务报告问询函（*WXH*）与经营业绩（*ROA*）交乘项（*WXH* × *ROA*）的回归系数分别为 − 0.730、− 1.000 和 − 1.011。其中，第（1）列的回归系数在 1% 的水平上显著，第（2）列的回归系数在 5% 的水平上显著，第（3）列的回归系数并不显著。上述结果表明，企业薪酬委员会独立性的增强能够发挥独立董事对企业高管薪酬契约的治理作用，从而显著加强财务报告问询函抑制高管利用经营业绩的提升实施"结果正当性"的薪酬辩护行为，即增强了假设 7 – 2 的稳健性。

借助模型（5 – 3）重新检验假设 7 – 3a 与假设 7 – 3b，相关结果具体如表 7 – 14 所示。

表 7 – 14　　　　　　　模型（5 – 3）变换财务报告问询函度量<br>方式后的分组回归结果（3）

| 变量 | Overpay | | |
|---|---|---|---|
| | （1） | （2） | （3） |
| | 全样本 | 交叠程度高组 | 交叠程度低组 |
| *WXH* | − 0.070 ***<br>（− 4.25） | − 0.042 **<br>（− 2.06） | − 0.099 ***<br>（− 3.86） |

续表

| 变量 | Overpay | | |
| --- | --- | --- | --- |
| | (1) | (2) | (3) |
| | 全样本 | 交叠程度高组 | 交叠程度低组 |
| Olvp | 0.011 ***<br>(3.31) | | |
| SOE | -0.112 ***<br>(-4.86) | -0.090 ***<br>(-2.93) | -0.131 ***<br>(-5.03) |
| DUAL | 0.058 ***<br>(3.00) | 0.063 **<br>(2.33) | 0.048 **<br>(2.21) |
| SIZE | 0.021 **<br>(2.02) | 0.016<br>(1.21) | 0.019 *<br>(1.68) |
| LEV | -0.041<br>(-0.77) | 0.072<br>(0.97) | -0.121 *<br>(-1.95) |
| TOP1 | -0.003 ***<br>(-4.21) | -0.005 ***<br>(-5.12) | -0.001<br>(-1.17) |
| ROA | 1.676 ***<br>(13.21) | 2.355 ***<br>(11.43) | 1.132 ***<br>(8.12) |
| Growth | -0.058 ***<br>(-4.89) | -0.068 ***<br>(-3.93) | -0.046 ***<br>(-2.94) |
| INDIR | -0.148<br>(-0.84) | -0.010<br>(-0.04) | -0.323<br>(-1.54) |
| MRS | -0.125 *<br>(-1.94) | -0.245 ***<br>(-2.60) | -0.021<br>(-0.30) |
| BSIZE | 0.113 **<br>(2.08) | 0.112<br>(1.56) | 0.116 *<br>(1.83) |
| IA | 0.045<br>(0.25) | 0.309<br>(1.19) | -0.077<br>(-0.38) |
| Violate | -0.013<br>(-0.91) | -0.038 *<br>(-1.90) | 0.001<br>(0.04) |
| Opinion | 0.094 **<br>(2.15) | 0.134 *<br>(1.86) | 0.053<br>(1.08) |

续表

| 变量 | Overpay | | |
|---|---|---|---|
| | （1） | （2） | （3） |
| | 全样本 | 交叠程度高组 | 交叠程度低组 |
| 常数项 | − 0. 549<br>（ − 0. 00） | − 0. 600<br>（ − 1. 60） | − 0. 537 *<br>（ − 1. 87） |
| *Industry* | Control | Control | Control |
| *Year* | Control | Control | Control |
| 样本数 | 16382 | 8095 | 8287 |
| R-squared | 0. 054 | 0. 069 | 0. 047 |

注：*** 、** 和 * 分别表示在 1% 、5% 和 10% 的水平上显著；括号内的数据为 t 值；第（2）列与第（3）列的 *WXH* 回归系数的 t 值比较：chi$^2$ = 18.196，Prob > chi$^2$ = 0.000。

由表 7 – 14 可知，第（1）~（3）列中，财务报告问询函（*WXH*）的回归系数分别为 − 0.070、− 0.042 和 − 0.099。其中，第（1）列的回归系数在 1% 的水平上显著，第（2）列的回归系数在 5% 的水平上显著，第（3）列的回归系数在 1% 的水平上显著；同时，第（3）列中的回归系数显著大于第（2）列的回归系数。上述结果表明薪酬委员会与审计委员会的交叠程度越高，对企业高管的薪酬契约的治理作用反而越低，这会削弱财务报告问询函对高管摄取超额薪酬行为的抑制作用，进而增强了假设 7 – 3b 研究结果的稳健性。

借助模型（5 –3）重新检验假设 7 – 4a 与假设 7 – 4b 的研究内容，相关结果具体如表 7 – 15 所示。

表 7 – 15　　　　　　模型（5 –3）变换财务报告问询函度量
方式后的分组回归结果（4）

| 变量 | Overpay | | |
|---|---|---|---|
| | （1） | （2） | （3） |
| | 全样本 | 交叠程度高组 | 交叠程度低组 |
| *WXH* | − 0. 055 ***<br>（ − 3. 21） | − 0. 025<br>（ − 0. 88） | − 0. 113 ***<br>（ − 3. 20） |
| *WXH* × *ROA* | − 0. 730 ***<br>（ − 2. 93） | − 1. 011<br>（ − 1. 29） | − 1. 000 **<br>（ − 2. 42） |

续表

| 变量 | Overpay | | |
|---|---|---|---|
| | (1) | (2) | (3) |
| | 全样本 | 交叠程度高组 | 交叠程度低组 |
| ROA | 1.258 *** | 2.575 *** | 1.231 *** |
| | (9.78) | (9.35) | (6.46) |
| Olvp | 0.085 *** | | |
| | (11.04) | | |
| SOE | −0.084 *** | −0.107 *** | −0.082 *** |
| | (−3.68) | (−2.76) | (−2.88) |
| DUAL | 0.057 *** | 0.079 ** | 0.045 * |
| | (3.01) | (2.43) | (1.84) |
| SIZE | −0.017 | 0.020 | −0.044 *** |
| | (−1.58) | (1.18) | (−3.35) |
| LEV | −0.009 | 0.248 *** | −0.066 |
| | (−0.16) | (2.67) | (−0.93) |
| TOP1 | −0.003 *** | −0.005 *** | −0.001 |
| | (−4.12) | (−4.40) | (−1.52) |
| Growth | −0.059 *** | −0.061 *** | −0.049 *** |
| | (−5.10) | (−2.67) | (−2.90) |
| INDIR | −0.159 | 0.101 | −0.340 |
| | (−0.93) | (0.37) | (−1.46) |
| MRS | −0.183 *** | −0.303 *** | −0.157 * |
| | (−2.88) | (−2.98) | (−1.90) |
| BSIZE | 0.111 ** | 0.097 | 0.124 * |
| | (2.07) | (1.10) | (1.75) |
| IA | 0.033 | 0.307 | −0.257 |
| | (0.19) | (1.19) | (−1.00) |
| Violate | −0.009 | −0.021 | 0.004 |
| | (−0.66) | (−0.80) | (0.16) |
| Opinion | 0.063 | 0.096 | 0.084 |
| | (1.44) | (0.67) | (1.43) |

| 变量 | *Overpay* | | |
|---|---|---|---|
| | （1） | （2） | （3） |
| | 全样本 | 交叠程度高组 | 交叠程度低组 |
| 常数项 | 0.192<br>（1.42） | −0.823<br>（−1.53） | 0.685*<br>（1.90） |
| *Industry* | Control | Control | Control |
| *Year* | Control | Control | Control |
| 样本数 | 16382 | 8095 | 8287 |
| R-squared | 0.076 | 0.076 | 0.050 |

注：***、**和*分别表示在1%、5%和10%的水平上显著；括号内的数据为t值。

在表7-15的第（1）~（3）列中，财务报告问询函（*WXH*）与经营业绩（*ROA*）交乘项（*WXH×ROA*）的回归系数分别为−0.730、−1.011和−1.000。其中，第（1）列与第（3）列的回归系数均在1%的水平上显著，第（2）列的回归系数并不显著。上述结果表明，企业薪酬委员会与审计委员会交叠的增强会抑制薪酬委员会的积极作用，从而显著加强财务报告问询函抑制高管利用经营业绩的提升实施"结果正当性"的薪酬辩护行为，即增强了假设7-4b的稳健性。

### 7.4.3　降低内生性问题

本研究参考陈运森等（2018，2019）以及李晓溪等（2019）等的研究方法，运用PSM研究方法，重新相关结果具体如表7-16所示。

表7-16　　　　　PSM后模型（5-3）的分组回归结果（1）

| 变量 | *Overpay* | | | | | | | | |
|---|---|---|---|---|---|---|---|---|---|
| | （1） | （2） | （3） | （4） | （5） | （6） | （7） | （8） | （9） |
| | 全样本 | | | 独立性强组 | | | 独立性低组 | | |
| *CL* | −0.066***<br>（−2.98） | | | −0.160***<br>（−3.55） | | | −0.023<br>（−0.64） | | |

续表

| 变量 | *Overpay* | | | | | | | | |
|---|---|---|---|---|---|---|---|---|---|
| | (1) | (2) | (3) | (4) | (5) | (6) | (7) | (8) | (9) |
| | 全样本 | | | 独立性强组 | | | 独立性低组 | | |
| CLleg | | −0.002 ** (−2.12) | | | −0.008 * (−1.72) | | | −0.006 (−1.50) | |
| CLRleg | | | −0.003 ** (−2.27) | | | −0.005 * (−1.87) | | | −0.002 (−1.29) |
| CCln | 0.084 *** (10.54) | 0.085 *** (10.78) | 0.085 *** (10.79) | | | | | | |
| SOE | −0.096 *** (−4.14) | −0.092 *** (−3.99) | −0.092 *** (−3.97) | −0.126 *** (−3.18) | −0.125 *** (−3.16) | −0.125 *** (−3.16) | −0.088 *** (−2.95) | −0.084 *** (−2.82) | −0.083 *** (−2.80) |
| DUAL | 0.053 *** (2.70) | 0.053 *** (2.72) | 0.053 *** (2.71) | 0.071 ** (2.13) | 0.071 ** (2.10) | 0.071 ** (2.11) | 0.030 (1.17) | 0.032 (1.24) | 0.031 (1.21) |
| SIZE | −0.019 * (−1.75) | −0.019 * (−1.76) | −0.019 * (−1.76) | 0.020 (1.16) | 0.021 (1.20) | 0.021 (1.20) | −0.047 *** (−3.39) | −0.047 *** (−3.42) | −0.047 *** (−3.44) |
| LEV | −0.000 (−0.01) | −0.005 (−0.09) | −0.005 (−0.09) | 0.223 ** (2.33) | 0.223 ** (2.32) | 0.221 ** (2.31) | −0.075 (−1.00) | −0.080 (−1.07) | −0.079 (−1.05) |
| TOP1 | −0.003 *** (−4.08) | −0.003 *** (−3.99) | −0.003 *** (−3.98) | −0.004 *** (−3.83) | −0.004 *** (−3.88) | −0.004 *** (−3.87) | −0.002 ** (−2.06) | −0.002 ** (−2.05) | −0.002 ** (−2.04) |
| ROA | 1.156 *** (9.30) | 1.202 *** (9.61) | 1.206 *** (9.64) | 2.454 *** (8.72) | 2.505 *** (8.83) | 2.507 *** (8.83) | 1.116 *** (5.86) | 1.181 *** (6.16) | 1.187 *** (6.19) |
| Growth | −0.058 *** (−4.81) | −0.060 *** (−4.93) | −0.060 *** (−4.95) | −0.064 *** (−2.61) | −0.063 ** (−2.54) | −0.063 ** (−2.55) | −0.041 ** (−2.29) | −0.043 ** (−2.44) | −0.044 ** (−2.46) |
| INDIR | −0.093 (−0.52) | −0.100 (−0.56) | −0.101 (−0.56) | 0.115 (0.41) | 0.115 (0.41) | 0.114 (0.41) | −0.147 (−0.59) | −0.156 (−0.63) | −0.155 (−0.63) |
| MRS | −0.175 *** (−2.68) | −0.170 *** (−2.59) | −0.169 *** (−2.58) | −0.303 *** (−2.85) | −0.298 *** (−2.79) | −0.297 *** (−2.78) | −0.132 (−1.53) | −0.132 (−1.53) | −0.132 (−1.52) |
| BSIZE | 0.113 ** (2.06) | 0.116 ** (2.11) | 0.116 ** (2.11) | 0.085 (0.94) | 0.088 (0.97) | 0.089 (0.98) | 0.144 * (1.95) | 0.149 ** (2.02) | 0.149 ** (2.02) |
| IA | 0.003 (0.02) | 0.008 (0.04) | 0.008 (0.04) | 0.253 (0.95) | 0.262 (0.98) | 0.262 (0.98) | −0.248 (−0.91) | −0.251 (−0.91) | −0.250 (−0.91) |

续表

| 变量 | Overpay | | | | | | | | |
|---|---|---|---|---|---|---|---|---|---|
| | (1) | (2) | (3) | (4) | (5) | (6) | (7) | (8) | (9) |
| | 全样本 | | | 独立性强组 | | | 独立性低组 | | |
| *Violate* | 0.003 (0.19) | −0.004 (−0.29) | −0.005 (−0.33) | −0.008 (−0.28) | −0.009 (−0.32) | −0.011 (−0.37) | 0.022 (0.93) | 0.015 (0.64) | 0.014 (0.62) |
| *Opinion* | 0.068 (1.55) | 0.055 (1.23) | 0.053 (1.19) | 0.123 (0.85) | 0.106 (0.71) | 0.106 (0.70) | 0.093 (1.52) | 0.085 (1.42) | 0.083 (1.39) |
| 常数项 | 0.347 (1.52) | 0.171 (0.56) | 0.170 (0.55) | −0.771 (−1.35) | −0.410 (−0.82) | −0.410 (−0.82) | 0.825*** (2.79) | 0.825*** (2.79) | 0.829*** (2.81) |
| *Industry* | Control | Control | Control | Control | Control | Control | Control | Control | Control |
| *Year* | Control | Control | Control | Control | Control | Control | Control | Control | Control |
| 样本数 | 3181 | 3181 | 3181 | 1607 | 1607 | 1607 | 1574 | 1574 | 1574 |
| R-squared | 0.072 | 0.072 | 0.072 | 0.075 | 0.074 | 0.074 | 0.048 | 0.049 | 0.050 |

注：***、** 和 * 分别表示在 1%、5% 和 10% 的水平上显著；括号内的数据为 t 值。

表 7 – 16 的第（1）～（3）列中，财务报告问询函（*CL*、*CLleg* 和 *CLRleg*）的回归系数分别为 − 0.066、− 0.002 和 − 0.003，且均在 1% 或 5% 的水平上显著；在第（4）～（6）列中，财务报告问询函（*CL*、*CLleg* 和 *CLRleg*）的回归系数分别为 − 0.160、− 0.008 和 − 0.005，且均在 1% 或 10% 的水平上显著；而在第（7）～（9）列中，财务报告问询函（*CL*、*CLleg* 和 *CLRleg*）的回归系数分别为 − 0.023、− 0.006 和 − 0.002，但回归系数并不显著，增强了假设 7 – 1 研究内容的稳健性。

重新检验假设 7 – 2，相关结果具体如表 7 – 17 所示。

表 7 – 17 　　　　　PSM 后模型（5 – 3）的分组回归结果（2）

| 变量 | Overpay | | | | | | | | |
|---|---|---|---|---|---|---|---|---|---|
| | (1) | (2) | (3) | (4) | (5) | (6) | (7) | (8) | (9) |
| | 全样本 | | | 独立性强组 | | | 独立性低组 | | |
| *CL* | −0.083*** (−3.59) | | | −0.150*** (−3.25) | | | −0.046 (−1.20) | | |

续表

| 变量 | Overpay | | | | | | | | |
|---|---|---|---|---|---|---|---|---|---|
| | (1) | (2) | (3) | (4) | (5) | (6) | (7) | (8) | (9) |
| | 全样本 | | | 独立性强组 | | | 独立性低组 | | |
| $CL \times ROA$ | -0.676*** (-2.62) | | | -0.956** (-2.34) | | | -0.964 (-1.09) | | |
| $CLleg$ | | -0.001 (-0.49) | | | -0.007 (-1.28) | | | 0.003 (0.69) | |
| $CLleg \times ROA$ | | -0.127*** (-4.60) | | | -0.132** (-2.44) | | | -0.122 (-1.25) | |
| $CLRleg$ | | | -0.000 (-0.18) | | | -0.004 (-0.91) | | | 0.003 (0.75) |
| $CLRleg \times ROA$ | | | -0.102*** (-4.52) | | | -0.110** (-2.17) | | | -0.120 (-1.48) |
| $ROA$ | 1.224*** (9.19) | 1.355*** (10.14) | 1.353*** (10.10) | 2.447*** (8.73) | 2.483*** (8.79) | 2.491*** (8.81) | 1.191*** (5.90) | 1.277*** (6.33) | 1.305*** (6.43) |
| $CCln$ | 0.082*** (10.36) | 0.082*** (10.36) | 0.082*** (10.38) | | | | | | |
| $SOE$ | -0.095*** (-4.13) | -0.091*** (-3.95) | -0.091*** (-3.93) | -0.126*** (-3.18) | -0.125*** (-3.14) | -0.125*** (-3.14) | -0.087*** (-2.92) | -0.083*** (-2.80) | -0.082*** (-2.75) |
| $DUAL$ | 0.053*** (2.70) | 0.053*** (2.72) | 0.053*** (2.71) | 0.071** (2.11) | 0.070** (2.08) | 0.070** (2.09) | 0.030 (1.18) | 0.032 (1.27) | 0.032 (1.25) |
| $SIZE$ | -0.018* (-1.71) | -0.018* (-1.69) | -0.018* (-1.69) | 0.020 (1.16) | 0.021 (1.20) | 0.021 (1.20) | -0.046*** (-3.36) | -0.046*** (-3.34) | -0.046*** (-3.35) |
| $LEV$ | 0.004 (0.07) | 0.002 (0.04) | 0.003 (0.06) | 0.226** (2.36) | 0.226** (2.35) | 0.225** (2.34) | -0.071 (-0.94) | -0.079 (-1.04) | -0.076 (-1.01) |
| $TOP1$ | -0.003*** (-4.14) | -0.003*** (-4.14) | -0.003*** (-4.13) | -0.004*** (-3.84) | -0.004*** (-3.88) | -0.004*** (-3.88) | -0.002** (-2.11) | -0.002** (-2.13) | -0.002** (-2.16) |
| $Growth$ | -0.058*** (-4.77) | -0.059*** (-4.84) | -0.059*** (-4.88) | -0.063*** (-2.60) | -0.062** (-2.52) | -0.063** (-2.53) | -0.040** (-2.25) | -0.042** (-2.38) | -0.043** (-2.41) |

续表

| 变量 | Overpay | | | | | | | | |
| --- | --- | --- | --- | --- | --- | --- | --- | --- | --- |
| | (1) | (2) | (3) | (4) | (5) | (6) | (7) | (8) | (9) |
| | 全样本 | | | 独立性强组 | | | 独立性低组 | | |
| INDIR | −0.089<br>(−0.50) | −0.098<br>(−0.55) | −0.093<br>(−0.52) | 0.120<br>(0.43) | 0.122<br>(0.43) | 0.122<br>(0.43) | −0.151<br>(−0.61) | −0.163<br>(−0.66) | −0.154<br>(−0.62) |
| MRS | −0.176***<br>(−2.70) | −0.173***<br>(−2.65) | −0.172***<br>(−2.63) | −0.301***<br>(−2.84) | −0.295***<br>(−2.76) | −0.294***<br>(−2.75) | −0.136<br>(−1.58) | −0.137<br>(−1.58) | −0.137<br>(−1.58) |
| BSIZE | 0.115**<br>(2.09) | 0.119**<br>(2.17) | 0.119**<br>(2.16) | 0.086<br>(0.95) | 0.091<br>(1.00) | 0.092<br>(1.00) | 0.142*<br>(1.93) | 0.147**<br>(1.99) | 0.148**<br>(2.01) |
| IA | 0.001<br>(0.00) | 0.001<br>(0.01) | 0.002<br>(0.01) | 0.251<br>(0.94) | 0.258<br>(0.97) | 0.258<br>(0.97) | −0.258<br>(−0.94) | −0.263<br>(−0.96) | −0.259<br>(−0.95) |
| Violate | 0.002<br>(0.16) | −0.005<br>(−0.31) | −0.005<br>(−0.34) | −0.009<br>(−0.34) | −0.011<br>(−0.38) | −0.012<br>(−0.44) | 0.021<br>(0.89) | 0.014<br>(0.60) | 0.013<br>(0.57) |
| Opinion | 0.056<br>(1.26) | 0.029<br>(0.64) | 0.032<br>(0.70) | 0.117<br>(0.81) | 0.096<br>(0.64) | 0.094<br>(0.62) | 0.080<br>(1.31) | 0.068<br>(1.14) | 0.066<br>(1.11) |
| 常数项 | 0.352<br>(1.54) | 0.137<br>(0.45) | 0.136<br>(0.44) | −0.779<br>(−1.36) | −0.418<br>(−0.83) | −0.419<br>(−0.83) | 0.819***<br>(2.77) | 0.804***<br>(2.73) | 0.799***<br>(2.72) |
| Industry | Control | Control | Control | Control | Control | Control | Control | Control | Control |
| Year | Control | Control | Control | Control | Control | Control | Control | Control | Control |
| 样本数 | 3181 | 3181 | 3181 | 1607 | 1607 | 1607 | 1574 | 1574 | 1574 |
| R-squared | 0.072 | 0.074 | 0.074 | 0.075 | 0.075 | 0.075 | 0.049 | 0.051 | 0.052 |

注：***、**和*分别表示在1%、5%和10%的水平上显著；括号内的数据为t值。

由表 7-17 可知，第（1）~（3）列中，财务报告问询函（CL、CLleg 和 CLRleg）与经营业绩（ROA）交乘项（CL × ROA、CLleg × ROA 和 CLRleg × ROA）的回归系数分别为 −0.676、−0.127 和 −0.102，且均在 1% 的水平上显著；第（4）~（6）列中，交乘项（CL × ROA、CLleg × ROA 和 CLRleg × ROA）的回归系数分别为 −0.956、−0.132 和 −0.110，且均在 5% 的水平上显著；第（7）~（9）列中，交乘项（CL × ROA、CLleg × ROA 和 CLRleg × ROA）的回归系数分别为 −0.964、−0.122 和 −0.120，且均不显著，增强了假

设 7 - 2 研究内容的稳健性。

重新检验假设 7 - 3a 与假设 7 - 3b，相关结果具体如表 7 - 18 所示。

表 7 - 18　　　　　　　　PSM 后模型（5 - 3）的分组回归结果（3）

| 变量 | Overpay | | | | | | | | |
|---|---|---|---|---|---|---|---|---|---|
| | (1) | (2) | (3) | (4) | (5) | (6) | (7) | (8) | (9) |
| | 全样本 | | | 交叠程度强组 | | | 交叠程度低组 | | |
| CL | -0.102*** (-4.57) | | | -0.146 (-1.18) | | | -0.057*** (-2.78) | | |
| CLleg | | -0.003* (-1.77) | | | -0.001 (-0.58) | | | -0.002** (-2.29) | |
| CLRleg | | | -0.004** (-2.01) | | | -0.001 (-0.11) | | | -0.003** (-2.48) |
| Olvp | 0.012*** (3.43) | 0.012*** (3.51) | 0.012*** (3.52) | | | | | | |
| SOE | -0.122*** (-5.23) | -0.119*** (-5.08) | -0.118*** (-5.07) | -0.098*** (-3.06) | -0.095*** (-2.96) | -0.095*** (-2.95) | -0.144*** (-5.32) | -0.141*** (-5.21) | -0.141*** (-5.20) |
| DUAL | 0.053*** (2.71) | 0.054*** (2.74) | 0.054*** (2.74) | 0.069** (2.48) | 0.070** (2.50) | 0.070** (2.50) | 0.034 (1.47) | 0.034 (1.49) | 0.034 (1.48) |
| SIZE | 0.017 (1.64) | 0.017* (1.68) | 0.018* (1.69) | 0.012 (0.85) | 0.013 (0.94) | 0.013 (0.95) | 0.018 (1.51) | 0.019 (1.53) | 0.019 (1.54) |
| LEV | -0.026 (-0.48) | -0.031 (-0.57) | -0.032 (-0.58) | 0.081 (1.04) | 0.072 (0.92) | 0.071 (0.91) | -0.098 (-1.51) | -0.101 (-1.56) | -0.101 (-1.56) |
| TOP1 | -0.003*** (-4.13) | -0.003*** (-4.03) | -0.003*** (-4.02) | -0.005*** (-5.15) | -0.005*** (-5.08) | -0.005*** (-5.07) | -0.001 (-0.97) | -0.001 (-0.93) | -0.001 (-0.93) |
| ROA | 1.590*** (12.39) | 1.645*** (12.74) | 1.651*** (12.78) | 2.208*** (10.58) | 2.253*** (10.72) | 2.262*** (10.73) | 1.108*** (7.70) | 1.160*** (7.98) | 1.163*** (8.00) |
| Growth | -0.058*** (-4.65) | -0.059*** (-4.75) | -0.060*** (-4.77) | -0.064*** (-3.50) | -0.065*** (-3.58) | -0.065*** (-3.60) | -0.044*** (-2.64) | -0.045*** (-2.70) | -0.045*** (-2.71) |

续表

| 变量 | Overpay | | | | | | | | |
|---|---|---|---|---|---|---|---|---|---|
| | (1) | (2) | (3) | (4) | (5) | (6) | (7) | (8) | (9) |
| | 全样本 | | | 交叠程度强组 | | | 交叠程度低组 | | |
| INDIR | −0.093 (−0.51) | −0.099 (−0.54) | −0.100 (−0.55) | 0.083 (0.34) | 0.087 (0.35) | 0.086 (0.35) | −0.287 (−1.31) | −0.298 (−1.35) | −0.298 (−1.36) |
| MRS | −0.119* (−1.82) | −0.114* (−1.74) | −0.113* (−1.72) | −0.258*** (−2.62) | −0.249** (−2.53) | −0.248** (−2.52) | −0.003 (−0.05) | −0.001 (−0.01) | −0.000 (−0.01) |
| BSIZE | 0.112** (2.02) | 0.115** (2.06) | 0.115** (2.07) | 0.108 (1.45) | 0.113 (1.51) | 0.113 (1.52) | 0.123* (1.88) | 0.125* (1.90) | 0.125* (1.90) |
| IA | 0.011 (0.06) | 0.018 (0.10) | 0.019 (0.10) | 0.257 (0.95) | 0.276 (1.02) | 0.278 (1.03) | −0.094 (−0.43) | −0.095 (−0.44) | −0.095 (−0.44) |
| Violate | −0.003 (−0.20) | −0.010 (−0.66) | −0.011 (−0.73) | −0.019 (−0.92) | −0.026 (−1.21) | −0.027 (−1.26) | 0.005 (0.23) | −0.003 (−0.12) | −0.003 (−0.15) |
| Opinion | 0.084* (1.83) | 0.071 (1.53) | 0.069 (1.48) | 0.136* (1.71) | 0.116 (1.44) | 0.114 (1.41) | 0.043 (0.85) | 0.035 (0.68) | 0.034 (0.66) |
| 常数项 | −0.279 (−1.24) | −0.457 (−1.48) | −0.460 (−1.49) | −0.510 (−1.31) | −0.562 (−1.44) | −0.568 (−1.46) | −0.506 (−1.54) | −0.517 (−1.58) | −0.518 (−1.58) |
| Industry | Control | Control | Control | Control | Control | Control | Control | Control | Control |
| Year | Control | Control | Control | Control | Control | Control | Control | Control | Control |
| 样本数 | 3181 | 3181 | 3181 | 1521 | 1521 | 1521 | 1654 | 1654 | 1654 |
| R-squared | 0.053 | 0.052 | 0.052 | 0.066 | 0.064 | 0.064 | 0.047 | 0.047 | 0.047 |

注：***、** 和 * 分别表示在1%、5%和10%的水平上显著；括号内的数据为 t 值。

表7-18的第（1）~（3）列中，财务报告问询函（CL、CLleg 和 CLRleg）的回归系数分别为 −0.102、−0.003 和 −0.004，且分别在1%、10% 与5%的水平上显著；在第（4）~（6）列中，财务报告问询函（CL、CLleg 和 CLRleg）的回归系数分别为 −0.146、−0.001 和 −0.001，且均不显著；而在第（7）~（9）列中，财务报告问询函（CL、CLleg 与 CLRleg）的回归系数分别为 −0.057、−0.002 和 −0.003，且均在1%或5%的水平上显著，增强了假设7-3b研究内容的稳健性。

重新检验假设7-3a与假设7-3b，相关结果具体如表7-19所示。

表 7 – 19 PSM 后模型（5 – 3）的分组回归结果（4）

| 变量 | Overpay | | | | | | | | |
|---|---|---|---|---|---|---|---|---|---|
| | (1) | (2) | (3) | (4) | (5) | (6) | (7) | (8) | (9) |
| | 全样本 | | | 交叠程度高组 | | | 交叠程度低组 | | |
| CL | -0.127*** (-5.51) | | | -0.107 (-1.50) | | | -0.083*** (-3.85) | | |
| CL × ROA | -1.078*** (-4.07) | | | -0.900 (-1.23) | | | -0.851*** (-3.62) | | |
| CLleg | | -0.006** (-2.19) | | | -0.006 (-1.52) | | | -0.004 (-1.04) | |
| CLleg × ROA | | -0.172*** (-6.10) | | | -0.106 (-0.96) | | | -0.134*** (-4.02) | |
| CLRleg | | | -0.004* (-1.80) | | | -0.003 (-1.07) | | | -0.003 (-0.93) |
| CLRleg × ROA | | | -0.139*** (-6.04) | | | -0.104 (-0.83) | | | -0.110*** (-5.09) |
| ROA | 1.684*** (12.24) | 1.826*** (13.25) | 1.826*** (13.23) | 2.246*** (10.39) | 2.380*** (10.87) | 2.386*** (10.79) | 1.213*** (7.72) | 1.352*** (8.65) | 1.351*** (8.66) |
| Olvp | 0.012*** (3.37) | 0.012*** (3.33) | 0.012*** (3.34) | | | | | | |
| SOE | -0.121*** (-5.17) | -0.116*** (-4.98) | -0.116*** (-4.96) | -0.097*** (-3.04) | -0.093*** (-2.89) | -0.092*** (-2.87) | -0.143*** (-5.26) | -0.139*** (-5.12) | -0.138*** (-5.11) |
| DUAL | 0.053*** (2.71) | 0.054*** (2.74) | 0.054*** (2.74) | 0.069** (2.46) | 0.069** (2.47) | 0.069** (2.48) | 0.034 (1.51) | 0.035 (1.53) | 0.035 (1.52) |
| SIZE | 0.017 (1.60) | 0.017* (1.68) | 0.017* (1.69) | 0.012 (0.83) | 0.012 (0.89) | 0.013 (0.91) | 0.018 (1.51) | 0.019 (1.58) | 0.019 (1.59) |
| LEV | -0.019 (-0.35) | -0.021 (-0.38) | -0.020 (-0.37) | 0.087 (1.12) | 0.087 (1.11) | 0.087 (1.11) | -0.093 (-1.44) | -0.095 (-1.47) | -0.094 (-1.44) |
| TOP1 | -0.003*** (-4.21) | -0.003*** (-4.22) | -0.003*** (-4.22) | -0.005*** (-5.19) | -0.005*** (-5.21) | -0.005*** (-5.20) | -0.001 (-1.05) | -0.001 (-1.09) | -0.001 (-1.09) |

续表

| 变量 | Overpay | | | | | | | | |
|---|---|---|---|---|---|---|---|---|---|
| | (1) | (2) | (3) | (4) | (5) | (6) | (7) | (8) | (9) |
| | 全样本 | | | 交叠程度高组 | | | 交叠程度低组 | | |
| Growth | −0.057 *** | −0.058 *** | −0.058 *** | −0.063 *** | −0.064 *** | −0.065 *** | −0.043 *** | −0.045 *** | −0.045 *** |
| | (−4.58) | (−4.64) | (−4.66) | (−3.47) | (−3.52) | (−3.54) | (−2.60) | (−2.66) | (−2.68) |
| INDIR | −0.088 | −0.097 | −0.091 | 0.083 | 0.085 | 0.092 | −0.277 | −0.288 | −0.282 |
| | (−0.48) | (−0.53) | (−0.50) | (0.34) | (0.35) | (0.37) | (−1.26) | (−1.31) | (−1.29) |
| MRS | −0.123 * | −0.122 * | −0.120 * | −0.259 *** | −0.251 ** | −0.249 ** | −0.009 | −0.011 | −0.010 |
| | (−1.88) | (−1.86) | (−1.83) | (−2.64) | (−2.54) | (−2.52) | (−0.11) | (−0.15) | (−0.14) |
| BSIZE | 0.114 ** | 0.118 ** | 0.118 ** | 0.109 | 0.116 | 0.117 | 0.126 * | 0.130 ** | 0.128 * |
| | (2.05) | (2.13) | (2.12) | (1.46) | (1.56) | (1.57) | (1.92) | (1.97) | (1.94) |
| IA | 0.006 | 0.009 | 0.011 | 0.256 | 0.278 | 0.284 | −0.101 | −0.114 | −0.115 |
| | (0.03) | (0.05) | (0.06) | (0.95) | (1.03) | (1.05) | (−0.47) | (−0.53) | (−0.53) |
| Violate | −0.004 | −0.010 | −0.011 | −0.021 | −0.029 | −0.031 | 0.005 | −0.000 | −0.000 |
| | (−0.24) | (−0.68) | (−0.74) | (−1.00) | (−1.38) | (−1.45) | (0.26) | (−0.02) | (−0.02) |
| Opinion | 0.064 | 0.036 | 0.039 | 0.122 | 0.078 | 0.079 | 0.028 | 0.009 | 0.013 |
| | (1.39) | (0.76) | (0.83) | (1.50) | (0.94) | (0.96) | (0.55) | (0.17) | (0.25) |
| 常数项 | −0.252 | −0.469 | −0.473 | −0.520 | −0.574 | −0.584 | −0.541 | −0.570 * | −0.575 * |
| | (−1.12) | (−1.52) | (−1.54) | (−1.34) | (−1.48) | (−1.51) | (−1.64) | (−1.71) | (−1.72) |
| Industry | Control | Control | Control | Control | Control | Control | Control | Control | Control |
| Year | Control | Control | Control | Control | Control | Control | Control | Control | Control |
| 样本数 | 3181 | 3181 | 3181 | 1521 | 1521 | 1521 | 1654 | 1654 | 1654 |
| R-squared | 0.054 | 0.055 | 0.055 | 0.067 | 0.067 | 0.067 | 0.048 | 0.050 | 0.050 |

注：*** 、** 和 * 分别表示在1%、5%和10%的水平上显著；括号内的数据为t值。

在表7-19的第（1）~（3）列中，财务报告问询函（CL、CLleg 和 CLRleg）与经营业绩（ROA）交乘项（CL×ROA、CLleg×ROA 与 CLRleg×ROA）的回归系数分别为−1.078、−0.172 和 −0.139，且均在1%的水平上显著；第（4）~（6）列中，交乘项（CL×ROA、CLleg×ROA 和 CLRleg×ROA）的回归系数分别为−0.900、−0.106 和 −0.104，但均不显著；第（7）~（9）列中，交

乘项（$CL \times ROA$、$CLleg \times ROA$ 和 $CLRleg \times ROA$）的回归系数分别为 $-0.851$、$-0.134$ 和 $-0.110$，且均在 $1\%$ 的水平上显著，增强了假设 $7-4b$ 研究内容的稳健性。

### 7.4.4 变更样本量

为进一步提升研究结论的严谨性，本章剔除半年报与季度报表的问询函，重新检验本章研究假设的内容（见表 $7-20$）。

表 7-20 变更样本量的回归结果（1）

| 变量 | Overpay | | | | | | | | |
|---|---|---|---|---|---|---|---|---|---|
| | （1） | （2） | （3） | （4） | （5） | （6） | （7） | （8） | （9） |
| | 全样本 | | | 独立性高组 | | | 独立性低组 | | |
| CL | $-0.047^{**}$ ($-2.17$) | | | $-0.248^{***}$ ($-4.24$) | | | 0.019 (0.39) | | |
| CLleg | | $-0.010^{**}$ ($-2.15$) | | | $-0.013^{**}$ ($-2.16$) | | | $0.008^{*}$ (1.76) | |
| CLRleg | | | $-0.014^{*}$ ($-1.72$) | | | $-0.020^{*}$ ($-1.79$) | | | $0.009^{**}$ (2.26) |
| CCIn | $0.083^{***}$ (9.80) | $0.084^{***}$ (9.95) | $0.084^{***}$ (9.97) | | | | | | |
| SOE | $-0.083^{***}$ ($-3.43$) | $-0.081^{***}$ ($-3.36$) | $-0.081^{***}$ ($-3.34$) | $-0.117^{***}$ ($-2.87$) | $-0.117^{***}$ ($-2.87$) | $-0.117^{***}$ ($-2.88$) | $-0.068^{**}$ ($-2.20$) | $-0.066^{**}$ ($-2.13$) | $-0.066^{**}$ ($-2.11$) |
| DUAL | $0.059^{***}$ (2.79) | $0.060^{***}$ (2.83) | $0.059^{***}$ (2.82) | $0.085^{**}$ (2.39) | $0.084^{**}$ (2.36) | $0.085^{**}$ (2.38) | 0.025 (0.92) | 0.028 (1.02) | 0.027 (0.99) |
| SIZE | $-0.020^{*}$ ($-1.78$) | $-0.020^{*}$ ($-1.76$) | $-0.020^{*}$ ($-1.76$) | 0.015 (0.87) | 0.016 (0.89) | 0.016 (0.89) | $-0.048^{***}$ ($-3.38$) | $-0.048^{***}$ ($-3.39$) | $-0.048^{***}$ ($-3.41$) |
| LEV | 0.004 (0.07) | 0.000 (0.01) | 0.001 (0.01) | $0.286^{***}$ (2.89) | $0.286^{***}$ (2.89) | $0.286^{***}$ (2.88) | $-0.080$ ($-1.02$) | $-0.086$ ($-1.09$) | $-0.084$ ($-1.07$) |

续表

| 变量 | Overpay | | | | | | | | |
|---|---|---|---|---|---|---|---|---|---|
| | (1) | (2) | (3) | (4) | (5) | (6) | (7) | (8) | (9) |
| | 全样本 | | | 独立性高组 | | | 独立性低组 | | |
| TOP1 | -0.003 *** | -0.003 *** | -0.003 *** | -0.005 *** | -0.005 *** | -0.005 *** | -0.001 | -0.001 * | -0.001 * |
| | (-3.80) | (-3.76) | (-3.74) | (-4.19) | (-4.21) | (-4.21) | (-1.64) | (-1.67) | (-1.67) |
| ROA | 1.332 *** | 1.378 *** | 1.383 *** | 2.793 *** | 2.829 *** | 2.829 *** | 1.227 *** | 1.294 *** | 1.302 *** |
| | (9.39) | (9.68) | (9.71) | (9.25) | (9.27) | (9.27) | (5.58) | (5.85) | (5.89) |
| Growth | -0.069 *** | -0.071 *** | -0.071 *** | -0.086 *** | -0.086 *** | -0.087 *** | -0.040 ** | -0.044 ** | -0.045 ** |
| | (-5.26) | (-5.39) | (-5.44) | (-3.37) | (-3.32) | (-3.32) | (-2.15) | (-2.32) | (-2.37) |
| INDIR | -0.030 | -0.038 | -0.039 | 0.171 | 0.169 | 0.167 | -0.179 | -0.184 | -0.184 |
| | (-0.16) | (-0.20) | (-0.21) | (0.60) | (0.59) | (0.58) | (-0.68) | (-0.70) | (-0.70) |
| MRS | -0.195 *** | -0.193 *** | -0.193 *** | -0.315 *** | -0.314 *** | -0.314 *** | -0.131 | -0.137 | -0.136 |
| | (-2.84) | (-2.81) | (-2.80) | (-2.83) | (-2.81) | (-2.80) | (-1.45) | (-1.51) | (-1.50) |
| BSIZE | 0.133 ** | 0.136 ** | 0.136 ** | 0.101 | 0.104 | 0.105 | 0.163 ** | 0.169 ** | 0.170 ** |
| | (2.32) | (2.37) | (2.37) | (1.08) | (1.11) | (1.12) | (2.11) | (2.19) | (2.20) |
| IA | 0.027 | 0.028 | 0.029 | 0.228 | 0.235 | 0.234 | -0.072 | -0.078 | -0.077 |
| | (0.14) | (0.15) | (0.15) | (0.81) | (0.84) | (0.83) | (-0.26) | (-0.28) | (-0.27) |
| Violate | -0.007 | -0.013 | -0.014 | -0.012 | -0.013 | -0.015 | 0.002 | -0.004 | -0.004 |
| | (-0.44) | (-0.80) | (-0.86) | (-0.40) | (-0.43) | (-0.49) | (0.09) | (-0.14) | (-0.17) |
| Opinion | 0.088 * | 0.076 | 0.073 | 0.190 | 0.171 | 0.170 | 0.070 | 0.066 | 0.062 |
| | (1.73) | (1.47) | (1.42) | (1.14) | (0.98) | (0.98) | (1.02) | (0.96) | (0.92) |
| 常数项 | 0.080 | 0.070 | 0.068 | -0.516 | -0.911 | -0.915 | 0.812 *** | 0.803 ** | 0.807 ** |
| | (0.25) | (0.21) | (0.21) | (-1.02) | (-1.34) | (-1.35) | (2.59) | (2.56) | (2.57) |
| Industry | Control | Control | Control | Control | Control | Control | Control | Control | Control |
| Year | Control | Control | Control | Control | Control | Control | Control | Control | Control |
| 样本数 | 14128 | 14128 | 14128 | 7507 | 7507 | 7507 | 6621 | 6621 | 6621 |
| R-squared | 0.073 | 0.073 | 0.073 | 0.083 | 0.082 | 0.082 | 0.048 | 0.051 | 0.051 |

注：*** 、** 和 * 分别表示在 1% 、5% 和 10% 的水平上显著；括号内的数据为 t 值。

在表 7-20 中，第 (1) ~ (3) 列财务报告问询函（*CL*、*CLleg* 和 *CLRleg*）

的回归系数分别为 $-0.047$、$-0.010$ 和 $-0.014$，且均在 5% 或 10% 的水平上显著；在第（4）～（6）列中，财务报告问询函（$CL$、$CLleg$ 和 $CLRleg$）的回归系数分别为 $-0.248$、$-0.013$ 和 $-0.020$，且分别在 1%、5% 与 10% 的水平上显著，而在第（7）～（9）列中，财务报告问询函（$CL$、$CLleg$ 和 $CLRleg$）的回归系数分别为 0.019、0.008 和 0.009，且分别在 5%、10% 的水平上显著，或并不显著。上述结果表明薪酬委员会与审计委员会的交叠程度越高，越不利于财务报告问询函对高管摄取超额薪酬的行为的抑制作用，验证了假设 7 – 1 的研究内容。

重新检验假设 7 – 2 的研究内容，相关回归结果具体如表 7 – 21 所示。

表 7 – 21　　　　　变更样本量的回归结果（2）

| 变量 | Overpay | | | | | | | | |
|---|---|---|---|---|---|---|---|---|---|
| | (1) | (2) | (3) | (4) | (5) | (6) | (7) | (8) | (9) |
| | 全样本 | | | 独立性高组 | | | 独立性低组 | | |
| $CL$ | $-0.077^{**}$ ($-2.49$) | | | $-0.245^{***}$ ($-3.92$) | | | $-0.003$ ($-0.06$) | | |
| $CL \times ROA$ | $-1.083^{***}$ ($-3.52$) | | | $-0.154^{***}$ ($-3.14$) | | | $-0.852$ ($-1.51$) | | |
| $CLleg$ | | $-0.001$ ($-0.31$) | | | $-0.012^{*}$ ($-1.77$) | | | $0.006$ ($1.23$) | |
| $CLleg \times ROA$ | | $-0.158^{***}$ ($-4.75$) | | | $-0.131^{***}$ ($-3.21$) | | | $-0.089$ ($-1.37$) | |
| $CLRleg$ | | | $0.001$ ($0.22$) | | | $-0.009$ ($-1.48$) | | | $0.006$ ($1.50$) |
| $CLRleg \times ROA$ | | | $-0.128^{***}$ ($-4.79$) | | | $-0.115^{**}$ ($-2.26$) | | | $-0.064^{**}$ ($-1.99$) |
| $ROA$ | $1.392^{***}$ ($9.49$) | $1.519^{***}$ ($10.20$) | $1.511^{***}$ ($10.15$) | $2.787^{***}$ ($9.20$) | $2.790^{***}$ ($9.12$) | $2.793^{***}$ ($9.13$) | $1.257^{***}$ ($5.62$) | $1.336^{***}$ ($5.94$) | $1.359^{***}$ ($6.01$) |
| $CCIn$ | $0.081^{***}$ ($9.61$) | $0.081^{***}$ ($9.59$) | $0.081^{***}$ ($9.62$) | | | | | | |

续表

| 变量 | Overpay | | | | | | | | |
|---|---|---|---|---|---|---|---|---|---|
| | (1) | (2) | (3) | (4) | (5) | (6) | (7) | (8) | (9) |
| | 全样本 | | | 独立性高组 | | | 独立性低组 | | |
| SOE | -0.082 *** (-3.41) | -0.080 *** (-3.33) | -0.080 *** (-3.31) | -0.117 *** (-2.87) | -0.117 *** (-2.86) | -0.117 *** (-2.87) | -0.068 ** (-2.20) | -0.066 ** (-2.14) | -0.066 ** (-2.11) |
| DUAL | 0.059 *** (2.81) | 0.060 *** (2.83) | 0.059 *** (2.82) | 0.085 ** (2.39) | 0.083 ** (2.34) | 0.084 ** (2.35) | 0.026 (0.94) | 0.028 (1.04) | 0.028 (1.03) |
| SIZE | -0.019 * (-1.74) | -0.019 * (-1.69) | -0.019 * (-1.69) | 0.015 (0.87) | 0.016 (0.88) | 0.016 (0.89) | -0.048 *** (-3.36) | -0.048 *** (-3.35) | -0.048 *** (-3.36) |
| LEV | 0.008 (0.14) | 0.008 (0.15) | 0.010 (0.18) | 0.286 *** (2.90) | 0.289 *** (2.91) | 0.288 *** (2.90) | -0.078 (-0.99) | -0.084 (-1.07) | -0.081 (-1.03) |
| TOP1 | -0.003 *** (-3.87) | -0.003 *** (-3.89) | -0.003 *** (-3.88) | -0.005 *** (-4.18) | -0.005 *** (-4.21) | -0.005 *** (-4.21) | -0.001 * (-1.69) | -0.001 * (-1.70) | -0.001 * (-1.71) |
| Growth | -0.068 *** (-5.19) | -0.069 *** (-5.29) | -0.070 *** (-5.35) | -0.086 *** (-3.37) | -0.086 *** (-3.31) | -0.087 *** (-3.32) | -0.040 * (-2.10) | -0.043 ** (-2.27) | -0.044 ** (-2.31) |
| INDIR | -0.029 (-0.16) | -0.039 (-0.20) | -0.031 (-0.17) | 0.171 (0.60) | 0.174 (0.61) | 0.173 (0.60) | -0.187 (-0.71) | -0.192 (-0.73) | -0.184 (-0.71) |
| MRS | -0.198 *** (-2.88) | -0.199 *** (-2.88) | -0.197 *** (-2.86) | -0.315 *** (-2.83) | -0.312 *** (-2.79) | -0.311 *** (-2.78) | -0.135 (-1.49) | -0.141 (-1.56) | -0.142 (-1.57) |
| BSIZE | 0.136 ** (2.38) | 0.142 ** (2.47) | 0.141 ** (2.45) | 0.101 (1.08) | 0.107 (1.14) | 0.108 (1.15) | 0.161 ** (2.09) | 0.168 ** (2.17) | 0.170 ** (2.20) |
| IA | 0.017 (0.09) | 0.016 (0.08) | 0.017 (0.09) | 0.227 (0.81) | 0.230 (0.82) | 0.230 (0.82) | -0.086 (-0.30) | -0.093 (-0.33) | -0.093 (-0.33) |
| Violate | -0.007 (-0.44) | -0.014 (-0.82) | -0.014 (-0.87) | -0.012 (-0.40) | -0.014 (-0.45) | -0.016 (-0.52) | 0.002 (0.09) | -0.004 (-0.14) | -0.005 (-0.18) |
| Opinion | 0.068 (1.32) | 0.045 (0.86) | 0.049 (0.93) | 0.189 (1.11) | 0.156 (0.88) | 0.154 (0.87) | 0.060 (0.87) | 0.057 (0.83) | 0.054 (0.79) |
| 常数项 | 0.067 (0.21) | 0.047 (0.14) | 0.044 (0.13) | -0.518 (-1.03) | -0.934 (-1.39) | -0.941 (-1.41) | 0.810 *** (2.58) | 0.795 ** (2.54) | 0.792 ** (2.53) |
| Industry | Control | Control | Control | Control | Control | Control | Control | Control | Control |
| Year | Control | Control | Control | Control | Control | Control | Control | Control | Control |
| 样本数 | 14128 | 14128 | 14128 | 7507 | 7507 | 7507 | 6621 | 6621 | 6621 |
| R-squared | 0.074 | 0.076 | 0.076 | 0.083 | 0.082 | 0.082 | 0.049 | 0.051 | 0.052 |

注: *** 、** 和 * 分别表示在 1% 、5% 和 10% 的水平上显著；括号内的数据为 t 值；

由表 7 - 17 可知，第（1）～（3）列中，财务报告问询函（$CL$、$CLleg$ 和 $CLRleg$）与经营业绩（$ROA$）交乘项（$CL \times ROA$、$CLleg \times ROA$ 和 $CLRleg \times ROA$）的回归系数分别为 - 1.083、- 0.158 与 - 0.128，且均在 1% 的水平上显著；第（4）～（6）列中，交乘项（$CL \times ROA$、$CLleg \times ROA$ 和 $CLRleg \times ROA$）的回归系数分别为 - 0.154、- 0.131 和 - 0.115，且均在 1% 或 5% 的水平上显著；第（7）～（9）列中，交乘项（$CL \times ROA$、$CLleg \times ROA$ 和 $CLRleg \times ROA$）的回归系数分别为 - 0.852、- 0.089 和 - 0.064，除了第（9）列的回归系数在 5% 的水平上显著，其他列的回归系数均不显著，且第（9）列的回归系数显著小于第（6）列的回归系数，增强了假设 7 - 2 研究内容的稳健性。

重新检验假设 7 - 3a 和假设 7 - 3b，第二阶段的相关结果具体如表 7 - 22 所示。

表 7 - 22　　　　　　　　模型（5 - 3）的二阶段分组回归结果（3）

| 变量 | Overpay | | | | | | | | |
| | (1) | (2) | (3) | (4) | (5) | (6) | (7) | (8) | (9) |
| | 全样本 | | | 交叠程度高组 | | | 交叠程度低组 | | |
| --- | --- | --- | --- | --- | --- | --- | --- | --- | --- |
| CL | - 0.085 *** (- 2.78) | | | - 0.042 * (- 1.92) | | | - 0.113 ** (- 2.21) | | |
| CLleg | | - 0.003 ** (2.07) | | | - 0.003 (- 0.72) | | | - 0.004 ** (- 1.99) | |
| CLRleg | | | - 0.004 ** (2.11) | | | - 0.001 (- 0.22) | | | - 0.005 ** (- 2.37) |
| Olvp | 0.009 ** (2.36) | 0.010 ** (2.43) | 0.010 ** (2.44) | | | | | | |
| SOE | - 0.109 *** (- 4.50) | - 0.108 *** (- 4.45) | - 0.107 *** (- 4.44) | - 0.087 *** (- 2.67) | - 0.086 *** (- 2.64) | - 0.086 *** (- 2.63) | - 0.131 *** (- 4.45) | - 0.130 *** (- 4.40) | - 0.129 *** (- 4.39) |
| DUAL | 0.058 *** (2.73) | 0.059 *** (2.77) | 0.059 *** (2.76) | 0.073 ** (2.51) | 0.073 ** (2.50) | 0.074 ** (2.51) | 0.038 (1.51) | 0.039 (1.55) | 0.039 (1.54) |
| SIZE | 0.015 (1.44) | 0.016 (1.50) | 0.016 (1.52) | 0.007 (0.50) | 0.008 (0.59) | 0.009 (0.61) | 0.020 (1.52) | 0.021 (1.55) | 0.021 (1.56) |

续表

| 变量 | Overpay | | | | | | | | |
|---|---|---|---|---|---|---|---|---|---|
| | (1) | (2) | (3) | (4) | (5) | (6) | (7) | (8) | (9) |
| | 全样本 | | | 交叠程度高组 | | | 交叠程度低组 | | |
| LEV | −0.019 (−0.34) | −0.022 (−0.39) | −0.023 (−0.40) | 0.104 (1.31) | 0.098 (1.22) | 0.096 (1.21) | −0.116* (−1.69) | −0.118* (−1.69) | −0.118* (−1.69) |
| TOP1 | −0.003*** (−3.89) | −0.003*** (−3.86) | −0.003*** (−3.84) | −0.005*** (−5.05) | −0.005*** (−5.00) | −0.005*** (−4.99) | −0.001 (−0.67) | −0.001 (−0.69) | −0.001 (−0.67) |
| ROA | 1.788*** (12.17) | 1.842*** (12.51) | 1.850*** (12.55) | 2.382*** (10.43) | 2.410*** (10.49) | 2.419*** (10.48) | 1.291*** (7.72) | 1.351*** (8.02) | 1.356*** (8.05) |
| Growth | −0.068*** (−5.05) | −0.070*** (−5.18) | −0.070*** (−5.21) | −0.072*** (−3.74) | −0.073*** (−3.82) | −0.074*** (−3.84) | −0.057*** (−3.16) | −0.059*** (−3.26) | −0.059*** (−3.28) |
| INDIR | −0.040 (−0.21) | −0.047 (−0.25) | −0.049 (−0.25) | 0.154 (0.62) | 0.155 (0.62) | 0.154 (0.62) | −0.265 (−1.10) | −0.274 (−1.14) | −0.276 (−1.15) |
| MRS | −0.139** (−2.00) | −0.137** (−1.97) | −0.136* (−1.95) | −0.269*** (−2.65) | −0.261** (−2.57) | −0.260** (−2.55) | −0.020 (−0.25) | −0.023 (−0.29) | −0.022 (−0.28) |
| BSIZE | 0.131** (2.26) | 0.134** (2.31) | 0.134** (2.31) | 0.134* (1.77) | 0.137* (1.82) | 0.138* (1.83) | 0.138* (1.95) | 0.141** (1.99) | 0.141** (1.98) |
| IA | 0.038 (0.20) | 0.041 (0.21) | 0.042 (0.22) | 0.243 (0.89) | 0.251 (0.93) | 0.254 (0.94) | −0.082 (−0.36) | −0.087 (−0.38) | −0.089 (−0.39) |
| Violate | −0.011 (−0.63) | −0.017 (−0.99) | −0.018 (−1.07) | −0.030 (−1.30) | −0.033 (−1.45) | −0.034 (−1.49) | −0.002 (−0.07) | −0.009 (−0.39) | −0.010 (−0.43) |
| Opinion | 0.103* (1.96) | 0.091* (1.71) | 0.088 (1.64) | 0.159* (1.94) | 0.145* (1.76) | 0.143* (1.72) | 0.054 (0.88) | 0.045 (0.73) | 0.043 (0.69) |
| 常数项 | −0.467** (−1.97) | −0.553* (−1.68) | −0.557* (−1.69) | −0.547 (−1.41) | −0.353 (−0.85) | −0.359 (−0.86) | −0.488* (−1.68) | −0.496 (−1.47) | −0.497 (−1.47) |
| Industry | Control | Control | Control | Control | Control | Control | Control | Control | Control |
| Year | Control | Control | Control | Control | Control | Control | Control | Control | Control |
| 样本数 | 1428 | 1428 | 1428 | 7239 | 7239 | 7239 | 6889 | 6889 | 6889 |
| R-squared | 0.053 | 0.053 | 0.053 | 0.067 | 0.066 | 0.065 | 0.051 | 0.052 | 0.052 |

注：***、**和*分别表示在1%、5%和10%的水平上显著；括号内的数据为t值。

由表7－22可知，在表7－15中，第（1）~（3）列财务报告问询函（*CL*、*CLleg*和*CLRleg*）的回归系数分别为 －0.085、－0.003 和 －0.004，且均在1%或5%的水平上显著；在第（4）~（6）列中，财务报告问询函（*CL*、*CLleg*和*CLRleg*）的回归系数分别为 －0.042、－0.003 和 －0.001，且仅第（4）列的回归系数在10%的水平上显著，其他列的回归系数并不显著；在第（7）~（9）列中，财务报告问询函（*CL*、*CLleg*和*CLRleg*）的回归系数分别为 －0.113、－0.004 和 －0.005，且分别在5%的水平上显著。上述结果表明薪酬委员会与审计委员会的交叠程度越高，越不利于财务报告问询函对高管摄取超额薪酬的行为的抑制作用，增强了假设7－3b研究内容的稳健性。

重新检验假设7－4a和假设7－4b，第二阶段的相关结果具体如表7－23所示。

表7－23　　　　　　　　　　　变更样本的回归结果（4）

| 变量 | Overpay | | | | | | | | |
|---|---|---|---|---|---|---|---|---|---|
| | （1） | （2） | （3） | （4） | （5） | （6） | （7） | （8） | （9） |
| | 全样本 | | | 交叠程度高组 | | | 交叠程度低组 | | |
| *CL* | －0.123***<br>（－3.98） | | | －0.161*<br>（－1.75） | | | －0.064<br>（－1.62） | | |
| *CL* × *ROA* | －1.478***<br>（－4.67） | | | －1.488<br>（－1.61） | | | －1.123***<br>（－2.89） | | |
| *CLleg* | | －0.005*<br>（－1.68） | | | －0.007*<br>（－1.69） | | | －0.002<br>（－0.36） | |
| *CLleg* × *ROA* | | －0.202***<br>（－5.93） | | | －0.149**<br>（－2.19） | | | －0.248***<br>（－3.70） | |
| *CLRleg* | | | －0.003<br>（－1.13） | | | －0.005<br>（－1.24） | | | 0.000<br>（0.02） |
| *CLRleg* × *ROA* | | | －0.165***<br>（－6.04） | | | －0.206<br>（－1.29） | | | －0.118***<br>（－3.71） |
| *ROA* | 1.855***<br>（12.24） | 1.999***<br>（13.01） | 1.993***<br>（12.97） | | | | | | |
| *Olvp* | 0.009**<br>（2.34） | 0.009**<br>（2.34） | 0.009**<br>（2.33） | 2.391***<br>（10.35） | 2.511***<br>（10.59） | 2.513***<br>（10.51） | 1.382***<br>（7.81） | 1.518***<br>（8.58） | 1.506***<br>（8.54） |

续表

| 变量 | Overpay | | | | | | | | |
|---|---|---|---|---|---|---|---|---|---|
| | (1) | (2) | (3) | (4) | (5) | (6) | (7) | (8) | (9) |
| | 全样本 | | | 交叠程度高组 | | | 交叠程度低组 | | |
| SOE | −0.108 *** | −0.106 *** | −0.105 *** | −0.086 *** | −0.084 *** | −0.083 ** | −0.129 *** | −0.127 *** | −0.127 *** |
| | (−4.46) | (−4.38) | (−4.36) | (−2.66) | (−2.59) | (−2.57) | (−4.39) | (−4.33) | (−4.33) |
| DUAL | 0.059 *** | 0.059 *** | 0.059 *** | 0.073 ** | 0.072 ** | 0.073 ** | 0.040 | 0.040 | 0.040 |
| | (2.76) | (2.77) | (2.77) | (2.48) | (2.48) | (2.48) | (1.57) | (1.59) | (1.57) |
| SIZE | 0.015 | 0.016 | 0.016 | 0.006 | 0.007 | 0.007 | 0.021 | 0.021 | 0.022 |
| | (1.40) | (1.44) | (1.46) | (0.46) | (0.50) | (0.52) | (1.55) | (1.60) | (1.60) |
| LEV | −0.014 | −0.011 | −0.010 | 0.111 | 0.116 | 0.116 | −0.114 | −0.115 | −0.111 |
| | (−0.24) | (−0.20) | (−0.18) | (1.40) | (1.46) | (1.46) | (−1.62) | (−1.61) | (−1.57) |
| TOP1 | −0.003 *** | −0.003 *** | −0.003 *** | −0.005 *** | −0.005 *** | −0.005 *** | −0.001 | −0.001 | −0.001 |
| | (−3.96) | (−4.01) | (−4.00) | (−5.09) | (−5.09) | (−5.09) | (−0.74) | (−0.82) | (−0.81) |
| Growth | −0.067 *** | −0.068 *** | −0.069 *** | −0.071 *** | −0.072 *** | −0.073 *** | −0.056 *** | −0.058 *** | −0.058 *** |
| | (−4.95) | (−5.05) | (−5.09) | (−3.70) | (−3.76) | (−3.79) | (−3.11) | (−3.18) | (−3.23) |
| INDIR | −0.038 | −0.048 | −0.039 | 0.154 | 0.147 | 0.157 | −0.261 | −0.268 | −0.259 |
| | (−0.20) | (−0.25) | (−0.21) | (0.62) | (0.59) | (0.63) | (−1.09) | (−1.11) | (−1.08) |
| MRS | −0.144 ** | −0.146 ** | −0.144 ** | −0.271 *** | −0.264 *** | −0.262 ** | −0.027 | −0.034 | −0.032 |
| | (−2.08) | (−2.11) | (−2.08) | (−2.68) | (−2.60) | (−2.57) | (−0.33) | (−0.43) | (−0.41) |
| BSIZE | 0.135 ** | 0.140 ** | 0.140 ** | 0.136 * | 0.143 * | 0.144 * | 0.143 ** | 0.148 ** | 0.146 ** |
| | (2.34) | (2.42) | (2.41) | (1.82) | (1.90) | (1.92) | (2.02) | (2.08) | (2.04) |
| IA | 0.025 | 0.024 | 0.026 | 0.231 | 0.245 | 0.253 | −0.097 | −0.112 | −0.113 |
| | (0.13) | (0.12) | (0.14) | (0.85) | (0.91) | (0.94) | (−0.42) | (−0.49) | (−0.50) |
| Violate | −0.011 | −0.017 | −0.018 | −0.031 | −0.037 | −0.039 * | 0.000 | −0.007 | −0.007 |
| | (−0.63) | (−1.01) | (−1.07) | (−1.38) | (−1.61) | (−1.69) | (0.00) | (−0.28) | (−0.29) |
| Opinion | 0.076 | 0.051 | 0.056 | 0.134 | 0.100 | 0.101 | 0.035 | 0.018 | 0.024 |
| | (1.43) | (0.94) | (1.03) | (1.59) | (1.16) | (1.18) | (0.56) | (0.29) | (0.38) |
| 常数项 | −0.467 ** | −0.553 * | −0.560 * | −0.538 | −0.336 | −0.349 | −0.507 * | −0.521 | −0.523 |
| | (−1.97) | (−1.68) | (−1.70) | (−1.39) | (−0.81) | (−0.84) | (−1.75) | (−1.54) | (−1.54) |
| Industry | Control | Control | Control | Control | Control | Control | Control | Control | Control |
| Year | Control | Control | Control | Control | Control | Control | Control | Control | Control |
| 样本数 | 14128 | 14128 | 14128 | 7239 | 7239 | 7239 | 6889 | 6889 | 6889 |
| R-squared | 0.055 | 0.057 | 0.057 | 0.068 | 0.069 | 0.069 | 0.053 | 0.055 | 0.055 |

注：*** 、** 和 * 分别表示在 1% 、5% 和 10% 的水平上显著；括号内的数据为 t 值。

在表 7 – 23 中，第（1）~（3）列中，财务报告问询函（*CL*、*CLleg* 和 *CLRleg*）与经营业绩（*ROA*）交乘项（*CL* × *ROA*、*CLleg* × *ROA* 和 *CLRleg* × *ROA*）的回归系数分别为 – 1.478、– 0.202 和 – 0.165，且均在 1% 的水平上显著；第（4）~（6）列中，交乘项（*CL* × *ROA*、*CLleg* × *ROA* 和 *CLRleg* × *ROA*）的回归系数分别为 – 1.488、– 0.149 和 – 0.206，除了第（5）列的回归系数在 5% 的水平上显著，其他列的回归系数均不显著；第（7）~（9）列中，交乘项（*CL* × *ROA*、*CLleg* × *ROA* 和 *CLRleg* × *ROA*）的回归系数分别为 – 1.123、– 0.248 和 – 0.118，且均在 1% 的水平上显著，增强了假设 7 – 4b 研究内容的稳健性。

## 7.5　本章小结

企业薪酬委员会主要负责制定高管的薪酬计划，在协调企业最终控制人与企业高管之间利益冲突方面发挥着重要的作用。本章聚焦于薪酬委员会独立性以及薪酬委员会与审计委员会的交叠的特征，探讨薪酬委员会在财务报告问询函对企业高管超额薪酬与薪酬辩护影响中的作用，并以中国沪深 A 股 2014 ~ 2019 年的上市公司为研究样本，实证检验本章的研究假设。

本章研究发现，薪酬委员会独立性能够显著抑制财务报告问询函对企业高管摄取超额薪酬及薪酬辩护的影响，即在财务报告问询函的上述影响中存在显著的负向调节效应。然而，薪酬委员会与审计委员会的交叠却阻碍了薪酬委员会对企业高管薪酬的治理作用，显著加剧了财务报告问询函对企业高管摄取超额薪酬及薪酬辩护的影响，即在财务报告问询函的上述影响中存在显著的正向调节效应。本章研究结论不仅有助于企业优化薪酬委员会对其高管薪酬的治理作用，而且会促进相关监管机构完善上市公司薪酬委员会的相关制度，为抑制企业高管摄取超额薪酬以及实施"结果正当性"的薪酬辩护提供了一定的理论支持。

# 研究结论与政策建议

本章主要对上文章节的内容进行归纳总结。本研究率先阐述本书的主要结论与研究贡献；其次，在此基础上，形成具有针对性的政策建议；最后，概括本研究存在的研究不足以及提出未来研究展望。

## 8.1　主要结论

本研究从高管超额薪酬及其薪酬辩护的研究视角，探讨财务报告问询函对企业高管薪酬的影响，并剖析国有产权性质以及薪酬委员会的相关特征在财务报告问询函对高管超额薪酬及其薪酬辩护影响中的作用。企业高管利用其权力与影响所摄取的超额薪酬与实施的薪酬辩护行为，不仅损害着企业的发展，而且会加大社会的贫富差距。2015 年中国居民收入基尼系数仍处在国际公认的 0.4 的贫富差距警戒线之上，《中国公司治理分类指数报告 No. 15（2019）》也表明 2018 年上市公司高管激励过度的情况仍然较为严重。

在"放松管制，加强监管"的监管原则引导下，财务报告问询函已成为中国证券交易所重要的一种监管创新方式。相对于西方发达国家而言，中国证券交易所不仅要求企业及时回复财务报告问询函，而且会根据企业回函的具体内容决定是否开展进一步的立案调查。为此，相关学者研究发现中国财务报告不仅会提升企业的信息披露质量，而且会加强对高管的监督；但较少有研究关注财务报告问询函对企业管理经营活动的影响。而导致企业超额薪酬与薪酬辩护的主要诱因在于企业所有者与高管之间的委托代理问题。本研究则正是从高管超额薪酬及其薪酬辩护的视角，考察财务报告问询函对高管超额薪酬及其薪酬辩护的影响，并探索国有产权性质与薪酬委员会特征在财务报告问询函上述影响中的调节效应，弥补了现有相关研究的不足。

本书首先聚焦于超额薪酬与薪酬辩护诱因的理论研究，以及围绕财务报告问询函对企业经济行为的影响，梳理现有相关研究文献；其次，基于委托代理理论、信息不对称理论、管理层权力理论以及最优薪酬契约理论，剖析财务报告问询函对企业委托代理问题与高管权力的作用，以及进一步剖析薪酬委员会对高管薪酬的影响；最后，借助三章实证研究检验财务报告问询函对超额薪酬以及薪酬辩护的影响，而且考察国有产权性质在财务报告问询函对高管超额薪酬及其薪酬辩护的影响，进一步探索薪酬委员会独立性及其与审计委员会交叠的特征能否抑制财务报告问询函的上述影响。

通过上述章节的研究，本研究得出如下结论：

结论一：财务报告问询函能够显著抑制企业高管的超额薪酬。处于经济转型阶段的中国，尽管市场经济的快速发展有助于微观企业的快速发展，但企业的委托代理问题始终是困扰企业经营效率提升的重要障碍。委托代理问题的加重不仅会阻碍高管激励的效果，而且会恶化企业的信息环境，从而会滋生高管借助自身权力与信息优势来摄取超额薪酬的行为。本研究发现，证券交易所向企业所发放财务报告问询函能够抑制企业高管的委托代理行为，这有助于企业缓解摄取超额薪酬行为的发生。在当前经济制度下，国有企业与非国企业的高管薪酬制度存在着显著的差异。相对于非国有企业而言，财务报告问询函对国有企业高管摄取超额薪酬与薪酬辩护的抑制作用更强。

结论二：财务报告问询函显著抑制了企业高管借助经营业绩实施"结果正当性"的薪酬辩护行为。"结果正当性"的薪酬辩护不仅为企业高管摄取超额薪酬提供借口，而且能够为其不断摄取超额薪酬提供机会。尤其是对于国有企业而言，财务报告问询函对抑制企业高管借助经营业绩增长实施"结果正当性"的薪酬辩护行为的抑制作用更强。

结论三：企业薪酬委员会独立性会显著抑制财务报告问询函的上述影响，但其薪酬委员会与审计委员会的交叠却会显著加剧财务报告问询函的上述影响。相对于内部董事而言，独立董事大都具备更强的专业知识与注重个人的声誉，其提升公司治理作用的动机也越强，从而使得薪酬委员会独立性在财务报告问询函的上述影响中存在显著的负向调节效应。然而，薪酬委员会与审计委员会的交叠则有助于高管俘获董事与借助真实盈余管理行为摄取超额薪酬，以及实施"结果正当性"的薪酬辩护，进而在财务报告问询函的上述影响中存在显著的负向调节效应。

## 8.2 研究贡献

本研究的贡献可以分为以下两个方面：

一方面，本研究将财务报告问询函引入高管超额薪酬理论研究，拓宽了高管超额薪酬的理论研究边界。财务报告问询函是一种重要的非处罚性行政监管，具有缓解企业信息不对称和加强对高管监管的作用。而高管摄取超额薪酬及其实施"结果正当性"的薪酬辩护的重要诱因在于高管利用自身的权力与影响摄取私有收益。本书则正是从高管薪酬的研究视角，考察财务报告问询函对高管超额薪酬及其薪酬辩护的影响，从而能够拓宽高管薪酬的理论研究范畴。

另一方面，本研究从超额薪酬的研究视角考察财务报告问询函对企业的治理作用，丰富了财务报告问询函的理论研究范畴。高管薪酬是企业重要的管理活动，而高管在信息不对称的环境下，借助自身权力获取超额薪酬会损害高管薪酬的激励作用。尽管既有文献从盈余管理、市场反应、审计以及高管变更等研究视角，获取了财务报告问询函能够显著抑制企业的信息不对称与委托代理问题。高管薪酬是企业管理实践与理论研究的热点与重点。本研究则从高管薪酬的研究视角，考察财务报告问询函对企业高管超额薪酬及其薪酬辩护的影响。

## 8.3 政策建议

本研究的研究结论对证券交易所持续推进财务报告问询函提升对企业的

治理效果，并有助于企业所有者通过财务报告问询函提升高管薪酬的激励效果，具体如下：

一是有助于中国证券交易所持续推进财务报告问询函，提升企业高管薪酬的治理效应。自 2013 年"信息披露直通车"实施后，财务报告问询函一定程度上能够改善企业的信息披露质量。高管薪酬是企业重要的经营管理活动，本研究从高管超额薪酬视角考察财务报告问询函的治理作用，为证券交易所通过财务报告问询函加大与深化监管的范围和力度提供了重要的经验证据。

二是本书研究结论对于相关监管机构完善公司治理的相关政策提供了一定的经验支持。例如，尽管证监会于 2002 年颁布的《上市公司治理准则》明确提出上市公司应建立薪酬委员会负责制定与执行高管的薪酬契约，但对于薪酬委员会独立性及其与董事会中其他委员会的交叠程度等具体内容并未作出十分确切的规定。本研究进一步探讨薪酬委员会的上述两个特点在财务报告问询函对超额薪酬及薪酬辩护影响中的作用，研究结论表明薪酬委员会独立性在财务报告问询函对高管超额薪酬及其薪酬辩护的上述影响中显著存在正向调节效应，但与审计委员会的交叠程度却显著存在负向调节效应，从而为《上市公司治理准则》进一步细化薪酬委员会的相关规定提供了一定的启示。

# 8.4 研究局限和未来研究方向

本节在上文的基础上阐述研究局限，并试图探索未来研究方向。

## 8.4.1 研究局限

本研究的研究局限体现在以下三个方面：

第一，限于研究样本数据的限制，本研究研究并未控制潜在影响超额薪酬及薪酬辩护的所有因素。尽管本研究在提出研究假设与实证设计过程中通过控制变量尽量降低其他因素对本书结论的影响，然而，在企业薪酬理论研究与实践管理中，仍存在难以度量与刻画的影响因素。本书参考了相关研究文献中相关影响因素的度量变量作为控制变量，但仍会遗漏部分无法刻画与度量的影响因素。

第二，由于档案式研究方法的限制，缺乏对超额薪酬与薪酬辩护影响路径的探索。本研究所选定的档案式研究方法，仅针对企业已经披露的相关数据，而无论企业高管摄取超额薪酬，还是其实施薪酬辩护行为，均具有很强的隐蔽性。因而，文章无法探寻企业高管已经发生的摄取私有收益的实现路径。

第三，超额薪酬的度量方式存在一定的缺陷。在本书的研究设计中，本研究采用现有研究中多数文章的度量超额薪酬的研究方法，且在稳健性检验中，则进一步采用虚拟变量替代以连续变量度量超额薪酬的研究方法。然而，本书研究表明，企业高管超额薪酬包含在其绝对薪酬之中，因而，无法十分精确地分离与刻画其超额薪酬。

## 8.4.2 未来研究方向

本研究研究潜在的未来研究方向可体现在以下两个方面：

第一，探索缓解企业中企业高管超额薪酬及薪酬辩护的方式。本研究考察财务报告问询函对高管超额薪酬及其薪酬辩护的影响，并探索国有产权性质、薪酬委员会独立性及其与审计委员会交叠对层级上述影响的作用。然而，如何抑制企业高管超额薪酬与薪酬辩护是企业管理控制实践的重点与难点。因而，探索其他缓解企业高管超额薪酬及薪酬辩护方式存的理论研究，是未来重要的研究方向之一。

第二，为企业所有者借助财务报告问询函提升高管薪酬契约的激励效果的理论研究，提供一定的启示。财务报告问询函会促进企业提升信息披露质量，从而会抑制企业信息不对称性，缓解企业的委托代理问题。而在信息不对称的环境中，委托代理问题是抑制企业经营效率的重要诱因。有鉴于此，考察财务报告问询函对企业其他经营活动的影响，如企业的投资活动、融资活动以及其他经济行为，也将成未来研究的另一个重要方向。

# 参考文献

［1］陈冬华，陈信元，万华林．国有企业中的薪酬管制与在职消费［J］．经济研究，2005（2）：90－101．

［2］陈家田．上市家族企业 CEO 薪酬激励实证研究：基于双重委托代理视角［J］．管理评论，2014（11）：159－168．

［3］陈林荣，刘爱东．家族企业高管薪酬治理效应的实证研究［J］．软科学，2009（9）：107－111．

［4］陈运森，邓祎璐，李哲．证券交易所一线监管的有效性研究：基于财务报告问询函的证据［J］．管理世界，2019，35（3）：169－185，208．

［5］程新生，刘建梅，陈靖涵．才能信号抑或薪酬辩护：超额薪酬与战略信息披露［J］．金融研究，2015（12）：146－161．

［6］邓祎璐，陈运森，戴馨．非处罚性监管与公司税收规避：基于财务报告问询函的证据［J］．金融研究，2022（1）：153－166．

［7］邓祎璐，李哲，陈运森．证券交易所一线监管与企业高管变更：基于问询函的证据［J］．管理评论，2020，32（4）：194－205．

［8］邓晓岚，陈运森，陈栋．审计委员会与薪酬委员会委员交叠任职、盈余管理与高管薪酬［J］．审计研究，2014（6）：83－91．

［9］段海艳．外部董事任期对董事会监督与咨询效率的影响研究：基于中小板上市公司的经验数据［J］．华东经济管理，2016（8）：124－129．

［10］范经华，张雅曼，刘启亮．内部控制、审计师行业专长、应计与真实盈余管理［J］．会计研究，2013（4）：81－88．

［11］方军雄．高管超额薪酬与公司治理决策［J］．管理世界，2012（11）：

144 – 155.

[12] 方军雄. 中国上市公司高管的薪酬存在粘性吗?[J]. 经济研究,2009 (3):110 – 124.

[13] 冯根福,韩冰,闫冰. 中国上市公司股权集中度变动的实证分析 [J]. 经济研究,2002(8):12 – 18.

[14] 冯丽霞. 内部资本市场:组织载体、交易与租金 [J]. 会计研究,2006 (8):37 – 43.

[15] 高敬忠,韩传模,王英允. 公司诉讼风险与管理层盈余预告披露方式选择:来自中国 A 股上市公司的经验证据 [J]. 经济与管理研究,2011(5):102 – 112.

[16] 郭科琪. 上市公司高管超额薪酬问题研究:基于董事会性别构成的视角 [J]. 财政研究,2014(5):18 – 21.

[17] 高文亮,罗宏. 薪酬管制、薪酬委员会与公司绩效 [J]. 山西财经大学学报,2011(8):84 – 91.

[18] 洪峰. 独立董事治理、管理层权力与超额薪酬:基于董事网络的实证分析 [J]. 贵州财经大学学报,2015(2):31 – 40.

[19] 黄志中,郗群. 薪酬制度考虑外部监管了吗?:来自中国上市公司的证据 [J]. 南开管理评论,2009(1):49 – 56.

[20] 吉利,吴萌. 企业社会责任与高管薪酬辩护 [J]. 厦门大学学报(哲学社会科学版),2016(6):116 – 125.

[21] 江伟,刘丹,李雯. 薪酬委员会特征与高管薪酬契约:基于中国上市公司的经验研究 [J]. 会计与经济研究,2013(3):3 – 17.

[22] 江伟. 负债的代理成本与管理层薪酬:基于中国上市公司的实证分析 [J]. 经济科学,2008(4):110 – 123.

[23] 江伟. 市场化程度、行业竞争与高管薪酬增长 [J]. 南开管理评论,2011(5):58 – 67.

[24] 江伟. 行业薪酬基准与管理者薪酬增长:基于中国上市公司的实证分析 [J]. 金融研究,2010(4):144 – 159.

[25] 蒋弘,刘星. 股权制衡对并购中合谋行为经济后果的影响 [J]. 管理科学,2012(3):34 – 44.

[26] 李培功, 沈艺峰. 经理薪酬、轰动报道与媒体的公司治理作用 [J]. 管理科学学报, 2013 (10): 63 – 80.

[27] 李维安, 刘绪光, 陈靖涵. 经理才能、公司治理与契约参照点: 中国上市公司高管薪酬决定因素的理论与实证分析 [J]. 南开管理评论, 2010 (2): 4 – 15.

[28] 李晓溪, 饶品贵. 预防性监管与公司产能过剩: 基于年报问询函的研究证据 [J]. 金融研究, 2022 (4): 170 – 187.

[29] 李晓溪, 饶品贵, 岳衡. 年报问询函与管理层业绩预告 [J]. 管理世界, 2019, 35 (8): 173 – 188, 192.

[30] 李延喜, 包世泽, 高锐, 等. 薪酬激励、董事会监管与上市公司盈余管理 [J]. 南开管理评论, 2007 (6): 55 – 61.

[31] 李豫湘, 米江. 家族控制、机构投资者与高管薪酬. 重庆大学学报 (社会科学版) [J]. 2016 (5): 74 – 83.

[32] 李增泉. 激励机制与企业绩效: 一项基于上市公司的实证研究 [J]. 会计研究, 2000 (1): 24 – 30.

[33] 林乐, 谢德仁, 陈运森. 实际控制人监督、行业竞争与经理人激励: 来自私人控股上市公司的经验证据 [J]. 会计研究, 2013 (9): 36 – 43.

[34] 柳志南, 韩超. 财务报告问询函、产权性质与投资效率 [J]. 山西财经大学学报, 2022, 44 (9): 114 – 126.

[35] 刘峰, 贺建刚, 魏明海. 控制权、业绩与利益输送: 基于五粮液的案例研究 [J]. 管理世界, 2004 (9): 102 – 110.

[36] 刘桂良, 徐晓虹. 融资行为、研发支出与薪酬辩护 [J]. 求索, 2016 (11): 84 – 88.

[37] 刘慧龙, 张敏, 王亚平, 等. 政治关联、薪酬激励与员工配置效率 [J]. 经济研究, 2010 (9): 109 – 121.

[38] 刘西友, 韩金红. 上市公司薪酬委员会有效性与高管薪酬研究: 基于 "有效契约论" 与 "管理权力论" 的比较分析 [J]. 投资研究, 2012 (6): 16 – 28.

[39] 刘鑫. CEO 变更对企业 R&D 投入的影响: 基于 CEO 接班人的视角 [J]. 财贸研究, 2015 (2): 118 – 127.

［40］刘璇，吕长江. 谁签订的薪酬契约? 签约方身份与会计信息的契约作用：来自中国地方国有上市公司的证据［J］. 会计研究，2017（1）：75－81.

［41］卢昌崇，陈仕华. 断裂联结重构：连锁董事及其组织功能［J］. 管理世界，2009（5）：152－165.

［42］陆正飞，胡诗阳. 股东－经理代理冲突与非执行董事的治理作用：来自中国 A 股市场的经验证据［J］. 管理世界，2015（1）：129－138.

［43］陆智强，李红玉. 经理权力、市场化进程与经理超额薪酬：基于不同产权性质的比较分析［J］. 经济经纬，2014（3）：108－113.

［44］罗宏，黄敏，周大伟，等. 政府补助、超额薪酬与薪酬辩护［J］. 会计研究，2014（1）：42－48.

［45］罗昆，曹光宇. 财务困境、超额薪酬与薪酬业绩敏感性：基于政府补助的调节效应［J］. 华中农业大学学报（社会科学版），2015（6）：109－117.

［46］罗昆. 寻租抑或辩护：同业参照效应、超额薪酬增长与薪酬业绩敏感性［J］. 财贸研究，2015（5）：131－138.

［47］毛洪涛，周达勇，王新. 薪酬委员会在高管薪酬激励有效性中的治理效应研究：基于2002～2010年 A 股上市公司的实证研究［J］. 投资研究，2012（9）：20－41.

［48］缪毅，胡奕明. 内部收入差距、辩护动机与高管薪酬辩护［J］. 南开管理评论，2016（2）：32－41.

［49］缪毅，胡奕明. 薪酬谈判中的经理议价能力研究：基于管理者权力视角的实证检验［J］. 经济管理，2014（2）：55－64.

［50］潘红波，余明桂. 政治关系、控股股东利益输送与民营企业绩效［J］. 南开管理评论，2010（4）：14－27.

［51］权小锋，吴世农，文芳. 管理层权力、私有收益与薪酬操纵［J］. 经济研究，2010（11）：73－87.

［52］孙烨，孟佳娃. 薪酬委员会独立性与高管货币薪酬：独立董事声誉的调节作用［J］. 东南学术，2013（3）：57－66.

［53］孙园园，梁相，史燕丽. 大股东掏空、管理层权力与高管薪酬：基于

薪酬辩护理论视角的分析 [J]. 财经问题研究, 2017 (6): 86-92.

[54] 孙铮, 李增泉, 王景斌. 所有权性质、会计信息与债务契约: 来自中国上市公司的经验证据 [J]. 管理世界, 2006 (10): 100-107.

[55] 唐清泉, 罗党论. 设立独立董事的效果分析: 来自中国上市公司独立董事的问卷调查 [J]. 中国工业经济, 2006 (1): 120-127.

[56] 唐松, 孙铮. 政治关联、高管薪酬与企业未来经营绩效 [J]. 管理世界, 2014 (5): 93-105.

[57] 万良勇, 魏明海. 我国企业内部资本市场的困境与功能实现问题: 以三九集团和三九医药为例 [J]. 当代财经, 2006 (2): 78-81.

[58] 汪平, 王晓娜. 管理层持股与股权资本成本 [J]. 外国经济与管理, 2017 (2): 60-71.

[59] 王东清, 刘艳辉. 产品市场竞争、管理层权力与薪酬辩护 [J]. 财经理论与实践, 2016 (4): 105-110.

[60] 王欢. 中国上市公司薪酬委员会的有效性研究: 来自沪深两市 A 股的证据 [J]. 中南财经政法大学研究生学报, 2008 (1): 29-33.

[61] 王琨, 肖星. 薪酬委员会建立及其独立性对高管薪酬的影响 [J]. 中国会计与财务研究, 2014 (1): 96-109.

[62] 王鹏, 周黎安. 最终控制人的控制权、所有权与公司绩效: 基于中国上市公司的证据 [J]. 金融研究, 2006 (2): 88-98.

[63] 王守海, 李云. 管理层干预、审计委员会独立性与盈余管理 [J]. 审计研究, 2012 (4): 68-75.

[64] 魏明海, 黄琼宇, 程敏英. 家族企业关联大股东的治理角色: 基于关联交易的视角 [J]. 管理世界, 2013 (3): 133-147.

[65] 吴成颂, 周炜. 高管薪酬限制、超额薪酬与企业绩效: 中国制造业数据的实证检验与分析 [J]. 现代财经, 2016 (9): 75-87.

[66] 吴联生, 林景艺, 王亚平. 薪酬外部公平性、股权性质与公司业绩 [J]. 管理世界, 2010 (3): 117-126.

[67] 吴育辉, 吴世农. 高管薪酬: 激励还是自利?: 来自中国上市公司的证据 [J]. 会计研究, 2010 (11): 40-48.

[68] 夏雪花. 债务期限约束影响高管超额薪酬吗? [J]. 财经问题研究,

2013（11）：122 – 127.

［69］谢德仁，陈运森．董事网络：定义、特征和计量［J］．会计研究，2012（3）：44 – 51.

［70］谢德仁，姜博，刘永涛．高管薪酬辩护与开发支出会计政策隐性选择［J］．财经研究，2014（1）：125 – 134.

［71］谢德仁，林乐，陈运森．薪酬委员会独立性与更高的高管报酬 – 业绩敏感度：基于薪酬辩护假说的分析和检验［J］．管理世界，2012（1）：121 – 140，188.

［72］辛清泉，林斌，王彦超．政府控制、经理薪酬与资本投资［J］．经济研究，2007（8）：110 – 122.

［73］辛清泉，谭伟强．市场化改革、企业业绩与国有企业经理薪酬［J］．经济研究，2009（11）：68 – 81.

［74］杨德明，赵璨．媒体监督、媒体治理与高管薪酬［J］．经济研究，2012（6）：116 – 126.

［75］杨青，高铭，Besim，等．董事薪酬、CEO 薪酬与公司业绩：合谋还是共同激励？［J］．金融研究，2009（6）：111 – 127.

［76］叶建宏，汪炜．政策性负担、薪酬委员会独立性与高管超额薪酬：来自后股改时期国有上市公司的证据［J］．江西财经大学学报，2015（4）：31 – 41.

［77］袁知柱，郝文瀚，王泽燊．管理层激励对企业应计与真实盈余管理行为影响的实证研究［J］．管理评论，2014（10）：181 – 196.

［78］余明桂，回雅甫，潘红波．政治联系、寻租与地方政府财政补贴有效性［J］．经济研究，2010（3）：65 – 77.

［79］张必武，石金涛．董事会特征、高管薪酬与薪绩敏感性：中国上市公司的经验分析［J］．管理科学，2005（4）：32 – 39.

［80］张亮亮，黄国良．高管超额薪酬与资本结构动态调整［J］．财贸研究，2013（5）：148 – 156.

［81］张玮倩，乔明哲．媒体报道、薪酬辩护与盈余管理方式选择［J］．中南财经政法大学学报，2015（5）：98 – 107.

［82］赵国宇．大股东控股、报酬契约与合谋掏空：来自民营上市公司的经

验证据 [J]. 外国经济与管理, 2017 (7): 105 – 117.

[83] 赵健梅, 王晶, 张雪. 非执行董事对超额薪酬影响研究: 来自中国民营上市公司的证据 [J]. 证券市场导报, 2017 (10): 20 – 25.

[84] 郑国坚, 林东杰, 张飞达. 大股东财务困境、掏空与公司治理的有效性: 来自大股东财务数据的证据 [J]. 管理世界, 2013 (5): 157 – 168.

[85] 郑志刚, 孙娟娟, Rui Oliver. 任人唯亲的董事会文化和高管超额薪酬问题 [J]. 经济研究, 2012 (12): 111 – 124.

[86] 郑志刚. 高管掠夺视角的股权激励薪酬合约设计: 承诺价值和外部法律环境的影响 [J]. 金融研究, 2006 (12): 92 – 102.

[87] 周业安, 韩梅. 上市公司内部资本市场研究: 以华联超市借壳上市为例分析 [J]. 管理世界, 2003 (11): 118 – 125.

[88] 祝继高, 王春飞. 大股东能有效控制管理层吗?: 基于国美电器控制权争夺的案例研究 [J]. 管理世界, 2012 (4): 138 – 152.

[89] 祝继高, 叶康涛, 陆正飞. 谁是更积极的监督者: 非控股股东董事还是独立董事? [J]. 经济研究, 2015 (9): 170 – 184.

[90] Adams R, Ferreira D. Women in the Boardroom and Their Impact on Governance and Performance [J]. Journal of Financial Economics, 2009, 94 (2): 291 – 309.

[91] Albanesi S, Olivetti C. Gender Roles and Technological Progress [J]. Social Science Electronic Publishing, 2007, 34 (3): 24 – 47.

[92] Albuquerque A M, Franco G D, Verdi R S, Peer Choice in CEO Compensation [J]. Social Science Electronic Publishing, 2013, 108 (1): 160 – 181.

[93] Alchian A A. Information Costs, Pricing and Resource Unemployment [J]. Economic Inquiry, 1969, 7 (2): 109 – 128.

[94] Ammann M, Oesch D, Schmid M. Product Market Competition, Corporate Governance and Firm Value: Evidence from the EU Area [J]. European Financial Management, 2011, 19 (3): 452 – 469.

[95] Anderson R, Bizjak J. An Empirical Examination of the Role of the CEO and the Compensation Committee in Structuring Executive Pay [J]. Journal of

Banking and Finance, 2003, 27 (7): 1323 – 1348.

[96] Anthony R N, Vijay G. Management Control Systems [M]. Irwin-McGraw-Hill Press, 1998.

[97] Baber W R, Kang S, Kumar K R. Accounting Earnings and Executive Compensation: The Role of Earnings Persistence [J]. Journal of Accounting and Economics, 1998, 25 (2): 169 – 193.

[98] Baik B, Farber D B, Lee S. CEO Ability and Management Earnings Forecasts [J]. Contemporary Accounting Research, 2011, 28 (5): 1645 – 1668.

[99] Balsam S. Discretionary Accounting Choices and CEO Compensation [J]. Contemporary Accounting Research, 1998, 15 (3): 229 – 252.

[100] Barontini R, Bozzi S. Board Compensation and Ownership Structure: Empirical Evidence for Italian Listed Companies [J]. Journal of Management & Governance, 2011, 15 (1): 59 – 89.

[101] Bebchuk L A, Fried J M, Walker D I. Managerial Power and Rent Extraction in the Design of Executive Compensation [J]. University of Chicago Law Review, 2002, 69 (9): 751 – 846.

[102] Bebchuk L A, Fried J M. Executive Compensation as an Agency Problem [J]. Journal of Economic Perspectives, 2003, 17 (6): 71 – 92.

[103] Bell L A. Women-led Firms and the Gender Gap in Top Executive Jobs [J]. Social Science Electronic Publishing, 2005, 64 (2): 772 – 777.

[104] Bereskin F L, Cicero D C. CEO Compensation Contagion: Evidence from an Exogenous Shock [J]. Journal of Financial Economics, 2013, 107 (2): 477 – 493.

[105] Bertrand M, Schoar A. The Role of Family in Family Firms [J]. Journal of Economic Perspectives, 2006, 20 (2): 73 – 96.

[106] Brick I E, Palmon O, Wald K. CEO Compensation, Director Compensation and Firm Performance: Evidence of Cronyism? [J]. Journal of Corporate Finance, 2006, 12 (3): 403 – 423.

[107] Brickley J A, Zimmerman J L. Corporate Governance Myths: Comments on

Armstrong, Guay and Weber [J]. Journal of Accounting and Economic, 2010, 50 (2/3): 235 – 245.

[108] Bizjak J M, Lemmon M L, Naveen L. Does the Use of Peer Groups Contribute to Higher Pay and Less Efficient Compensation? [J]. Journal of Financial Economics, 2008, 90 (2): 152 – 168.

[109] Burkart M, Panunzi F. Agency Conflicts, Ownership Concentration and Legal Shareholder Protection [J]. Journal of Financial Intermediation, 2001, 15 (1): 1 – 31.

[110] Burt R S. Cooptive Corporate Actor Network: A Reconsideration of Interlocking Directorates Involving American Manufacturing [J]. Administrative Science Quarterly, 1980, 25 (4): 557 – 582.

[111] Bushman R, Chen Q, Engel E, Smith A. Financial Accounting Information, Organizational Complexity and Corporate Governance Systems [J]. Journal of Accounting and Economics, 2004, 37 (2): 167 – 201.

[112] Byrd J, Cooperman E S, Wolfe G A. Director Tenure and the Compensation of Bank CEOs [J]. Managerial Finance, 2010, 36 (2): 86 – 102.

[113] Capezio J, Shields D M. Too Good to be True: Board Structural Independence as a Moderator of CEO Pay for Firm Performance [J]. Journal of Management Studies, 2011, 48 (3): 487 – 513.

[114] Carter M E, Lynch L. An Examination of Executive Stock Option Repricing [J]. Journal of Financial Economics, 2001, 61 (2): 207 – 225.

[115] Carter M E, Lynch L. Executive Compensation Restrictions: Do They Restrict Firms' Willingness to Participate in TARP? [J]. Journal of Business Finance & Accounting, 2012, 39 (7 – 8): 997 – 1027.

[116] Castro C B, Dominguez D L, Concha M, Gravel J V. Does the Team Leverage the Board's Decisions? [J]. Corporate Governance: An International Review, 2009, 17 (6): 744 – 761.

[117] Chandler A P. The Modern Revision of the International Patent System in Favour of Developing Countries: Analysis and Effects [J]. Reviews of Modern Physics, 1987, 57 (1): 526 – 591.

[118] Chen J. China's Venture Capital Guiding Funds, Policies and Practice [J]. Journal of Chinese Entrepreneurship, 2010, 2 (3): 292 –297.

[119] Chung R, Firth M, Kim J. Institutional Monitoring and Opportunistic Earnings Management [J]. Journal of Corporate Finance, 2002, 8 (1): 29 –48.

[120] Claessens S, Djankov S, Lang L H P. The Separation of Ownership and Control in East Asian Corporations [J]. Journal of Financial Economics, 2000, 58 (1 –2): 81 –112.

[121] Conyon M, Gregg P, Machin S. Taking Care of Business: Executive Compensation in the United Kingdom [J]. The Economics Journal, 1995, 105 (3): 704 –714.

[122] Conyon M J, He L. Compensation Committee and CEO Compensation Incentive in US Entrepreneurial Firms [J]. Journal of Management Accounting, 2004, 16 (1): 35 –56.

[123] Conyon M J, Peck S I. Board Control, Remuneration Committees and Top Management Compensation [J]. Academy of Management Journal, 1998, 41 (2): 146 –157.

[124] Cordeiro J J, Sarkis J. Does Explicit Contracting Effectively Link CEO Compensation to Environmental Performance? [J]. Business Strategy and the Environment, 2008, 17 (5): 304 –317.

[125] Core J, Guay W, Larcker D. The Power of the Pen and Executive Compensation [J]. Journal of Financial Economics, 2008, 88 (1): 1 –25.

[126] Core J, Holthausen R, Larcker D. Corporate Governance, Chief Executive Officer Compensation and Firm Performance [J]. Journal of Financial Economics, 1999, 51 (3): 371 –406.

[127] Cornelli F, Kominek Z, Ljungqvist A. Monitoring Managers: Does It Matter? [J]. Journal of Finance, 2013, 68 (2): 431 –481.

[128] Crocie G H, Ozkan N. CEO Compensation, Family Control and Institutional Investors in Continental Europe [J]. Journal of Banking and Finance, 2012, 36 (12): 3318 –3335.

[129] Cyert R, Sok-Hyon K, Kumar P. Corporate Governance, Takeovers and Top-Management Compensation: Theory and Evidence [J]. Management Science, 2002, 48 (4): 453 – 468.

[130] Daily C M, Johnson J L, Ellstrand A E. Dalton D R. Compensation Committee Composition as a De terminant of CEO Compensation [J]. The Academy of Management Journal, 1998, 41 (5): 209 – 220.

[131] Dohmen T, Falk A. Performance Pay and Multi-dimensional Sorting: Productivity, Preferences and Gender [J]. The American Economic Review, 2011, 101 (2): 556 – 590.

[132] Eagly A H, Johannesen M C. The Leadership Styles of Women and Men [J]. Journal of Social Issues, 2001, 57 (4): 781 – 797.

[133] Elston J A, Goldber G L. Executive Compensation and Agency Costs in Germany [J]. Journal of Banking and Finance, 2003, 27 (7): 1391 – 1410.

[134] Faleye O, Holitash R U. The Costs of Intense Board Monitoring [J]. Journal of Financial Economics, 2011, 101 (1): 160 – 181.

[135] Fama E. Agency Problems and the Theory of the Firm [J]. Journal of Political Economy, 1980, 88 (2): 288 – 307.

[136] Fama E, Jensen M. Paration of Ownership and Control [J]. Journal of Law and Economics, 1983, 26 (9): 301 – 325.

[137] Fan J P H, Wong T J, Zhang T. Politically Connected CEOs, Corporate Governance and the Post-IPO Performance of China's Partially Privatized Firms [J]. Journal of Applied Corporate Finance, 2007, 84 (2): 330 – 357.

[138] Fan J P H, Wong T J, Zhang T. Institutions and Organizational Structure: The Case of State-owned Corporate Pyramids [J]. Journal of Law, Economics and Organization, 2013, 29 (6): 1217 – 1252.

[139] Faulkender R M, Yang J. Inside the Black Box: The Role and Composition of Compensation Peer Groups [J]. Journal of Financial Economics, 2010, 96 (2): 257 – 270.

[140] Faulkender R M, Yang J. Is Disclosure an Effective Cleansing Mechanism? The Dynamics of Compensation Peer Bench Marking [J]. Social Science Electronic Publishing, 2013, 26 (3): 806 – 839.

[141] Ferreira D, Rezende M. Corporate Strategy and Information Disclosure [J]. Journal of Economics, 2007, 38 (1): 164 – 184.

[142] Gabaix X, Landier A. Why has CEO Pay Increased So Much? [J]. Quarterly Journal of Economics, 2008, 123 (1): 49 – 100.

[143] Gao H, Harford J, Li K. CEO Pay Cuts and Forced Turnover: Their Causes and Consequence [J]. Journal of Corporate Finance, 2012, 8 (2): 291 – 310.

[144] Gianfrate A, Gianfranco N. What Do Shareholders' Coalitions Really Want? Evidence from Italian Voting Trusts [J]. Corporate Governance An International Review, 2007, 15 (2): 122 – 132.

[145] Gill D, Prowse V. A Structural Analysis of Disappointment Aversion in a Real Effort Competition [J]. The American Economic Review, 2012, 102 (1): 469 – 503.

[146] Gopalan R, Nanda V, Seru A. Internal Capital Market and Dividend Policies: Evidence from Business Groups [J]. Review of Financial Studies, 2014, 27 (4): 1102 – 1142.

[147] Gregory E, Smith I, Thompson S. Fired or Retired? A Competing Risks Analysis of Chief Executive Turnover [J]. The Economic Journal, 2009, 119 (536): 463 – 481.

[148] Gul B, Ferdinand A, Chen W, Discretionary Accounting Accruals, Managers' Incentives and Audit Fees [J]. Contemporary Accounting Research, 2003, 20 (3): 441 – 464.

[149] Hagerman R L, Zmijewski M E. Some Economic Determinants of Accounting Policy Choice [J]. Journal of Accounting and Economics, 1979, 1 (2): 141 – 161.

[150] Han E, Yao L. CEO Ownership, External Governance and Risk-taking [J]. Journal of Financial Economics, 2011, 102 (2): 272 – 292.

[151] Harris C R, Jenkins M, Glaser D. Gender Differences in Risk Assessment: Why do Women Take Fewer Risks Than Men? [J]. Judgment & Decision Making, 2006, 1 (1): 48 –63.

[152] Hart O, Moore J. Debt and Seniority: An Analysis of the Role of Hard Claims in Constraining Management [J]. The American Economic Review, 1995, 85 (3): 567 –585.

[153] Healy P. The Effect of Bonus Schemes on Accounting Decisions [J]. Journal of Accounting and Economics, 1985, 45 (7): 85 –107.

[154] Hellman J S, Jones G, Kaufmann D. Seize the State, Seize the Day: State Capture, Corruption and Influence in Transition, Journal of Comparative Economics, 2003, 31 (4): 751 –773.

[155] Holmstrom B. Design of Incentive Schemes and the New Soviet Incentive Model [J]. European Economic Review, 1979, 17 (2): 127 –148.

[156] Luo H, Liu B, Zhang W. The Monitoring Role of Media on Executive Compensation [J]. China Journal of Accounting Studies, 2013, 1 (2): 138 –156.

[157] Huson M, Tian Y, Wiedman C, Wier H. Compensation Committees' Treatment of Earnings Components in CEOs' Terminal Years [J]. The Accounting Review, 2012, 87 (1): 231 –259.

[158] Hwang B, Kim S. It Pays to Have Friends [J]. Journal of Financial Economics, 2009, 93 (1): 138 –158.

[159] Jensen M C. The Modern Industrial Revolution, Exit, and the Failure of Internal Control Systems [J]. Journal of Finance, 1993, 48 (3): 831 – 880.

[160] Jensen M C, Meckling W H. Theory of the Firm: Managerial Behavior, Agency Costs and Ownership Structure [J]. Journal of Financial Economics, 1976, 3 (76): 305 –360.

[161] Jensen M, Murphy K. Performance Pay and Top Management Incentives [J]. Journal of Political Economy, 1990, 98 (2): 225 –264.

[162] John T, John A. Top-Management Compensation and Capital Structure [J].

Journal of Finance, 1993, 48 (3): 949 – 974.

[163] Johnston J. Independent Directors, Executive Remuneration and the Governance of the Corporation: Some Empirical Evidence from the United Kingdom [J]. Review of Applied Economics, 2007, 3 (1 – 2): 105 – 122.

[164] Khanna T, Palepu K. Is Group Affiliation Profitable in Emerging Markets? An Analysis of Diversified Indian Business Groups [J]. Journal of Finance, 2000, 55 (2): 867 – 891.

[165] Khanna T, Rivkin J W. Estimating the Performance Effects of Business Groups in Emerging [J]. Markets Strategic Management Journal, 2001, 22 (1): 45 – 74.

[166] Khanna T, Yafeh Y. Business Groups in Emerging Markets: Paragons or Parasites? [J]. Social Science Electronic Publishing, 2007, 45 (2): 331 – 372.

[167] Klein A. Audit Committee, Board of Director Characteristics and Earnings Management [J]. Journal of Accounting and Economics, 2002, 33 (3): 375 – 400.

[168] Krueger A. The Political Economy of the Rent-Seeking Society [J]. The American Economic Review, 1974, 64 (3): 291 – 303.

[169] La Porta R, Lopez-de-Salinas F, Shleifer A, Vish R. Corporate Ownership around the World [J]. Journal of Finance, 1999, 54 (2): 471 – 520.

[170] Lambert R A, Larcker D F. An Analysis of the Use of Accounting and Market Measures of Performance in Executive Compensation Contracts [J]. Journal of Accounting Research, 1987, 25 (3): 85 – 125.

[171] Laschever R. Keeping up with CEO Jones: Benchmarking and Executive Compensation [J]. Journal of Economic Behavior & Organization, 2013, 93 (2): 78 – 100.

[172] Laux C, Laux V. Board Committees, CEO Compensation and Earnings Management [J]. The Accounting Review, 2009, 84 (3): 869 – 891.

[173] Lawrence J, Stapledon G. Is Board Composition Important? A Study of Lis-

ted Australian Companies [J]. Ssrn Electronic Journal, 2000, 34 (6): 126 – 145.

[174] Lemmon M, Lins K. Ownership Structure, Corporate Governance and Firm Value: Evidence from East Asian Financial Crisis [J]. Journol of Finance, 2003, 58 (4): 1445 – 1468.

[175] Main B, Johnston J. Remuneration Committees and Corporate Governance [J]. Accounting and Business Research, 1993, 23 (1): 351 – 362.

[176] Mc Conaughy D L. Family CEOs vs. Nonfamily CEOs in the Family-controlled Firm: An Examination of the Level and Sensitivity of Pay to Performance [J]. Family Business Review, 2000, 13 (5): 121 – 131.

[177] Merkle-Davies D M, Brennan N M, McLeay S J. Impression Management and Retrospective Sense-making in Corporate Narratives: A Social Psychology Perspective [J]. Accounting, Auditing and Accountability Journal, 2011, 24 (3): 315 – 344.

[178] Mintz B, Schwartz M. The Power Structure of American Business [M]. Chicago: University of Chicago Press, 1985.

[179] Morck R, Yeung B. Agency Problems in Large Family Business Groups [J]. Entrepreneurship Theory and Practice, 2003, 27 (4): 367 – 382.

[180] Murphy K J, Ján Z. CEO Pay and Appointments: A Market-Based Explanation for Recent Trends [J]. The American Economic Review, 2004, 94 (2): 192 – 196.

[181] Myers S. Determinants of Corporate Borrowing [J]. Journal of Financial Economics, 1977, 5 (2): 147 – 175.

[182] Nadkarni S, Herrmann P. CEO Personality, Strategic Flexibility and Firm Performance: The Case of the Indian Business Process Outsourcing [J]. Industry Academy of Management Journal, 2010, 53 (5): 1050 – 1073.

[183] Newman H A, Mozes H A. Does the Composition of the Compensation Committee Influence CEO Compensation Practices [J]. Financial Management, 1999, 28 (3): 41 – 53.

[184] Newman H, Wright D. Compensation Committee Composition and Its Influ-

ence on CEO Compensation Practices [J]. Social Science Electronic Publishing, 1998, 65 (5): 58 – 79.

[185] O'Reilly K. Combining Sanitation and Women's Participation in Water Supply: An Example from Rajasthan [J]. Development in Practice, 2010, 20 (1): 45 – 56.

[186] Osma B G, Guillamón-Saorín E. Corporate Governance and Impression Management in Annual Results Press Releases [J]. Accounting, Organizations and Society, 2011, 36 (4 – 5): 187 – 208.

[187] Peng W, Wei K, Yang Z. Tunneling or Propping: Evidence from Connected Transactions in China [J]. Journal of Corporate Finance, 2011, 17 (10): 306 – 325.

[188] Riahi-Belkaoui A. Executive Compensation, Organizational Effectiveness, Social Performance and Firm Performance: An Empirical Investigation [J]. Journal of Business Finance & Accounting, 1992, 19 (1): 25 – 38.

[189] Robinson J R, Xue Y, Yu Y. Determinants of Disclosure Noncompliance and the Effect of the SEC Review: Evidence from the 2006 Mandated Compensation Disclosure Regulations [J]. Social Science Electronic Publishing, 2011, 86 (4): 1415 – 1444.

[190] Roychowdhury S. Earnings Management through Real Activities Manipulation [J]. Journal of Accounting and Economic, 2006, 42 (3): 335 – 370.

[191] Sapp S G. The Impact of Corporate Governance on Executive Compensation [J]. European Financial Management, 2008, 14 (4): 710 – 746.

[192] Scharf D S, Stein J C. Herd Behavior and Investment: Reply [J]. The American Economic Review, 2000, 90 (3): 705 – 706.

[193] Shen W, Gentry R J. The Impact of Pay on CEO Turnover: A Test of Two Perspectives [J]. Journal of Business Research, 2015, 63 (7): 729 – 734.

[194] Shleifer A, Vishny R W. A Survey of Corporate Governance [J]. Journal of Finance, 1997, 52 (2): 737 – 783.

[195] Sloan R G. Accounting Earnings and Top Executive Compensation [J].

Journal of Accounting and Economics, 1993, 16 (1 – 3): 55 – 100.

[196] Sun J, Cahan S, David E. Compensation Committee Governance Quality, Chief Executive Officer Stock Option Grants and Future Firm Performance [J]. Journal of Banking & Finance, 2009, 33 (8): 1507 – 1519.

[197] Taylor L A. CEO Wage Dynamics: Estimates from A Learning Model [J]. Journal of Financial Economics, 2013, 108 (1): 79 – 98.

[198] Tirole J. Hierarchies and Bureaucracies: On the Role of Collusion in Organizations [J]. Journal of Law, Economics & Organization, 1986, 2 (2): 181 – 214.

[199] Trueman B. Why Do Managers Voluntarily Release Earnings Forecasts? [J]. Journal of Accounting and Economics, 1986, 8 (1): 53 – 71.

[200] Urzua F I. Too Few Dividends? Groups' Tunneling through Chair and Board Compensation [J]. Journal of Corporate Finance, 2009, 15 (2): 245 – 256.

[201] Vafeas N. Further Evidence on Compensation Committee Composition as a Determinant of CEO Compensation [J]. Financial Management, 2003, 32 (2): 53 – 70.

[202] Wan Y, Jing R, Gao X. Managerial Discretion and Executives' Compensation [J]. Journal of Chinese Human Resource Management, 2010, 1 (1): 17 – 30.

[203] Windsor C A, Cybinski P J. Size Matters: The Link between CEO Remuneration, Firm Size and Firm Performance Moderated by Remuneration Committee Independence [J]. Discussion Papers in Economics, 2010, 33 (3): 98 – 121.

[204] Zheng X, Cullinan C P. Compensation/Audit Committee Overlap and the Design of Compensation Systems [J]. International Journal of Disclosure and Governance, 2010, 7 (2): 136 – 152.

**图书在版编目（CIP）数据**

财务报告问询函对高管超额薪酬与薪酬辩护影响的研究/柳志南，赵存丽著 . －－北京：经济科学出版社，2022. 11

ISBN 978 - 7 - 5218 - 4287 - 6

Ⅰ . ①财…　Ⅱ . ①柳…②赵…　Ⅲ . ①企业 - 管理人员 - 工资管理 - 研究　Ⅳ . ①F272. 923

中国版本图书馆 CIP 数据核字（2022）第 218576 号

责任编辑：周国强
责任校对：王肖楠
责任印制：张佳裕

**财务报告问询函对高管超额薪酬与薪酬辩护影响的研究**
柳志南　赵存丽　著
经济科学出版社出版、发行　新华书店经销
社址：北京市海淀区阜成路甲 28 号　邮编：100142
总编部电话：010 - 88191217　发行部电话：010 - 88191522
网址：www. esp. com. cn
电子邮箱：esp@ esp. com. cn
天猫网店：经济科学出版社旗舰店
网址：http：//jjkxcbs. tmall. com
北京季蜂印刷有限公司印装
710 × 1000　16 开　12. 25 印张　200000 字
2022 年 11 月第 1 版　2022 年 11 月第 1 次印刷
ISBN 978 - 7 - 5218 - 4287 - 6　定价：78. 00 元
**（图书出现印装问题，本社负责调换。电话：010 - 88191510）**
**（版权所有　侵权必究　打击盗版　举报热线：010 - 88191661**
**QQ：2242791300　营销中心电话：010 - 88191537**
**电子邮箱：dbts@ esp. com. cn）**